吉林省社会科学基金
项目成果

残障大学生心理健康服务体系构建与实践

杜艳飞　崔明福　刘海涵 —— 著

化学工业出版社

·北京·

内容简介

　　《残障大学生心理健康服务体系构建与实践》依托长春大学多年以来的特殊教育事业，旨在构建残障大学生心理健康服务体系，并开展实践探索，切实为残障大学生的心理健康发展提供全面服务。全书从补救和发展两个方面构建残障大学生心理健康服务体系，共分为五章：第一章阐述残障大学生心理健康服务体系构建的背景和意义，并简要介绍相关概念及研究现状；第二章系统阐述残障大学生的心理特征，总结残障大学生常见的心理问题，并对其产生原因进行系统分析；第三章对残障大学生积极心理品质进行调查研究，为残障大学生心理健康服务的目标和方法提供依据；第四章对残障大学生的心理健康水平和心理健康服务的需求进行调查研究，为我国残障大学生心理健康服务的目标、内容和形式的确立提供依据；第五章构建残障大学生心理健康服务体系，提出服务的目标、内容和方法，以及残障大学生无障碍心理健康服务的路径，并对长春大学特殊教育学院残障大学生心理健康服务的实践探索工作和效果进行总结。

　　本书可供心理健康服务工作人员、残联工作人员、残疾人社区工作者、心理健康服务的研究者或教师、特殊教育高等学校的相关工作者、残疾学生家长等阅读。

图书在版编目（CIP）数据

残障大学生心理健康服务体系构建与实践/杜艳飞，

崔明福，刘海涵著 . —北京：化学工业出版社，2023.12

ISBN 978-7-122-44916-0

Ⅰ.①残…　Ⅱ.①杜…　②崔…　③刘…　Ⅲ.①大学生-特殊教育-心理健康-健康教育-研究　Ⅳ.①G444　②G760

中国国家版本馆 CIP 数据核字（2023）第 236881 号

责任编辑：张　阳　　　　　　　　文字编辑：蒋　潇　药欣荣
责任校对：刘　一　　　　　　　　装帧设计：张　辉

出版发行：化学工业出版社
　　　　　（北京市东城区青年湖南街 13 号　邮政编码 100011）
印　　装：北京建宏印刷有限公司
710mm×1000mm　1/16　印张 14½　字数 250 千字
2024 年 11 月北京第 1 版第 1 次印刷

购书咨询：010-64518888　　　　售后服务：010-64518899
网　　址：http://www.cip.com.cn
凡购买本书，如有缺损质量问题，本社销售中心负责调换。

定　　价：88.00 元　　　　　　　　　　　版权所有　违者必究

前言

目前，我国残疾儿童义务教育入学率已达到 95％，残疾青少年接受高等教育的人数也逐年增多。中国残疾人联合会发布的 2020—2023 年残疾人事业发展统计公报中的数据统计显示，2020 年全国有 13551 名残疾人被普通高等院校录取，2253 名残疾人进入高等特殊教育学院学习；2021 年全国有 14559 名残疾人被普通高等院校录取，2302 名残疾人进入高等特殊教育学院学习；2022 年高等教育阶段，招收 30035 名残疾学生，其中高职（专科）17644 人，本科 10703 人，硕士生 1520 人，博士生 168 人；2023 年高等教育阶段，招收 30810 名残疾学生，其中高职 17857 人、本科 11196 人、硕士研究生 1588 人（含非全日制 150 人）、博士研究生 169 人。据此推算，截至 2024 年上半年，约有 7 万多名残疾学生正在接受高等教育。高等学校残疾学生数量的增多，体现了我国残疾人事业的进步。同时，我们必须认识到，残疾大学生的发展也存在很多问题，残疾大学生生理的缺陷会影响他们的生活和心理健康，再加上社会转型带来的心理性变革，进一步对他们的心理健康产生负面影响，从而导致他们容易出现各种各样的心理问题，这些问题如果得不到解决，不仅不利于残疾大学生的身心发展，而且会对中国特色社会主义和谐社会的建设产生一定的阻碍。

随着我国综合国力的发展，国家对全国人民心理健康的关注度日益提高，其中特殊人群的心理健康也越来越受到重视。在 2016 年，国家卫生计生委等 22 个部门共同印发的《关于加强心理健康服务的指导意见》（以下简称《意见》）明确提出，中国心理健康服务的基本目标是到 2020 年，全民心理健康意识明显提高；到 2030 年，全民心理健康素养普遍提升。根据《意见》要求，我们要关注老年人、妇女、儿童、残疾人、特殊人群、严重精神障碍患者等的心理健康，充分利用一切社会力量和教育资源，向他们普及心理健康知识，帮他们树立心理健康意识，并组织心理健康活动，为他们提供针对性的心理辅导、情绪疏解、悲伤抚慰、婚姻调适、家庭关系调解，以及心理医疗救助、心理疾病应急救援等心理健康服务，同时加强人文关怀、心理疏导和危机干预，消除对该群体的偏见，提高其承受挫折、适应环境的能力，预防和减少极端事件的发生，使他们能更好地融入社会、融入生活，为社会和谐发展奠定基础。党的十九大报告指出，要"加强社会心理服务体系建设，培育自尊自信、理性平和、积极向上的社会心态"。党的二十大报告中明确指出，要"推进健康中国建设"，要"把保障人民健康放在优先发展的战略位置，完善人民健康促进政策"，特别强调要"重视心理健康和精神卫生"。纵观上述政策文件可以发现，党和国家一直将社会心理服务体系建设作为社会治理的一项重要内容，尤其是残疾人等群体心理健康服务已经上升到了国家治理的宏观层面。

目前，国内关于残障大学生心理健康问题的研究很多，但关于残障大学生心理健康服务体系构建和实践的系统研究十分匮乏，这不利于残障大学生的全面发展。本书结合新时代残疾人事业发展的需要，在梳理相关文献的基础上，运用了心理学、人口学、社会学和管理学等综合性学科知识，采用了文献法、问卷调查法、访谈法、质性研究法等系列方法调查了解了残障大学生积极心理品质、心理健康水平、心理健康服务需求等情况；在借鉴了国内外心理健康服务经验的基础上，结合新时代残疾人事业发展从生存保障型到社会服务型转变过程中的需要，构建了残障大学生心理服务体系，并对残障大学生心理健康服务体系进行了实践探索；在国内开创性地对残障大学生的心理健康及其心理服务体系建设进行了系统研究，对补充和完善残障大学生的心理健康服务的研究和实践具有重要价值，同时对残疾人社会服务体系的建设具有重要意义。本书把积极心理学和消极心理学两个心理学理论及心理治疗理论相结合，把发掘和培养残障大学生积极心理品质和解决心理问题共同作为残障大学生心理健康服务的目标，从补救和发展两个方面为残障大学生提供心理健康服务，不仅有利于残障大学生心理水平的提升和心理的健康发展，而且有利于转变人们消极的残疾观，对残障大学生乃至残障人士群体的生活、学习、就业等方面均有正向促进作用。

加强对残障大学生心理健康及其影响因素的研究，构建和完善残障大学生心理健康服务体系，加强残障大学生心理健康服务体系的建设，是残障大学生教育的重要内容，也是时代发展的必然趋势。残障大学生心理健康服务体系的建设与研究，有利于补充和发展残疾人的社会服务和心理健康服务的相关理论，有利于维护残障大学生的生存权和发展权，塑造他们积极向上的社会心态，有利于促进残障大学生的全面发展。因此，《残障大学生心理健康服务体系构建与实践》一书的出版具有重要的理论意义和实践价值。

著者
2024 年 4 月

目录

第一章
残障大学生心理健康服务概述

第一节　残障大学生心理健康服务体系构建的背景和意义

一、残障大学生心理健康服务体系构建的背景

（一）我国残疾人事业的不断发展

从先秦开始，我国古代文献中已经有了残疾人相关政策的记载，如先秦时期《周礼·地官司徒·大司徒》提出"以保息六养万民：一曰慈幼，二曰养老，三曰振穷，四曰恤贫，五曰宽疾，六曰安富"；《礼记·礼运》中提出"矜寡孤独废疾者，皆有所养"；《宋书·卷五本纪第五文帝》提出"六疾不能自存者，人赐谷五斗""皆于别坊，遣医救护"。这些记载均体现出了我国自古就有扶弱济残的思想，有"养疾"的人文关怀。这也是我国古代"大同社会"的理想主义、"仁者爱人"的伦理观、"强不执弱，富不辱贫"的道德观的体现，是一种朴素的人道主义，是我国社会对待残疾人的思想基础。这种"宽疾""养疾"的思想也体现在残疾人相关的社会制度和惠民机构的创立上，如西周时期的大司徒负责残疾人事务，春秋时期要求对待残疾人要量才使用，光武帝刘秀及以后的历代皇帝向包括残疾者在内的"贫病不能自存者"赐谷的措施屡见不鲜，南北朝时期的"六疾馆"，隋唐时期的"悲田养病

坊"，宋代的福田院、居养院，元朝的济众院、养济院，清朝的普济堂等惠民机构的建立都对残疾人生活状况的改善发挥了积极作用。这些机构虽然并非专门为残疾人创建，也没有从根本上改善残疾人的处境，但体现了中国古代社会对残疾人的关心和为残疾人的生存采取的保障措施，为我国现代社会残疾人事业发展奠定了一定基础。

新中国成立后到改革开放前，随着国家政治、经济、文化的发展，我国残疾人事业取得了较大的发展，成立了中国盲人协会、中国聋人协会、中国肢残人协会等专门协会，为残疾人提供了组织平台和代表机构；建立了一批专门的学校、康复中心、福利企业等服务机构，为残疾人提供了专业化的教育、康复、就业等服务；开展了一系列的救济和福利活动，如白内障复明手术、麻风病治疗、农村五保供养等，为改善残疾人的生活条件作出了重要的贡献。

改革开放以来，残疾人事业实现了历史性的开拓，体现在大规模的调查，国家法律法规、计划的制定和实施等不同层面。1987 年和 2006 年，我国分别开展了全国残疾人抽样调查；1990 年，我国颁布实施了《中华人民共和国残疾人保障法》，并于 2008 年进行了修订；2007 年，我国成为《残疾人权利公约》的签字国之一，并在公约的制定、履行等方面作出了突出贡献；2008 年，中共中央、国务院出台了《关于促进残疾人事业发展的意见》，明确地把残疾人事业作为中国特色社会主义事业的重要组成部分，促进了残疾人的医疗、康复、生活保障、教育、就业、文化体育事业等方面的发展；2013 年 9 月，党中央、国务院在中国残疾人联合会第六次全国代表大会开幕式祝词中指出，"必须认真贯彻落实党中央、国务院的一系列决策部署，必须坚持和完善中国特色残疾人工作机制，必须充分发挥广大残疾人的主体作用，必须广泛动员全社会力量积极参与，必须不断提高各级残联的服务能力和水平，在实现中国梦的伟大实践中，团结带领、支持帮助广大残疾人创造更加幸福美好的新生活，努力实现残疾人与全国人民同步小康，不断把中国特色残疾人事业推向前进"。2015—2016 年，国务院印发了《关于加快推进残疾人小康进程的意见》和《"十三五"加快残疾人小康进程规划纲要》，对加快残疾人小康步伐进行专题部署，提出了基本生活、基本养老、基本医疗、基本康复、基本住房和家庭收入、脱贫情况等 10 项主要指标，强化保障措施，明确"一个也不能少"的目标，为残疾人事业在新的起点上实现新的发展指明了方向。

总之，自改革开放以来，尤其是在"十三五"期间，我国的残疾人事业取得了巨大的成就。2021 年 7 月，国务院印发的《"十四五"残疾人保障和发展规划》对此作了准确的总结：710 万农村建档立卡贫困残疾人脱贫，城乡新增 180.8 万残疾人就业，1076.8 万困难残疾人被纳入最低生活保障范围；1212.6

万困难残疾人得到生活补贴，1473.8万重度残疾人得到护理补贴；残疾人基本康复服务覆盖率达到80％；辅助器具适配率达到80％；残疾儿童少年接受义务教育的比例达到95％，5万多残疾学生进入高等院校学习。同时指出要继续坚持对残疾人格外关心、格外关注，解决好残疾人最关心、最直接、最现实的利益问题，激发残疾人的积极性、主动性、创造性，不断增强残疾人的获得感、幸福感、安全感。到2025年，残疾人脱贫攻坚成果巩固拓展，生活品质得到新改善，民生福祉达到新水平。到2035年，残疾人事业与经济社会协调发展，与国家基本实现现代化目标相适应。

在未来，我国残疾人事业必然以"高质量发展"和"全面发展"为方向，从满足残疾人对物质的需求，扩大到精神上的幸福水平的提升，以全面的服务促进残疾人的全面发展。包括医疗服务、康复服务、教育服务、就业服务、托养服务等一系列服务体系将会不断完善，其中残疾人的心理健康服务体系的建立和完善必然成为残疾人事业的工作重点。

（二）心理健康服务是我国社会主义事业的重要内容

一切为了人民的幸福是中国共产党始终不渝的奋斗目标，而心理健康是人民获得幸福的前提，提升人民的幸福感必然要关注其心理健康。在2006年，中国共产党十六届六中全会通过的《中共中央关于构建社会主义和谐社会若干重大问题的决定》就明确提出："注重促进人的心理和谐，加强人文关怀和心理疏导，引导人们正确对待自己、他人和社会，正确对待困难、挫折与荣誉。加强心理健康教育和保健，健全心理咨询网络，塑造自尊自信、理性平和、积极向上的社会心态。"党的十八大同样强调了"加强和改进思想政治工作，注重人文关怀和心理疏导"。2016年，习近平在全国卫生与健康大会上指出，"要加大心理健康问题基础性研究，做好心理健康知识和心理疾病科普工作，规范发展心理治疗、心理咨询等心理健康服务"。同年，国家卫生计生委等22个部门联合印发《关于加强心理健康服务的指导意见》，对加强心理健康服务提出了具体的要求。2017年，党的十九大报告指出，"中国特色社会主义进入新时代，我国社会主要矛盾已经转化为人民日益增长的美好生活需要和不平衡不充分的发展之间的矛盾"，强调"加强社会心理服务体系建设，培育自尊自信、理性平和、积极向上的社会心态"。可见，我国早已经把人民的心理健康研究作为构建和谐社会伟大事业的重要内容。

同时，残疾人的心理健康也受到了特殊的关注。《"十三五"加快残疾人小康进程规划纲要》提出，把"为有需求的残疾人普遍建立康复服务档案，提供康复评估、训练、心理疏导、护理、生活照料、辅具适配、咨询、指导和转介等服务"作为残疾人基本公共服务重点项目。这表明我国在关注残疾人的生理康复和基本的生存保障的同时，把心理康复和心理疏导也作为残疾人公共服务项目的重点内容之一。《关于加强心理健康服务的指导意见》明确提出了关注残疾人的心理健康，广泛宣传心理健康知识，为残疾儿童家长、残疾人及其亲友提供心理疏导、康复经验交流等服务。通过开展"志愿助残阳光行动""邻里守望"等群众性助残活动，为残疾人提供心理帮助。护理院、养老机构、残疾人福利机构、康复机构要积极引入社会工作者、心理咨询师等力量开展心理健康服务。《"十四五"残疾人保障和发展规划》也明确提出，把提高残疾人的心理健康水平和加强残疾人的心理健康服务作为残疾人事业的重要目标。说明了伴随着全面建成小康社会、第一个百年奋斗目标的实现，残疾人事业也由此获得了新的工作任务和工作目标，即努力为残疾人提供系统全面的心理健康服务，提升残疾人的心理健康水平，从而提升残疾人的精神幸福。

（三）残障大学生心理健康水平有待提升

由于生理功能缺损的影响，残障大学生在生活、学习、就业等方面面临许多的困难和压力，容易出现各种各样的心理问题，这势必给其学习、人格发展、社会适应、就业等方面带来不利影响。众多研究共同表明，多数残障大学生心理健康水平显著低于普通大学生。王忠等（2009）以长春某高校的视障大学生为研究对象，采用心理健康症状自评量表（SCL-90）对其心理健康水平进行调查研究，研究结果显示，视障大学生中存在不同程度心理问题的约有 26%，比该校正常学生存在心理异常因子的比例 16.3% 高出近 10 个百分点，并且各因子显著高于全国常模[1]。于靖等（2010）对听障大学生的心理健康研究表明，听障大学生的心理健康水平显著低于全国非残障人群的心理健康水平，听障大学生在躯体化和精神病性因子上的得分显著高于非残障大学生[2]。姜琨、王凯（2019）以天津和北京市听障大学生为被试，采用心理健康症状自评量表（SCL-90）对其心理健康状况进行调查研究，结果也显示出听障大学生的心理健康状况不容乐观，各维度得分明显高于全国常模[3]。严茹（2019）对特殊教育学校大学生的心理健康水平进行研究，结果显示，特殊教育院校残障学生的严重心理问题检出率要高于非残障大学生[4]。严茹、顾雪英（2021）对南京某本科高校 2018～2020 年残障新生及普通新生共 6114 名大学生进行心理健康测量。结果显示，残障新生阳性率（36.4%）高于普通新生阳性率（22.6%）；残障新生 SCL-90 总分及各因子分均高于普通新生；面谈后残障新生严重心理问题（A 类）和一般心理问题（B 类）学生的构成比高于普通新生[5]。上述研究结果共同表明，残障大学生的心理健康水平较低，这无疑会对他们将来融入社会、形成积极向上的生活态度和幸福需要的满足造成阻碍。因此，构建科学完善的心理健康服务体系，积极为残障大学生提供心理健康服务，提升残障大学生心理健康水平，是目前我国残疾人事业和特殊高等教育的重要任务。

（四）残障大学生心理健康服务工作有待完善

本书采用问卷调查法对吉林省 24 所高校的心理健康教育教师及相关工作人员就残障大学生心理健康教育工作情况进行了调查。结果显示：所有参与调查的人员都认为残障大学生的心理健康应该受到特殊的关注，在调查的 24 所高校之中，15 所高校现有残障大学生在读，但仅有 3 所高校有专门负责残障大学生心理健康教育的工作人员，其他学校均是由辅导员承担心理疏导工作，只有 1 所高校专门开设了针对残障大学生的心理健康教育课程，2 所高校开展了残障大学生心理健康教育主题活动，3 所高校制定了残障大学生心理健康教育的工作章程，5 所学校建立了残障大学生心理危机的预警和干预机制。

根据调查结果可知，在目前有残疾学生在读的多数高校中，心理健康教育工作仍不完善，表现为师资力量薄弱、工作制度不够健全、心理健康教育形式单一，无法满足残障大学生对心理健康服务的需求。根据上文可知，残障大学生的心理健康水平普遍较低，其心理特征存在特殊性，需要专业的人员采用专门的方式，有针对性地、系统地、全面地为其提供心理健康服务，帮助他们缓解心理问题、提升心理健康水平，为他们成为自尊、自信、自立、自强的社会主义建设者提供支持，使他们获得高质量的生活和幸福成为可能。而构建针对残障大学生身心特征的、系统的、科学可行的心理健康服务体系是高校开展行之有效的残障大学生心理健康服务的根本前提，这不仅是高校心理健康服务工作的重点，也是残疾人事业和中国特色社会主义建设事业的重要内容。

二、残障大学生心理健康服务体系构建的意义

经过近 40 年的发展，我国的高等特殊教育已经覆盖了盲、聋、肢残三类学生，涵盖了从专科、本科到硕士等高等教育的各个层次，涉及专业有医学、中文、法律、经济、外语、哲学、教育等，接收残疾人的学校既有全国重点大学，

也有地方院校。可以说，我国的高等特殊教育已经获得了快速发展，走出了一条具有中国特色的发展之路。但如何将残障大学生培养成自尊、自强、自信、自立并拥有幸福的社会主义建设者是所有从事高等特殊教育相关工作者应该思考的重要问题，而为他们提供系统、有效的心理健康服务则是完成这一培养目标的重中之重。因此，构建残障大学生心理健康服务体系具有十分重要的意义。

（一）补充和完善残障人士心理健康服务相关理论

残障人士一直是我国颇为关注的特殊群体，为其提供心理健康服务已经上升到国家计划的层面。但目前我国关于残障人士心理健康服务的理论研究仍处于探索阶段，尤其是专门针对残障大学生心理健康服务方面的研究十分匮乏，多数研究仅停留在一般的问题分析的层面上，缺乏深刻性和系统性。因此，对残障大学生心理健康服务体系的研究有助于补充和完善残障人士心理健康服务相关理论。

（二）有利于落实国家相关政策，为残障大学生心理健康服务提供参考

近年来我国颁发了若干关于残障群体心理健康服务和大学生心理健康服务的政策和文件，对高校学生心理健康的工作方向或工作目标作出了明确的要求，接下来更重要的是科学合理地把国家政策和文件的要求落到实处。经调查发现，各高校的残障大学生心理健康服务工作还存在一定的问题和困境，很难快速高效地落实国家的相关政策。残障大学生心理健康服务体系的构建在我国是首次尝试，主要依托长春大学，并在滨州医学院、北京联合大学、绥化学院等高校的支持下，对残障大学生心理健康服务的目标体系、服务内容体系、服务方式方法体系、心理健康服务人员的培训体系、保障措施的建立等方面进行探索和实践，解决残障大学生心理健康服务"做什么""如何做"和"谁来做"的问题，是高校对残障学生进行心理健康服务的顶层设计范式。一方面能够为落实国家相关政策探索可行的途径，另一方面能为特殊教育高等学校和普通高等学校的残障大学生心理健康服务提供一定的参考。

（三）心理健康服务是残障大学生健康发展的重要保障

从残障大学生个体发展角度看，心理健康是他们个人发展的前提。只有心理健康，他们才能有效地学习、健康地交友、正常地择业就业，才能成为"四有"新人，才能成为建设祖国的合格接班人和服务于人民的优秀人才，才能拥有幸福

美好的生活。鉴于目前残障大学生的整体状况，为了保障他们的健康成长，需要学校乃至社会为其提供系统的、可行的、高质量的心理健康服务。目前高校以心理咨询为主的心理健康教育工作模式，已经不能很好地满足残障大学生发展的需要，建立健全心理健康服务体系可以弥补单一心理健康教育的短板，可以为高校心理健康教育工作者提供更广阔的为残障学生服务的平台，高校心理健康从教育模式向服务模式转变势在必行。因此，心理健康服务体系的建构是特殊高等教育的迫切需要，是提升残障大学生心理健康水平、促进他们健康成长和健康成才的重要保障。

第二节　残障的概念及分类

一、残废、残疾、残障的概念

在日常生活、公共事业和学术研究等领域中存在着关于"残疾"或"残疾人"的不同称谓，主要包括残废、残疾、残障等，这些概念之间既有联系又有区别，反映了不同的历史时期人们的残疾观的变化。

"残废"一般指四肢或身体某部分丧失了功能，即"失能"。后果是失去劳动能力，无法创造经济价值，无法就业。也就是说，人一旦"残废"，则意味着失去了自身的价值，因此可能被社会和家人所抛弃和歧视，会处于一种无助和消极的状态。"残废"的称谓折射的是人们以创造经济价值为本的观念，而非以人为本的价值观。在这种价值观主导下，这个群体的人生活在社区当中常被歧视、毫无尊严[6]。1983年《中国残疾人福利基金会宣传提纲》指出："残疾对一个人生活、劳动的影响大小，取决于社会为他提供的条件。在一定的条件下，残疾人可以成为社会财富的创造者，成为推动社会前进的力量而不是社会的负担，不是废人。"随着我国法律和残疾人事业的发展，国家在全社会倡导用"残疾"取代"残废"，以提倡"残而不废"，尊重人的固有尊严和价值，彰显人道主义精神。

"残疾"是目前世界上使用较为广泛的称谓，是指身体结构、功能的损害及个体活动受限与参与的局限性。根据《中华人民共和国残疾人保障法》，残疾人是指在心理、生理、人体结构上，某种组织、功能丧失或者不正常，全部或者部分丧失以正常方式从事某种活动能力的人。《残疾人权利公约》把残疾人定义为包括肢体、精神、智力或感官有长期损伤的人，这些损伤与各种障碍相互作用，可能阻碍残疾人在与他人平等的基础上充分和切实地参与社会。

一般来讲，"疾"与"病"同义，因此"残疾"常常被认为是一种病，如果是一种病，那么就可以通过医学方式进行治疗或康复。"残疾"一词更加强调个体生理损伤的程度，而不是强调损伤的后果，即割裂了身心损伤和尊严之间的人为联系，弱化了对具有身心损伤群体的价值判断，弱化了歧视，但"残疾"这一称谓把"残疾人"视为"病人"，仍然具有浓厚的怜悯和施舍的味道。

"残障"是指个体存在身心损伤，一般的自然和社会环境会导致其生存的障碍。根据《残疾人权利公约》，"残障"本质上并不是强调个人疾病或缺陷，而是"伤残者和阻碍他们在与其他人平等的基础上充分和切实地参与社会的各种态度和环境障碍相互作用所产生的结果"。"残障"表达的意思是：残损在个体，障碍在环境，所以需要创造无障碍的环境来为具有身体缺陷的个体创造福利。这里的"障碍"是指个体处在因为个人或者社会对残疾的态度造成的实际的劣势环境中，正常生活受到影响。一种残疾不见得必定形成一个障碍，除非他受困于别人强加的或者自己设定的局限。"障碍"表现出的轻重程度，受"残疾"程度的制约，也受个人对"损伤"和"残疾"的态度、对生活目标的认识和外界所提供的条件的制约，外界环境往往是更重要的因素[6]。在"障碍"所蕴含的价值判断上，不同的学者存在观点上的分歧。钟经华（2007）认为"障碍"有消极的价值判断，并有明显的判断失误。障碍表示完成一件事的阻碍。他以视力残疾人为例，认为视力残疾人的"视力"并不总是构成"障碍"，视力残疾对于想开汽车是障碍，而对于许多事情，如唱歌等140多种职业就不是障碍。先天失明的儿童，可以独立地在村子里穿行，能够和同伴玩耍，他的视力残疾并没有对他的行走和玩耍造成阻碍，因此，不能称为视力障碍。同时，障碍会导致大众对残疾者的误解，即认为残疾者必然会存在相应的失能，这种误解作为一种观念反过来会成为残疾人的障碍。如一位视力残疾者希望自己成为一名教师，他能否成为一名教师不完全取决于他的视力残疾，而是主要取决于高考的开放性、相关行政人员对视力残疾人的态度[7]。何乃柱、李淑云（2013）认为"障碍"这个称谓近乎中性，强调的是人和环境互动的障碍，这种障碍可能因为功能或其他的限制而产生，不仅仅限于具有身心损伤的群体，强调"参与"与"支持"这两个维度[6]。上述两种观点虽然对"障碍"的理解存在明显差异，但二者共同强调了"障碍"并不单纯由身心损伤本身而导致，而是在人与环境相互作用的过程中，由自然环境和社会环境的限制而导致的。

"残废""残疾""残障"概念的演变,反映了人们对具有身心损伤群体的观念或理念的转变,即残疾模式的转变。其中影响最大的两种模式为医学模式和社会模式。前者是基于个人身心损伤这一主要因素而提出的,认为残疾人的身体或心理是一种临床表现,需要通过药物改善或用其他医疗措施修复这种"异常"。"社会模式"则认为导致个体残疾化、无能化的是社会的"失能",是社会产生的"障碍"剥夺了他们平等参与的机会。这两种模式虽然存在明显的分歧,在历史发展中存在分野,但二者在研究对象、思路方法、证据运用方面并非截然分离,而是存在主体区分、局部渗透等现象[8]。两种模式在残疾人事业发展的进程中,各自发挥着重要的作用:医学模式作为长期指导残疾研究的理论体系,在确定残疾人身体的合法性、解释及改善残疾人身体境况等方面提供了基本依据,使得残疾人的分类和康复服务有了现代科学意义上的理论支持,为医疗、卫生保健的专业人员在残疾人事业发展工作中指明了方向;社会模式者提倡通过社会变革来重建现有制度和通过革命性的直接行动来消除对残疾人的各种偏见和不利环境,这在一定程度上推动了残障人士自身意识的觉醒,也为残疾人改善生活提供了社会行动指南,为后续残疾人争取物质环境和信息交流环境提供无障碍服务奠定了重要的理论基础。

我们不能否认身体或精神上的损伤、缺失对人们独立自主的功能产生了重要影响,更不能否认残疾人可能在生命中各个阶段都要面临疾病的困扰。身体损伤的确是一种人类常见的现象,至于损伤对人的影响是什么,也取决于社会环境如何认识和理解损伤。因此,我们应该清楚地认识到,应该将个人因素与环境因素进行统合,从多元化的角度来理解"残疾"。从心理学角度讲,研究者们普遍认为影响人心理发展的因素既包括如遗传、生理等内部因素,也包括自然、家庭、社会等外部因素,各因素之间通过复杂的交互作用对个体的心理产生影响。因此,本书中论述的"残障大学生",是指存在身心损伤,并在一般的环境中存在某方面障碍的大学生。一方面自身损伤和外部环境两种因素之间的交互作用使"残障大学生"形成了独特的心理特征,另一方面,使用"残障大学生"更能清楚地强调具有身心损伤的大学生不是病人,也不应该被视为弱势群体,他们同样是建设中国特色社会主义的参与者、劳动者和重要力量。社会应该为他们创设合理的环境,为他们提供相应的支持,促进他们身心的健康发展,从而使他们实现人生价值、获得幸福。

二、残障大学生的分类与分级

残障大学生是指正在接受高等教育的全日制残障学生群体，其身体损伤的类型不同、程度不同。我国残障大学生以视力、听力和肢体三种残障类型为主，即视力障碍、听力障碍和肢体障碍。在特殊教育领域中，残障大学生主要是指视力障碍和听力障碍两种类型。因此，本书中的残障大学生指的是视力障碍和听力障碍两种类型的大学生。

（一）听力障碍的概念、分类与分级

1. 听力障碍的概念

自1987年全国残疾人抽样调查使用"听力残疾"以后，我国现有法律法规中更多采用"听力残疾"这一名称，听力障碍与听力残疾同义。《第二次全国残疾人抽样调查残疾标准》将听力残疾定义为：人由于各种原因导致双耳不同程度的永久性听力障碍，听不到或听不清周围环境声及言语声，以致影响日常生活和社会参与[9]。

2. 听力障碍的分类

根据听力受损的部位不同，可以将听力残疾（听力障碍）分为传导性听力损伤、感音神经性听力损伤和混合性听力损伤三大类。

① 传导性听力损伤：听力损伤病变存在于外耳或中耳，声音在到达内耳之前的振动受到阻碍，内耳功能正常，但因刺激微弱而无法产生神经冲动，致使声音传导障碍导致传导性听力损伤。

② 感音神经性听力损伤：由于耳蜗、听神经或听觉中枢等部位的病变和认知功能障碍而引发的听力损伤。该类型又包括感音性听力损伤、神经性听力损伤和中枢性听力损伤。

③ 混合性听力损伤：任何导致传导性听力损伤和感音神经性听力损伤的因素同时存在均可引起混合性听力损伤，它兼有传导性听力损伤和感音神经性听力损伤的特点。纯音测听常表现为骨导、气导均下降，且骨导、气导差距大于10dB。

按照遗传与否，可将耳听力损伤分为遗传性听力损伤和非遗传性听力损伤。

由基因或染色体异常所致的听力损伤为遗传性听力损伤。这种听力损伤一般是由父母的遗传物质发生改变传给后代引起的。遗传性听力损伤可能于出生前发生，也可能于出生后发生。前者称为先天性遗传性听力损伤，后者称为遗传性进行性听力损伤。非遗传性听力损伤是指除基因外的其他因素所导致的听力损伤，如：母亲怀孕 3～4 个月时患风疹、流感等疾病，或者使用庆大霉素、链霉素等耳毒性抗生素，或分娩时间过长、难产、产伤，或新生儿缺氧、早产、低体重等。

根据听力障碍的性质，可以分为器质性听力损伤和功能性听力损伤。器质性听力损伤是指因听觉器官出现器质性病变导致的传音、感音功能异常所致的听力障碍。轻者为重听，能听到对方提高的声音。重者为听力损伤，听不清或听不到外界的声音。无论是传导性听力损伤、感音神经性听力损伤还是混合性听力损伤，由于它们都具有器质性病变（外耳、中耳或内耳病变），因此都属于器质性听力损伤的一种。功能性听力损伤是指由心理因素和精神因素造成的听力障碍，也叫非器质性听力损伤。一般情况下，功能性听力损伤患者不具有器质性损伤。但也有部分功能性听力损伤患者具有轻度器质性病变，只是他们的听力障碍超过了实际的听敏度，此类情况也可称之为夸大性听力损伤。

按照听力障碍发生的时间，可以将其分为先天性听力损伤和后天性听力损伤。先天性听力损伤指在出生时即存在的听力损伤疾病，可发生在产前期、产期以及围生期。后天性听力损伤指出生以后获得的听力损伤疾病，常见的损伤因素主要包括感染性疾病、中毒性疾病和外伤性疾病等。

3. 听力障碍的分级

根据听觉受损的程度，可将听力残疾（听力障碍）分为不同的等级，我国《残疾人残疾分类和分级》中对听力残疾的分级标准如下。

听力残疾一级：听觉系统的结构和功能极重度损伤，较好耳平均听力损失大于 90dB HL，不能依靠听觉进行言语交流，在理解、交流等活动上极重度受限，在参与社会生活方面存在极严重障碍。

听力残疾二级：听觉系统的结构和功能重度损伤，较好耳平均听力损失在 81～90dB HL 之间，在理解和交流等活动上重度受限，在参与社会生活方面存在严重障碍。

听力残疾三级：听觉系统的结构和功能中重度损伤，较好耳平均听力损失在 61～80dB HL 之间，在理解和交流等活动上中度受限，在参与社会生活方面存在中度障碍。

听力残疾四级：听觉系统的结构和功能中度损伤，较好耳平均听力损失在41～60dB HL 之间，在理解和交流等活动上轻度受限，在参与社会生活方面存在轻度障碍。

（二）视力障碍的概念、分类与分级

1. 视力障碍的概念

视力障碍过去通常被称作盲，或称"瞽""瞽目"，现代医学及特殊教育领域常用的名词有"视力残疾""视觉缺陷""视力损伤"等。美国 1975 年颁布的《所有残疾儿童教育法》（94-142 公法）中对视力残疾的定义是以一个人如何体验和学习社会为核心，认为视力残疾是一种视觉上的损伤，即使经过矫正，其损伤对孩子的教育活动仍有不利的影响。我国第一次全国残疾人抽样调查的《残疾标准》中，认为视力残疾是指由于各种原因导致双眼视力障碍或视野缩小，而难以完成一般人所能从事的工作、学习或其他活动，通常包括盲和低视力两类。在《第二次全国残疾人抽样调查标准》中，视力残疾是指由于各种原因导致双眼视力低下并且不能矫正或视野缩小，以致影响其日常生活和社会参与[10]。

2. 视力障碍的分类与分级

视力障碍一般包括盲与低视力两类。对这两类的划分，存在着两种不同的标准。医学上是按照视敏度来区分的，比较精确（许多国家的特殊教育法中也采用这种方法）；教育上主要是基于学生能够运用其视力以从事学习的能力程度来区分。一般而言，只知道某位视力障碍者的视力，还是无法了解其残余视力的使用程度。即使同样是视力障碍者，其视效率仍有差异。《残疾人残疾分类和分级》中按视力和视野状态进行视力残疾的分级，其中盲为视力残疾一级和二级，低视力为视力残疾三级和四级。视力残疾一级：无光感或优眼的最佳矫正视力低于0.02，或视野半径小于 5°；视力残疾二级：优眼的最佳矫正视力等于或优于0.02 而低于 0.05，或视野半径小于 10°；视力残疾三级：优眼的最佳矫正视力等于或优于 0.05 而低于 0.1；视力残疾四级：优眼的最佳矫正视力等于或优于 0.1而低于 0.3。

不同行业、不同专业领域，从各自工作的角度对视力障碍有不同的认识和定

义。已经形成视力障碍标准的领域有法律、卫生、教育、体育、经济，其标准不完全一样。

（1）法律界的标准

法律界的标准通常与卫生界的标准相一致，是确定视力障碍人群的权利与义务，提供社会保障的法律依据，为视觉障碍儿童教育、福利或其他方面工作提供统计标准与法理依据。

（2）教育界的标准

教育界的分类标准应当反映视觉障碍儿童教学活动的规律和特点，指导视觉障碍儿童教学活动的开展。教育盲是指视觉受损伤程度严重到无法以视觉进行学习者。这些人必须以听觉、触觉、嗅觉、肤觉等为主要的学习手段，在读写方面使用点字。教育低视力是指远距离使用视力困难较大，近距离能够看见物体，视觉仍然是这些人的主要学习手段，他们可以阅读印刷品，经过调整可以轻松地掌握许多正常人学习和生活的内容。分辨一个儿童是教育盲还是教育低视力的作用在于判断该儿童是适用盲文还是印刷字学习。教育界的定义主要看儿童视力损伤是否影响儿童学习的效率与相关教学活动的顺利开展，而非仅仅从立法与医学的角度看待视觉障碍儿童；纠正传统上认为视觉障碍儿童眼前只有黑暗的偏见，强调多数视觉障碍人士都具有残余视力，能够克服困难，获得学习与生活的成功。

（3）体育界的标准

体育界从体育运动和竞技的角度，有自己在视觉障碍上的标准。残奥会有专门的标准，残奥会不包括我国视觉障碍标准的二级低视力。B1级相当于我国标准的视力残疾一级，B2级相当于我国标准的视力残疾二级，B3级相当于我国标准的视力残疾三级。

（4）经济界的标准

在经济界，视觉障碍有经济盲和职业盲两类。经济盲是指视力损伤的严重程度达到足以影响大部分日常生活，行动者经济收入的减少、生活开支的增加都与视觉障碍有直接关系。职业盲是指视力损伤到使一个人无法从事其原有工作的程度。例如焊接工作者经常接触强光，若对其眼部没有适当的保护，则很容易损伤视觉，导致日后无法再从事此项工作。

第三节　残障大学生心理健康的相关理论、概念及标准

20 世纪中叶后，世界卫生组织提出人类的疾病发展史已经从"传染病时代""躯体疾病时代"进入"精神病时代"，出现了兼顾生理与心理的"二维健康观"。由此，对于"什么是心理健康"这一问题的探索逐渐引起了研究者的关注。但是对心理健康的界定，国内外学者虽有大量论述，但在不同领域、不同时代，不同的研究者对其有不同的解释，至今尚无统一表述，心理健康成为一种处在不断演变中的概念。

一、心理健康的相关理论

科学心理学自诞生以来，形成了众多心理流派，也出现了大量关于心理健康的理论研究。不同的学派从不同的角度对心理健康的本质、形成原因和治疗方法进行了解释和说明，形成了不同的理论观点，其中影响力较大的有如下几个。

1. 精神分析学派的心理健康观

精神分析学派的创始人弗洛伊德专门以病态的人为研究对象，对心理变态或心理疾病进行深入分析，提出了著名的潜意识理论，并发展为人格结构理论。该理论认为心理变态的原因是本我、自我和超我三者的冲突。健康人格的核心就是要达到自我不再受本我的冲击和超我的压抑而成为一种协调的综合力量。

2. 行为主义学派的心理健康观

1913 年，华生在美国创立了行为主义心理学，以治疗或矫正异常的行为反应为心理治疗的方向，被称为早期行为主义。1930 年以后，行为主义发展到新行为主义时期，以斯金纳为主要代表。早期行为主义和新行为主义认为人的各种心理疾病和躯体症状都是通过系统原则而学习获得的，变态的人只是由于其独特的经历而发展出的，或者说是由于不适当的学习所造成的一些被认为异常的反应

模式，即正常的行为反应模式代表心理健康，异常的行为反应模式代表心理不健康。

3. 认知人格理论的心理健康观

美国心理学家、人格理论的代表凯利认为，人们之间的行为差异大多来自人们建构世界的不同方式。对健康人来说，新的建构不断产生，并取代旧的不适当的建构，而心理疾病患者的建构系统不能正确地预言各种未来事件，因此他们不可避免地产生焦虑。一些建构不具备可渗透性，使人们不能从新的经历中学习新的知识。若没有学习与建构的不断完善，人们预期未来的能力必然降低，因而人们越来越难以控制和驾驭自己的生活。在他的理论中，心理疾病被认为是观念系统的异常，因此他特别注重患者的认知的改变，他认为只要改变患者的认知，训练病人能以与以前不同的方式去观察事物，对事物有了多角度的看法，困扰患者的心理问题就会得到解决。

4. 人格特质理论的心理健康观

以美国心理学家奥尔波特和卡特尔等为代表的人格特质理论，以人的行为内部动力组织来研究人格特征。奥尔波特的人格特质理论是面向健康的人，很少涉及精神病人。他认为，健康人是在理性和意识水平上活动的。他们的视线指向当前和未来，激励他们的力量是能够意识到的、可以控制的。这表明，他们能够掌握自己的生活，并且对现在和未来充满理想，生活有明确的目的性。

5. 人本主义的心理健康观

人本主义心理学于20世纪50年代兴起于美国，最典型的代表人物是马斯洛和罗杰斯。与精神分析学派和行为主义学派不同，人本主义以精英人士、名人等为研究被试，以人高级的、整合的动力心理，如价值、潜能、尊严、创造力等为研究主题，认为真正的心理健康者应该是内心世界极其丰富、精神生活无比充实、潜能得以充分发挥、人生价值能够完全体现的人。马斯洛把心理健康的人描述为"自我实现者"。他指出了自我实现者具有的一些具体特点：良好的现实性知觉，接纳自然、他人和自己，行为的自然流露，责任感和献身精神，独处和独立的需要，自主的活动，不断更新的鉴赏力，神秘的或高峰的体验，对所有人的情谊，人际关系融洽，民主的性格结构，对手段和目的、善与恶之间的辨别力，富有哲理的、善意的幽默感与创造性。罗杰斯把心理健康者描述为"机能完善者"，认为一切个体生来就具有寻找某些维持和增强他们生命的现实趋向，这种趋向驱使个体更加复杂化，更有独立性、创造性和社会责任心，从而成为心理健康的人或"机能完善"的人。他列举了机能完善者的 5 个特征：经验开放、自我协调、机体估价过程、无条件的积极自我看待、与同事和睦相处。

纵观各理论学派对心理健康的研究和描述可以发现，有些理论模式侧重于心理疾病和不健康的一面（如早期精神分析理论），有的存在一些含糊不清、神秘莫测的界定或对心理健康的描述过于简单（如认知理论、行为主义理论），人本主义理论过于侧重心理健康积极的一面，即心理健康不再仅仅意味着没有疾病，还意味着个人的最佳适应和充分发展。因为每一种理论都蕴含了对于心理健康的不同理解，且各有优势和不足，所以造成了现今心理健康的概念虽有长期的发展，但仍无定论的局面。

二、心理健康的概念

世界卫生组织把心理健康作为整体健康的重要成分。在心理健康状态下，个人能发挥其能力，能解决一般压力，有生产力和有成果的工作，能为所在社区作出贡献。《心理学大辞典》将心理健康定义为："个体的心理状态（如一般适应能力、人格的健全状况等）保持正常或良好水平，且自我内部（如自我意识、自我控制、自我体验等）以及自我与环境之间保持和谐一致的良好状态[11]。"对于心理健康的定义虽然存在差异，但是均把心理健康视为一种心理功能的状态，即自身的内部、自身与环境之间保持和谐一致的状态，属于心理功能层次的界定。

刘华山（2001）认为，心理健康是个体长期以来能够保持生命的活力、积极的内心体验、良好的社会适应，能够有效发挥其身心潜力和积极社会功能的一种持续的心理状态[12]。林崇德等（2003）认为，心理健康关键在于个体主观体验，核心是自尊，个体主观体验既包括积极和消极的情绪情感，也包括个人生活的各个方面，心理是否健康主要考量两个指标，一为是否有心理疾病，二为是否处于积极向上的自我发展状态[13]。上述学者把积极的发展状态和潜能的发挥加入心理健康的成分之中，使心理健康的含义从心理功能状态扩展到自我发展状态。

我国学者黄希庭（2006）将心理健康分为心理疾病或障碍、心理机能正常和人格健全三个层次：心理疾病或障碍属于不健康的层次；心理机能正常则属于低层次的心理健康，以心理适应为基本特征，通常表现为能消除过度的紧张不安而达到内部平衡状态，对周围环境顺从，内心无冲突，甚至上下讨好、左右逢源；

而人格健全属于高层次的心理健康。心理健康作为一个连续体，它的一端是最差的心理健康行为（心理疾病或心理障碍），另一端是最佳的心理健康行为，即健全人格。他进而从健全人格的层次界定心理健康："心理健康的最高层次应该是健全的人格。表现为有高尚的目标追求，发展建设性的人际关系，从事具有社会价值的创造，渴望生活的挑战，寻求生活的充实与人生意义[14]。"他认为具有健全人格的个体对世界抱开放态度，乐于学习和工作，不断吸取新经验；以正面的眼光看待他人，有良好的人际关系和团队精神；以正面的态度看待自己，能自知、自尊、自我悦纳；以正面的态度看待过去、现在和未来，追求现实而高尚的生活目标；以正面的态度对待困难和挫折，能调控情绪，心境良好。总而言之，拥有健全人格的人以辩证的态度对待世界、他人、自己，坦然地面对过去、现在、未来以及顺境与逆境，是一个自立、自信、自尊、自强、幸福的进取者[15]。从黄希庭的理论可知，每个个体都会在这个心理健康的连续体中拥有自己的位置。但是我们已经清楚地认识到，这个位置并不是固定的，个体的心理健康状态会随着年龄、环境、人的生理状态等因素发生一定的变化。但由于多种原因的影响，某些个体甚至无法从低层次的心理健康水平到达中等层次的心理健康水平，更无法到达健全人格层面的高层次心理健康水平。

积极心理学的思想拓展了心理健康研究的理论及实践视野，心理健康的内涵也出现了新的观点，研究者们倾向于把幸福感作为心理健康的重要元素。崔红（2007）从主观幸福感的角度界定心理健康，认为心理健康是"在良好的生理状态基础上的自我和谐及与外部社会环境的和谐所表现出的个体的主观幸福感"，包括不存在心身症状（从消极方面进行界定）和存在积极的心理品质（从积极方面界定）两个方面，并提出界定心理健康的4个方面：①心身症状出现与否及其严重程度；②行为风格；③内心体验特点——个体体验积极情绪的频率和强度比较高，而体验消极情绪的频率和强度比较低；④积极的心理品质[16]。这种心理健康的界定重点包括两个方面：一是指个体不存在明显的身心症状，没有消极的行为方式或消极内心体验；二是指个体具备积极的心理品质，如幸福感、自尊、适应环境等。由此形成了心理健康的双因素模型，即心理健康是"没有心理疾病＋拥有主观幸福感"，既包括消除消极心理症状，也包括获得积极心理体验，是一种双维度的存在状态。心理健康双因素模型将积极心理指标（如生活满意度、主观幸福感、积极心理品质等）和消极心理指标（如抑郁、消极情绪、人际关系敏感等）作为评估、诊断个体心理健康的两个必备要素。国内研究者在心理健康双因素模型的基础上增加了心理素质这个概念，从而形成了独具一格的心理素质与心理健康关系模型。该模型主张从心理素质、积极心理指标、消极心理指标三个方面对个体的心理健康状况进行评估[17]。

纵观国际相关组织和我国学者对心理健康的界定可以发现，对于心理健康的界定从最初仅将其视为一种心理功能的正常状态，即没有疾病的状态，演变为一种自我发展的状态，最后扩大为一种没有心理疾病与幸福共存的状态。心理健康这一概念的不断演变一方面说明了心理学对人的心理研究的日益深入，另一方面也说明了人的心理是极其复杂的。虽然关于心理健康的概念存在众多的观点，但从普遍的意义上我们可以对心理健康作如下理解：心理健康并非绝无心理问题，也不仅仅是指对任何环境都能保持持续的和谐一致，而是指个体在对待问题和处理矛盾的过程中，能够更多地表现出一种主动、积极、乐观的适应倾向，能够时常获得积极的情绪体验，并在一定程度上拥有幸福感。

三、心理健康的标准

由心理健康概念的界定必然引出衡量个体心理健康水平的标准，但因不同的研究者依据不同的理论在对心理健康概念的理解上无法实现统一，所以关于心理健康的标准也是众说纷纭。人本主义创始人、美国心理学家 A. H. Maslow 和 Mittleman 所提出的 10 条标准被认为是最经典的：有充分的自我安全感；能充分了解自己，能恰当评价自己的能力；生活理想切合实际；不脱离周围现实环境；能保持人格的完整与和谐；善于从经验中学习；能保持良好的人际关系；能适度地宣泄和控制情绪；在符合团体要求的前提下，能有限度地发挥个性；在不违反社会规范的前提下，能适度地满足个人的基本需要❶。刘华山（2001）提出了心理健康的 6 条标准：对现实的正确认识；自知、自尊与自我接纳；自我调控能力；与人建立亲密关系的能力；人格结构的稳定与协调；生活热情与工作效率[12]。

综观中外学者关于心理健康标准的不同论述，可发现大致遵循两种原则和两种标准，即"众数原则"和"精英原则"以及"生存标准"和"发展标准"[18]。在研究心理健康标准时，不同的思路造就了两种不同的心理健康标准：根据"众数原则"研究得出的心理健康标准称为"生存标准"或"适应标准"，即立足于个体生命的存在，目标是最有利于保存与延长生物寿命，强调无条件适应外界环

---

❶ 廖素菊．心理卫生与保健［M］．台北：水牛出版社，1982.

境，顺从社会的主流文化；而根据"精英原则"研究得出的心理健康标准称为"发展标准"，着眼于个体与社会的发展，追求创造最有价值的生活，强调能动地适应与改造环境，通过挖掘个人最大身心潜力满足个体发展的需要，成为崇高、尊严、自豪的人。根据现代关于心理健康的理解，这两条原则和相应的标准不是割裂的，而是相互融合的，适应和发展作为两个重要的方面应该共同作为衡量现代人心理健康的标准，也应该共同成为现代学生心理健康服务工作的基本目标，即同时强调学生适应能力的培养和学生潜能的开发，在生存的基础上更好地发展自我。

四、残障人士心理健康的概念及标准

目前我国虽然大量涌现出了关于心理健康及其标准的研究，但关于残障人士心理健康的概念及标准的研究不多，主要侧重于应用研究，而理论研究则十分少见。李祚山（2020）以人本主义心理和积极心理学作为理论依据，采用积极的心理健康观，将残障人士的心理健康界定为："在某一特定时间内，个体的心理活动能保持一种良好的状态，尤其是处于一种积极的状态中，能较好地完成当前所从事的学习和工作等活动，并且具有幸福感体验和良好的社会适应能力。"他认为残障人士心理健康的主要内容包括：积极的自我观念，面对现实，乐于工作，对婚姻和家庭满意，具有积极的幸福感体验和良好的社会适应能力。并通过对大量残障人士的调查，经探索性因素分析后提出了残障人士心理健康的 5 个维度或 5 个指标：①人际和谐与社会适应，即能够积极建立良好人际关系，处理人际矛盾，完成自己在社会生活中的责任和义务；②积极自我概念，即能够客观感知自己、认识自己、接纳自己，并能够正确地看待周围的环境，坦然、乐观地面对现实，做一个自尊、自信、自立、自强的人；③幸福感体验，即主要指对自己生活质量的总体评价；④爱情婚姻满意度，是指对恋爱和婚姻的需求所满足的程度；⑤乐于工作，指积极地投入到工作中，从而获得成就感和实现自身的价值[19]。

邵丽欧、周小琳（2018）提出了残障者心理健康的 6 条标准：①善于接纳自己，即残障人士接受残疾现实，正视残疾的现实，对生活中因残疾而带来的各种困难泰然处之，善于接纳自己，对自己充满自信；②保持积极乐观的情绪状态，应该对未来充满期待，对未来持有积极肯定的态度，积极克服残疾所带来的困难和障碍；③能够对未来充满信心，指不过度依赖他人，而是极力做一个独立自主的人，对未来充满自信心，能够不断地学习新东西，力求获得一技之长，以便在生活和工作中能运用自如，从而达到自强、自立，尽可能做一个对社会有贡献的人；④能制订可行性目标，指正确了解自我、体验自我和控制自我，对现实环境有正确的感知，能平衡自我与现实、理想与现实的关系，能根据自身的实际情况制订可行性目标；⑤具有良好和谐的人际关系，指客观地了解和评价他人，积极与他人做真诚沟通，建立起融洽、和谐的人际关系；⑥能够主动参与社会生活，指积极参与外界的各种活动，充分体现自身价值，增强自信心，同时也丰富自己的精神生活，及时调整自己的行为，以便更好地适应生活环境[20]。

虽然上述研究者对残障人士心理健康的概念及标准的观点存在不同，也与非残障个体心理健康的概念及标准存在差异，但在心理健康的核心内涵和标准上是相似的，即共同强调了以下 5 方面：①正确地认识自我、接纳自我；②建立良好的人际关系；③适应社会生活环境；④实现自身价值；⑤具有积极的情绪情感体验。根据上文对非残障群体心理健康的概念、层次和标准的分析可以发现，研究者对残障群体心理健康的概念及标准的界定与非残障人群相比总体相同，但略有不同：第一，从心理健康的标准上看，这 5 个方面虽然涉及了心理健康的适应和发展两个方面的内容，但更主要侧重"众数原则"的"生存标准"或"适应标准"，即把适应环境作为残障群体心理健康的主要标准；第二，从心理健康的层次角度看，这 5 个方面主要从心理机能层面的良好状态角度界定残障个体的心理健康，而没有涉及健全人格层面；第三，将主观幸福感等积极因素纳入了心理健康的内涵之中；第四，与非残障群体的心理健康标准相比，把实现自身价值作为衡量残障群体心理健康的重要标准。

五、大学生心理健康的概念及标准

大学生心理健康，是指大学生的心理特征符合自己的身份和年龄，心理能力能满足自己学习、生活与工作的需要，个性心理能适应自己所处的环境并处于积极发展的态势[21]。这个定义可以理解为大学生的心理健康是一种状态，即一种持续的、积极的心理状态，在这种状态下大学生能更好地适应环境、发展自我、完善自我。具体表现在：大学生对内部环境具有安全感，对外部环境能以社会认可的形式去应对，能充分体现出生命的活力，最大限度地发挥出其身心功能和潜能，具有完善的人格；在行为上，既能为社会所接受，又能为自身带来快乐和成就。

自 20 世纪末以来，我国学者十分关注大学生的心理健康研究，尤其是关于大学生心理健康标准的研究逐年增多。自 1991 年至 2022 年，研究者提出近 30

种大学生心理健康的标准，并存在逐年增多的趋势。1991～2000 年提出 3 种，2001～2010 年共提出 10 种，2011～2021 年共提出 16 种。如赵为民在 1991 年提出的中国大学生心理健康标准认为，中国大学生的心理健康标准远非仅仅没有心理疾病而已，更重要的是是否能够适应社会并献身社会，能够正确认识自我，接纳自我，创造有价值的人生，建立良好的人际关系[22]。何光耀（2006）结合现代社会对人才素质的要求以及我国现阶段大学生身心发展的实际情况，提出大学生心理健康标准应当包括如下 10 个方面：①认识协调，智力正常；②情绪积极稳定，情感丰富深刻；③意志健全，行为协调；④个性完整统一、积极和谐；⑤正确恰当的自我意识；⑥善与人处，有良好的人际关系；⑦社会适应良好，言行符合社会规范；⑧心理活动特点符合年龄、性别和角色特征；⑨无心因性生理异常现象；⑩发挥潜能、追求成功[23]。买合甫来提·坎吉等（2007）通过对国内外不同学派的心理健康观以及相关研究进行理论分析，从积极心理学的角度提出了适合于不同文化背景的、评价大学生心理健康的 6 条基本标准：①自我接纳；②积极的人际关系；③自主性；④环境控制与利用；⑤生活目标；⑥个体成长[24]。桑志芹等（2015）提出新时代大学生心理健康标准的 5 个维度：①基本心理能力；②内外协调适应；③情绪稳定；④角色与功能协调；⑤良好的学习能力[25]。杜学敏等（2018）从积极心理学的视角出发，提出大学生心理健康的 7 条标准：①自我接纳且保持开放的心态；②生活的基本态度是乐观的；③情绪的主体是积极情绪；④对生活充满希望感和意义感；⑤内心充满爱，有良好的同理心及共情力；⑥有良好的安全感以及和谐的人际关系；⑦生命的潜能和创造力在一定程度上得到彰显[26]。曾煜恒、雷珺麟（2021）提出了后疫情时代大学生心理健康新标准：情绪积极且可控；学业应付自如；良好的道德观念；良好的社交[27]。

通过对上述大学生心理健康标准的具体内容进行梳理、分析和统计，发现虽然不同时代的研究者从不同角度制定了大学生心理健康的不同标准，但这些标准并非完全异质，表现在：第一，这些标准均基于积极的心理健康观或双因素心理健康观，即认为大学生的心理健康并非仅指没有心理疾病，而是包含积极因素，如健全的人格等；第二，这些大学生心理健康标准中存在一些共同的要素，其中有 16 种包括了人际关系，15 种包括了积极情绪，15 种包括了适应，14 种包括了自我认识或自我接纳，7 种包括了有效学习，7 种包括了热爱生活，4 种包括了安全感，3 种包括了具有生活目标。由此可知，和谐的人际关系、积极的情绪状态、适应环境和自我认识或自我接纳是衡量大学生心理健康的核心标准。

六、残障大学生心理健康的标准

残障大学生既是残障群体的组成部分，也是大学生群体的组成部分。除了与非残障大学生心理特点存在一定的共性以外，在认知、情绪、人格和行为等方面还具有特殊性，不能直接将非残障大学生心理健康的概念和标准直接应用于残障大学生群体，但对于非残障大学生心理健康标准的界定能够为建立残障大学生心理健康标准提供借鉴和参考。根据已有的残障大学生心理健康相关研究成果发现，目前我国关于残障大学生心理健康的研究大多集中在对残障大学生心理健康状况或心理问题的调查，关于残障大学生心理健康的概念和残障大学生心理健康标准的研究则十分匮乏，国内尚未具体明确地提出残障大学生心理健康的概念和标准，而残障大学生心理健康的概念和标准是从事残障大学生心理健康教育研究与心理健康教育实践的基础，是具有核心价值的、基础性的研究。

因为残障大学生的特殊性，在界定残障大学生心理健康的概念和心理健康的标准时，必须综合考虑他们身体的成长性、生理上的特殊性、人生定位与人格的典型特征等因素。并且，残障大学生作为残障群体的精英，要比普通残障者有更高层次的心理健康需要，具有更加积极的心理状态，更需要充分发挥自身潜能、促进自己的全面发展、实现自己的人生价值。所以，与普通残障群体相比，残障大学生心理健康的评价标准应当是较高心理健康水平的标准。结合上文心理健康的定义、李祚山（2020）关于残障人士心理健康的定义[19]、大学生心理健康的定义及标准、残障人士心理健康的定义及标准、已有关于残障大学生心理特征的研究以及残障大学生教育的工作经验，本书将残障大学生心理健康的概念界定为：残障大学生在特定时间内，认知活动保持一种良好的状态，积极运用其他感官补偿缺陷，具有积极的情绪情感和坚强的意志力，能够自我接纳，能够适应社会生活环境，能够与同伴和非残障大学生建立良好的人际关系，具有合理的生活目标，能够运用积极的方式应对挫折，具有一定程度的主观幸福体验。据此本书把认知活动的状态、情绪情感状态、自我接纳、社会适应、人际关系、合理的生活目标、应对方式和主观幸福感八个方面作为评价残障大学生心理健康的标准。

1. 认知活动的状态

良好状态的认知活动能够保障人正常地反映、认识客观世界的本质及规律。虽然残障大学生生理上的损伤对其认知活动产生了一定程度的限制，导致其认知方式不完整、认知内容有局限，但并不会对残障大学生关于世界的反映和认识带来决定性的阻碍。如视力障碍大学生的视力损伤对他们通过视觉感知世界产生了限制，从而造成了他们形象思维能力和想象能力发展的局限，但通过听觉、触觉或其他感官功能的补偿作用，他们仍然能够反映和认识客观世界，能够进行正常的学习和生活。再如，世界著名的盲聋女作家、教育家、慈善家、社会活动家海伦·凯勒，虽然在年幼的时候就形成了视力和听力的损伤，但这并没有阻碍她对世界的认识和成就的获得。因此，良好状态的认知活动状态并非指感官生理功能的完好，而是指各种感官积极发挥其各自的功能进行缺陷补偿，对客观世界的信息进行积极的接收、加工、储存和提取。

2. 情绪情感状态

情绪情感是个体对客观事物的态度体验及相应的行为反应，包括积极情绪情感和消极情绪情感。积极的情绪情感具有协调作用，能够促进人的认知，使人充满生机，获得快乐和幸福的体验，是个体所趋近的；消极的情绪情感具有瓦解作用，会破坏或阻碍认知活动，使人心灰意冷、沮丧消沉，若不妥善处理，还可能严重危害身心健康，是个体所排斥的。良好状态的情绪情感并非指仅体验积极的情绪情感、完全没有消极的情绪情感，而是指个体能够体验到喜、怒、哀、乐、惧、美感、理智感、内疚感、羞耻感等各种情绪情感，但积极情绪情感状态占优势，在面对消极体验时，能够进行积极的控制和调节，使其对心理健康不构成危害。残障大学生与非残障大学生一样，大学阶段是其人生发展的重要阶段，学习、交友、恋爱、就业等基本在这一阶段完成，再加上自身生理损伤带来的生活和学习中的各种困难，他们势必会比非残障大学生更多地体会到自卑、焦虑、抑郁等消极情绪。因此，拥有积极的情绪体验，并能够对消极情绪进行调节和控制，是残障大学生心理健康的重要标准。

3. 自我接纳

自我接纳是个体欣然接受现实自我的一种态度。自我接纳包括两个层面的含义：一是能确认和悦纳自己身体、能力和性格等方面的客观存在和正面价值，不因自身的优点、特长和成绩而骄傲；二是能欣然正视和接受自己现实的一切，不因自身存在的某种缺点而自卑，也不因他人的否定就否认自己、排斥自己[28]。国内外众多研究均表明，自我接纳与心理健康具有十分密切的关系。黄高贵等（2006）的研究也表明低自我接纳是影响心理健康的重要因素[29]。自我接纳的前提是正确地了解自己、认可自己。但是，随着社会的变迁、生活环境的变化，人越来越难以形成对自己的客观认识，也难以形成对自己的认可和接纳，表现为：①不了解自己；②自卑与自傲；③自我中心；④自我防卫。大学生处在由心理不成熟到成熟的过渡时期，他们对自己的认识存在许多不完善之处。已有研究表明，我国有相当一部分大学生自我接纳程度不高，这对他们的心理健康产生了重要的影响[30-32]，即自我接纳水平越低，心理健康水平越低。低水平的自我接纳对于残障大学生群体来讲尤为普遍。生理上的损伤及其导致的能力的局限是残障大学生不可回避的现实。但是很多残障大学生不愿意接受残障事实，表现出自我污名、自我否定或自我排斥。KONG Lingling 等（2020）以视障大学生群体为被试的研究结果表明，自我不接纳在自我污名和孤独感的形成中起着核心作用[33]。对自我的不接纳使他们的内心产生激烈的矛盾和冲突，并由此带来很大的痛苦和烦恼，表现出多疑、敏感、焦虑、孤独、自卑等心理问题，从而影响其人际关系、社会适应等。另外，消极的身体意象，即对自己的心理和生理功能的消极认知、评价、态度和情感，是残障大学生形成低水平的自我接纳的一个重要原因。青年人都重视身体自我，自我身体形象是大学生关注的焦点之一，残障大学生也不例外。尤其对于肢体障碍和视力障碍大学生而言，直观的生理上的缺陷对其身体形象造成了巨大的负面影响，使他们对自己身体外表的满意度较低，降低了他们的自我接纳水平，进而影响了他们的心理健康。徐娜和刘志敏（2013）以残障大学生为研究对象，对其身体意象和心理健康之间的关系进行了考察。结果显示，残疾大学生的身体意象与心理健康显著相关，其身体意象越积极，心理健康状况越好[34]。因此，自我接纳水平是衡量残障大学生心理健康水平的重要标准。

4. 社会适应

社会适应就是个体在与社会环境的交互作用过程中，与社会环境达成和维持和谐平衡关系的过程，包括感觉、认知、行为、人格等多层次的适应[35]。社会适应的过程最终要达到的结果是形成个体与社会环境之间的外在平衡关系和个体内在的心理和谐关系。具有良好适应性的个体表现为：具有主观幸福感、自我价值感、个人控制感等，解决适应性问题的效率高，取得成就，以积极的方式应对压力等。如果个体在做事效率和成就以及突发事件的处理上有优秀的表现，主观体验感也好，那么就表明个体的社会适应性较好，也说明了其心理活动的功能得到了良好的发挥。因此，很多心理学家把良好的社会适应性视为心理健康的重要标准。残障大学生的社会适应情境或领域大致包括校园生活环境适应、学习适应、人际关系适应、社会角色适应等。由于生理损伤的限制、无障碍设施的欠缺、人际交往范围狭窄等原因，残障大学生群体在大学生活中可能面临很多适应困难。这些问题可能从学习、生活等不同方面凸显出来，并转而影响残障大学生的心理健康状况甚至未来的发展[36]。社会适应性能够反映残障大学生在学校中的生活质量、人际关系、社会角色塑造等方面的状况。因此，应该是残障大学生心理健康的重要标准。

5. 人际关系

马克思认为社会性是人的根本属性。人的生存、生活、劳动和工作，都需要人们相互间的联系与合作，依赖于一个群体。因此，人的生存与发展都离不开人际交往，在不断地沟通和互动中就形成了人际关系。人际关系从心理结构上看，是由认知成分、情感成分和行为成分三要素构成的。认知成分是人们之间的相互感知、理解、判断和评价，既包括个体对自己的认知，也包括对交往对象的认知，是人际交往的基础。情感成分是与人的交往需要相联系的一种情绪体验，是人际关系结构中的核心成分，包括积极的情绪体验和消极的情绪体验。行为成分是人们之间交往的手段和活动，是人际关系的结果和行为表现[37]。

人与人之间的友好关系是人的基本需要，如果人际交往的需要受到阻挠或威胁，往往会造成心理失调乃至引起生理失调。现代社会的人际关系日趋复杂，人际关系已成为影响人们心理活动，导致心理应激的主要原因之一。近年来，关于大学生的人际关系与其心理健康关系的研究层出不穷。张翔、樊富珉（2004）的研究结果表明，人际冲突得分越高者，越会感受到更多的心理困扰，即大学生人际困扰越严重，其心理困扰越严重，并且他认为人际冲突行为是影响大学生心理健康的重要因素[38]。朱君等（2013）研究表明，在校大学生人际关系与心理健康紧密相关，改善在校大学生的人际关系有助于提高其心理健康水平[39]。朱舒翼（2017）研究表明大学生人际关系与心理健康显著相关，对心理健康水平具有预测作用[40]。良好的人际关系有助于大学生的心理健康发展，有人际困扰的大学生往往会感到烦恼和痛苦，容易造成心理失衡，甚至导致心理问题的产生。有人际关系困扰的大学生一般表现出消极的自我描述和自我评价，且多出现于弱势、边缘化的一些群体之中，他们往往表现出低自尊、害怕、担心、无助等行为。残障大学生的人际交往困扰和人际交往障碍十分普遍。于雪琴（2010）从人际交往的心理成分角度分析了造成残障大学生人际交往困扰甚至是人际交往障碍的主要原因；认知障碍，即对自我和社会的认知较易发生偏差、失衡乃至扭曲；情绪情感障碍，情绪不稳定是残障大学生群体较为突出的心理特征，为其建立和谐的人际关系带来巨大的阻碍；人格障碍，部分心理调适能力较差的残障大学生较易形成个性孤僻、理念偏激、性格分裂甚至对他人和社会怀有敌意、仇视等人格缺陷，在人际交往中极易造成误解和矛盾，甚至爆发人际冲突[41]。随着我国特殊高等教育的发展，高等融合教育越来越成为主流趋势。大部分残障大学生要进入普通学校学习，作为青年人，他们具有强烈的与非残障大学生交往的意愿，但消极的身体自我、自卑、人际交往范围狭窄、人际交往的经验少、人际沟通的方式局限等原因阻碍了他们与非残障大学生建立良好人际关系的愿望的实现，使其人际交往的需求无法得到满足，这无疑会对他们的心理健康产生负面影响。由此可知，由于自身和社会等多方面的原因对残障大学生建立良好的人际关系造成了许多不利影响，人际关系困扰成为残障大学生普遍面对的重要问题，成为影响其心理健康的重要因素。

6. 合理的生活目标

生活目标是指个体在生活中注重和追求的各种具体目标。目标设置理论认为人们的行为是由目标和志愿所驱动的，目标明确可以提高人们的工作绩效。目标的设置从四个方面影响着个体的绩效水平：一是人们的努力程度，二是对活动的坚持性，三是注意力的朝向，四是计划的制定。因此，根据目标设置理论，大学生要有好的学习工作绩效，就需要为自己设置明确的、具体的、有一定难度的生活目标。在设置目标之后，学习工作绩效会大大提高，成功的喜悦、愉快、自信、价值感等积极心理也会油然而生。我国大学生的生活目标主要是学业、实践能力、人际交往、恋爱、个人成长和职业目标[42]。已有研究结果表明，大学生的生活目标对心理健康具有重要影响[43,44]。心理学家弗兰克尔提出的生命的意义理论认为，努力发现生命的意义是人最主要的动力，生命的意义在于实现人生的理想和价值，人对意义的追寻会导致内心的紧张而非平衡，这种紧张恰恰是精神健康的必要前提。❶ 这意味着追求人生目标的实现是个体发现生命意义的重要途径之一，进而成为影响心理健康的重要原因。生理上的缺陷所产生的能力限制为残障大学生生活目标的确立和实现带来了巨大的局限。作为青年人，残障大学生也会拥有很多美好的生活目标，但却因为自身生理原因的限制而无法实现，如

---

❶ 维克多·弗兰克尔. 活出生命的意义 [M]. 吕娜，译. 北京：华夏出版社，2019：117-125.

一些视力障碍大学生的职业目标是想成为一名宇航员、运动员、设计师等，但他们只能无奈地选择推拿按摩专业，最终成为一名推拿按摩师。在残障大学生群体中，学业、实践能力、人际交往、恋爱等生活目标普遍存在类似的困境，理想和现实之间的巨大差距使他们对自己的生命意义产生怀疑，进而对其自我接纳、价值感、幸福感等都造成了严重的负面影响。因此，对残障大学生这一特殊群体而言，是否存在明确的生活目标，生活目标是否合理、可行，是衡量其心理健康水平的重要标准。

7. 应对方式

应对是个体面临压力时为减轻其负面影响而做出的认知和行为的努力过程[45]。研究者通常把应对方式分为两大类，即面对型应对方式和回避型应对方式。面对型应对方式包括侧重于问题的应对和侧重于情绪的应对，回避型应对方式包括侧重于回避问题的应对和侧重于回避情绪的应对。侧重于问题的应对包括解决问题和调整认知：解决问题是努力改变压力因素，以决心、坚持和直接行动解决问题；调整认知是采用自我对话的过程，多从积极性方面来看问题。侧重于情绪的应对包括寻求社会支持和表露情绪：寻求社会支持是努力寻求帮助以解决问题，寻求劝告和分担情绪，向亲人或亲友倾诉；表露情绪是努力面对情感，不逃避和减轻压力。侧重于回避问题的应对包括回避问题和幻想：回避问题与个人的努力有关，自己以没有任何想法或相关紧张行动的方式来逃避问题；幻想指期待奇妙的事件出现，是为了希望事情能改变。侧重于回避情绪的应对包括忍耐、情绪发泄、自责：忍耐是指压抑情绪不让其表露出来；情绪发泄是指将负向的情绪以较激烈的方式发泄出来；自责是个体将问题或者压力归咎为自己的能力低、运气差等原因，并由此产生对自己的负向情绪。两种应对方式虽然使用不同的方法和策略缓解个体感受到的压力，但对问题的解决和个体的情绪体验产生了不同的效果。因此，面对型应对方式被称为积极的应对方式，回避型应对方式被称为消极的应对方式。关于应对方式与心理健康关系的研究表明，个体采用不同的应对方式会对身心健康产生不同的影响：积极的应对方式有利于获得主观幸福感[46]，有助于缓解焦虑、抑郁等负性情绪[47]。大学期间，专业知识的学习、综合能力的提升、交友恋爱、求职择业等各个方面都会给大学生带来一定的压力，导致他们产生焦虑、抑郁等消极的情绪，甚至引发自杀行为。对残障大学生而言，他们在上述领域中无疑会面临更多的困难，由此要面对更多、更重的压力。除此之外，他们在衣、食、住、行等基本生活领域也会遇到很多困难，甚至还要面对来自社会的偏见和歧视。因此，残障大学生压力的种类、数量和程度均远远超过非残障大学生，他们常常需要采用某种方式应对各种压力，而他们所采用的应对方式则会对其心理健康水平产生直接影响，因此，残障大学生的应对方式应该作为衡量其心理健康水平的标准之一。

8. 主观幸福感

主观幸福感是指个体依据自己设定的标准对其生活质量所做出的整体评价。其基本特点包括：主观性，以评价者内定的标准而非他人标准来评估；稳定性，主要测量长期而非短期的情感反应和生活满意度，这是一个相对稳定的值；整体性，是综合评价，包括对情感反应的评估和认知判断[48]。主观幸福感包括生活满意度和情感体验两个基本成分，前者是个体对生活总体质量的认知评价，即在总体上对个人生活做出满意程度的判断；后者是指个体在生活中的情感体验，包括积极情感（愉快、轻松等）和消极情感（抑郁、焦虑、紧张等）两方面。主观幸福感由对生活的满意程度、积极情感体验和消极情感体验构成，对生活的满意程度愈高，体验到的积极情感愈多；消极情感愈少，则个体的幸福感体验愈强。幸福感是衡量个体生活质量的重要的综合性心理指标。从理论角度来讲，随着积极心理学的兴起和心理健康观的发展，主观幸福感已经被认为是衡量心理健康水平的重要标准。近年来研究者对主观幸福感与心理健康的关系也进行了大量的实证研究，研究结果均表明主观幸福感与心理健康具有密切联系。长期以来，很多人倾向于把身心疾病与残障群体联系在一起，更多的是对其施以怜悯和同情，而忽略了对他们的幸福体验的关注。根据主观幸福感的概念，幸福感是一种主观的心理现象，任何心理机能正常的人都会对自己的生活质量进行评价，评价的结果直接取决于个人主观的评价标准[49]。残障人士也会根据自己的标准对自己的生活进行整体的评价。因为标准不同，评价的结果也会不同，幸福感作为一种主观的心理现象，虽然受外在的环境因素、生理因素和心理因素的影响，但这些影响并不是绝对的。如经济条件好的人并不一定比贫穷者幸福，住在城市的人并不一定比乡村的人幸福，生理健全的人不一定比残障人士幸福。因主观幸福感并不是身体健全者独有的心理体验，又因其与个体的心理健康存在密切的联系，所以主观幸福感必然应该作为衡量残障大学生心理健康的标准之一。

经过对残障大学生和特殊高等教育教师、辅导员、特殊教育专家的认同度进行调查，上述八项标准作为衡量残障大学生心理健康水平的标准均得到了较高的认同，具体结果在本书的第四章详细说明。

第四节　我国残障大学生心理健康服务的现状

习近平总书记在党的十九大报告中指出：中国特色社会主义进入了新时代，我国社会主要矛盾已经转化为人民日益增长的美好生活需要和不平衡不充分的发展之间的矛盾。美好生活既是指物质生活的丰富，也是指精神生活的充实。植根于当下的中国现实，随着中国社会生产力的不断变革，社会物质财富的急剧增长，中国人民的物质生活面貌有了极大的改善，如今人民已经从短缺经济时代对物质需求的高度依赖转向了对精神领域需求的提高上。因此，提升全民心理健康水平、构建全民心理健康服务体系势必成为中国社会发展的需要和要求。近年来，我国颁布了一系列相关的政策和文件，推动了医院、社区、学校等领域心理健康服务部门工作的展开。同时，也激发了研究者对心理健康服务的研究热情，心理健康服务已成为心理学和教育学的研究热点之一。在高等教育领域，大学生心理健康服务的相关研究也与日俱增。同时，随着我国残疾人教育事业的发展，残障大学生的数量不断增加，残障大学生心理健康服务也引起了相关教育者和研究者的关注。本节将对我国心理健康服务的理论、方法与服务模式，大学生心理健康服务、残障大学生心理健康服务的研究现状进行梳理和总结。

在中国知网以"心理健康服务"为篇名关键词进行搜索，结果显示，篇名中含"心理健康服务"一词的最早的文献出现在 2002 年[59]，研究者通过心理咨询门诊、网站、各种媒体、会议对学生、市民开展心理健康知识的宣传、心理咨询等工作，主要是实践经验的介绍。截至 2021 年 12 月，共析出文献 374 篇，研究的领域以心理学、教育理论与教育管理两大领域为主，涉及的服务对象主要包括学生、教师、老年人、城市居民等，研究的主要机构是高等教育学校，主题主要包括不同人群的心理健康服务、心理健康服务体系建构、心理健康服务理论和方法研究、心理健康服务需求调查等。从上述心理健康服务的研究现状可以发现，目前，我国心理健康服务的研究仍处在初步探索阶段，在理论的探索、方法的应用等方面还需要进一步研究，尤其是针对不同人群的心理健康服务体系建构的成果有待进一步丰富。

一、心理健康服务的相关概念

（一）心理健康服务和残疾人心理健康服务

2016 年，国家卫生计生委等 22 部门联合印发《关于加强心理健康服务的指导意见》，提出"心理健康服务是运用心理学及医学的理论和方法，预防或减少各类心理行为问题，促进心理健康，提高生活质量，主要包括心理健康宣传教育、心理咨询、心理疾病治疗、心理危机干预等"。根据概念可知，心理健康服务的概念是根据现代心理健康的概念所建构的，其目标包括心理问题的解决和心理健康的促进两个方面，即一方面对存在心理问题困扰的个体进行干预，另一方面促进无心理问题困扰的个体的心理健康，最终提升个体的心理健康水平，提升其精神生活的质量。心理健康服务的内容主要包括：通过心理测量，帮助人们了解自我；提供心理学知识，帮助人们增强社会适应能力，提高心理素质；对个体成长发展中遇到的人际关系紧张、情绪困扰、工作压力、社会适应不良、婚姻家庭关系等问题的咨询；对各类心理障碍如恐怖症、抑郁性神经症、疑病症以及各类异常心理的治疗；针对特殊群体的特殊心理问题提供的各种恢复和促进人们心理健康的服务[51]。心理健康服务的方法主要以心理学的理论和方法为主，并结合其他一切有益的方法共同实现心理健康服务的目标，心理学的方法主要包括精神分析疗法、认知疗法、行为疗法、认知行为疗法等。

所谓残疾人心理健康服务，是指在残疾人服务工作中，运用心理学和医学的理论和原则保持与促进残疾人的心理健康[52]。具体地说，残疾人心理健康服务的宗旨在于促进残疾人的正常发展，培养其健全人格；预防残疾人的各种心理障碍，包括精神病、神经症、心身疾病、病态人格、精神发育迟滞；消除引起其心理压力和各种不良心理的因素。根据上文对心理健康界定的总结可知，已有的关于残疾人心理健康服务的界定虽然包含了促进心理健康的多个层面，如解决心理问题或疾病，培养健全的人格，但重点在于强调残疾人心理问题和心理疾病的预防和解决，而忽视了对残疾人良好心理素质的培养。另外，该定义强调了对引起残疾人心理压力和各种不良心理的因素的消除，间接地指明了在残疾人现实的生活中，存在众多对残疾人心理健康产生负面影响的因素，如无障碍环境、社会福利的缺乏，他人的歧视或偏见等，同时也表明了残疾人心理健康服务的特殊性。

（二）残障大学生心理健康服务的概念

2001年以来，教育部等有关部门先后印发《关于加强普通高等学校大学生心理健康教育工作的意见》《普通高等学校大学生心理健康教育工作实施纲要（试行）》，教育部、卫生部、共青团中央印发《关于进一步加强和改进大学生心理健康教育的意见》等文件，推动了我国大学生心理健康工作的开展。上述文件均使用了心理健康教育而非心理健康服务。大学生心理健康教育是根据学生身心特点、发展规律以及心理健康的标准，运用各种心理技术和方法促进健康发展的教育活动[53]。其目标是帮助大学生"提高心理调节能力，培养良好心理品质，促进大学生思想道德素质、科学文化素质和身心健康素质协调发展[54]"。文件同时强调大学生心理健康教育不仅仅是心理咨询专业工作人员的任务，也是所有思想政治教育工作者、班主任和教师，甚至是高校全体教职员工共同的责任。高等学校大学生心理健康教育工作的主要任务是：根据大学生的心理特点，有针对性地讲授心理健康知识，开展辅导或咨询活动，帮助大学生树立心理健康意识，优化心理品质，增强心理调适能力和社会生活的适应能力，预防和缓解心理问题，帮助他们处理好环境适应、自我管理、学习成才、人际交往、交友恋爱、求职择业、人格发展和情绪调节等方面的困惑，提高健康水平，促进德智体美等全面发展[55]。

2015年，俞国良等将大学生心理健康服务定义为：以心理学理论和方法为依据，在对一组已知事实、经验结果进行理解和解释的基础上，通过心理健康教学、心理健康评估、心理辅导以及心理危机干预等活动，提高高校全体师生员工心理健康水平的专业服务活动[56]。此时关于大学生心理健康服务的研究和实践处在探索阶段，在《"健康中国2030"规划纲要》《关于加强心理健康服务的指导意见》颁布之后，随着"心理健康服务"这一说法的影响力的逐步扩大，大学生心理健康服务的有关研究及实践也逐渐增多。

通过对有关文献的梳理发现，不少研究者认为可以把心理健康教育和心理健康服务这两个词混用，实则不然。"心理健康教育"和"心理健康服务"在内涵上既有共性，也有差异。二者的共性在于心理健康教育和心理健康服务都强调面向全体学生，以学生为主体，以了解学生为基础，根据学生生理发展和心理活动的规律、特点，解决学生发展中的问题，二者的根本目的在于培养学生良好的心理素质，促进学生身心和谐发展和素质全面提高。但二者在内涵范围和所发挥的作用等方面具有一定的区别：第一，在工作理念上，心理健康教育主要是从教育的视角对学生心理健康施行促进工作，是一种"教育"活动，常从教育者的角度出发，遵循"以师为本"理念，把学生看成被动接受知识的客体和被动从属的角色，强调教师自上而下对学生的主动干预，老师作为传授知识的主体，全权决定教育的内容和形式，忽略了学生的主体性。而心理健康服务是一种"服务"活动，更加重视从学生的角度出发，以学生为本，有针对性地解决学生的问题，凸显以学生为中心的服务意识，工作效率更高，效果更明显[57]。第二，在工作的内容上，心理健康服务的工作范围较大，不仅包括心理健康教育，也包括对相关工作人员的培训、工作机制的监督、保障制度的配备。第三，在工作的承担者上，学校心理健康教育人员主要是校内的心理健康教育教师、辅导员等，而心理健康服务工作应由学校联合社区、医院、社会机构等多种机构共同开展，是一项公共卫生服务。

目前，我国关于残障大学生心理健康服务的概念研究十分匮乏，暂时缺少对残障大学生心理健康服务概念的明确阐述。残障大学生心理健康服务的界定要以心理健康的基本理念，我国大学生心理健康服务的目标、内容及方法，残障大学生的心理特征的特殊性为依据。为此，本书在大学生心理健康服务和残疾人心理健康服务内涵的基础上，将残障大学生的心理健康服务界定为：以心理学和医学的理论和方法为基础，利用一切可以利用的资源、适宜的方法和手段，通过多种形式，提升残障大学生心理健康水平，促进残障大学生心理发展的专业服务活动。

（三）心理健康服务体系的相关概念

心理健康服务体系是指由专业机构和人员遵循心理健康规律向社会成员提供的心理促进工作，以及围绕此工作的投资、教育培训、管理监督等所组成的系统。其作为公共卫生服务的一项系统工程，目标是预防和治疗心理疾病，促进健康，提高生活质量，使社会大众成为幸福的进取者[51]。罗鸣春（2010）认为心理健康服务体系有广义和狭义之分：广义指社会大众心理保健和精神医疗的服务体系；狭义指未达医疗程度的预防性服务工作[50]。

大学生心理健康服务体系可定义为在高等学校，以大学生心理健康服务需求为导向，遵循大学生心理健康发展规律，由专业机构和人员向在校学生、教师和家长提供的心理健康服务工作，以及围绕此工作的政策支持、教育培训、监督管理和评价等所组成的系统[58]。根据此定义可将残障大学生的心理健康服务体系定义为：针对残障大学生群体，由专业机构和人员遵循残障大学生心理发展特点及规律，向残障大学生、残障教师、残障学生家长提供的心理健康促进工作，以及围绕此工作的投资、教育培训、管理监督等所组成的系统。

二、心理健康服务的理论、方法与模式的研究现状

（一）心理健康服务的理论和方法研究

心理健康服务理论是指在心理健康服务活动中对已知的事实和经验所提出的一种一般原则或一组相互关联的原则，它既是心理健康服务经验的总结，也是心理健康服务的依据[60]。我国心理健康服务或心理咨询的理论与方法研究可分为三类：对国外理论和方法的引用，即研究者所采用的理论和方法完全来自国外，未对其做任何修正，例如精神分析理论、认知理论、行为主义理论等；理论和方法的本土化研究，即所采用的理论及方法来自国外，但在此基础上将其与中国的实际情况结合后产生新的理论与方法，例如认识领悟疗法、意象对话心理疗法等；中国本土理论与方法的研究，即所采用的理论和方法来自本土，为中国人自创，如儒家的心理学思想、中医心理疗法等。

1. 对国外心理健康服务理论和方法的运用

一般认为，心理学思想起源于西方古代哲学思想，并形成了精神分析、行为主义、认知主义、人本主义、格式塔等不同的心理学流派。我国心理健康服务最早主要是以引进上述西方的心理学理论为主，其中心理咨询和心理治疗研究应用最多的是认知理论、精神分析理论、人本-存在主义理论和行为主义理论四大理论。随着积极心理学的兴起，其理论也成为我国心理健康服务，尤其是学校心理健康服务重点参考的理论。实际上，我们引进的每一种西方的理论都有其局限和优势，采用何种理论具体要根据服务对象的自身特点和需要解决的问题情况。目前，大多数心理健康服务的从业者都采取理论整合的方式，即整合两种或两种以上理论及其相应的方法进行综合运用。基于对国外理论的引进，我国心理健康服务最常运用的方法也是以引进为主，包括行为疗法、认知疗法、人本主义疗法、精神分析疗法和家庭疗法。如秦漠等（2008）在全国范围内的调查发现专业人员使用最多的治疗方法是认知疗法，其次是行为、人本、整合、精神分析和家庭疗法，使用较少的是森田疗法和药物治疗[61]。王琳（2008）对重庆市11所高等学

校心理健康服务工作中心负责人进行调查后得出最常用的前三种疗法为认知疗法、行为疗法与人本主义疗法[62]。在我国心理咨询发展之初所做的主要工作是"洋为中用"，即运用国外的理论和方法为中国人提供服务，这是一种常规化的思路，并且在一定程度上对中国心理健康服务理论和方法的本土化研究起到了推动作用，但我们不能拘泥于对国外理论和方法的引用，而是要设计出更加适合中国人的心理健康服务理论和方法，避免只是简单地运用西方或西方式的理论和方法。

2. 心理健康服务理论和方法的本土化研究

西方心理学的各大理论流派、各种心理咨询或治疗方法在我国得到了一定程度的研究和应用，有力地促进了我国心理健康服务起步时期的发展。但由于东西方文化的差异，很多理论和方法难以直接应用到中国人的心理健康服务之中。在20世纪初期，很多学者就主张以中国传统文化为根本，结合西方现代心理学而发展中国特有的心理学理论和心理治疗的方法。由此，心理学理论和心理治疗方法的本土化研究成为我国当时心理学研究的重要方向和内容。

西方心理学理论和心理咨询或治疗方法的本土化主要包括精神分析或心理动力学理论与方法的本土化、存在主义的本土化、积极心理学的本土化、认知疗法的本土化等，还包括心理测量工具的本土化。与这些西方理论或方法相融合的中国思想主要包括儒家思想、道家思想、佛教思想。如钟友彬（1992）将精神分析进行了本土化，提出了认识领悟疗法，讨论并分析病人症状中所表现的观念、推理和感情的幼稚性，用解释和修通的方法，从理性上认识到病人的幼儿行为模式，逐渐深入达到感情上的领悟，从而放弃幼儿行为模式，代之以成年人的行为模式[63]。这种方法主要应用于治疗恐怖症、强迫症、抑郁症等。朱建军、孙新兰（1998）提出的意象对话技术是融合了精神分析治疗中的释梦技术、分析心理学的主动想象技术、存在主义心理治疗家肖尔（J.E.Shorr）的意象治疗技术和东方文化，并加以改进而产生的。治疗者和患者用不经解释的象征性意象进行交流，以达到了解患者潜意识和解决患者潜意识中心理冲突的目的[64]。这种治疗技术主要应用在恐怖症、焦虑症、抑郁症等的心理治疗之中。郑日昌经过多年的实践，将现代西方心理学中的认知疗法与中国古代阴阳辩证思想结合，创立了辩证认知辅导的理论与方法，在缓解焦虑、抑郁等负向情绪中取得了很好的效果。以杨德森教授为首的国家自然科学基金课题组经多年研究，将中国的道家思想与西方的认知疗法相融合，创立了一种具有中国特色的心理治疗方法——中国道家认知疗法。这种疗法继承、扬弃和发展了老庄哲学身心修养模式，以道家处世养生的四条原则（即"32字原则"）重建价值观和思维方式，运用五个治疗程序（即"ABCDE程序"），对A型性格、精神应激与相关疾病的患者实施认知疗法[65]。受西方人格特质论及其研究方法的启发，专家学者采用人格特质形容词的方法开始对中国人的人格结构进行理论分析和实证调查，最终建立了中国人的大七人格理论模型，编制了由215个项目组成的中国人人格量表，归纳了中国人人格的七个维度，即外向性、善良、行事风格、才干、情绪性、人际关系和处世态度[66]。曹瑞（2012）认为中国传统文化中的道家和儒家思想中都包含着大量的积极心理所蕴含的心性修养理念，如美德能直接影响人的心理状态和寿命，美德能够预防疾病的产生等。同时，他总结了我国在积极心理学本土化中取得的成就，如黄希庭教授领导的西南师范大学人格研究所开展的学生健全人格的养成教育研究、改革开放以来中国社会价值观变迁研究、个人时间管理倾向研究；侯玉波等对中国人人格结构和思维方式的探索；杨中芳教授对中国人中庸倾向的研究；时勘教授关于中国领导胜任能力的研究；许燕教授关于中国人职业枯竭现象的研究等都是心理健康服务理论与方法本土化研究的重要成果[67]。

3. 中国本土的心理健康服务理论与方法的研究

心理学理论和心理咨询或治疗方法的本土化相关研究对提高我国心理健康服务的有效性有着不容忽视的现实意义。但一些研究者认为，心理健康服务以心理学的理论和方法为主导来维护与促进人们心理健康的活动，它与个人的心理因素和社会文化因素有必然联系，中国心理健康服务植根于中国文化的土壤之中，它本身就是文化的产物[50]。因此，在引进和改造西方理论与方法的同时，很多研究者也认为挖掘我国本土心理健康服务的理论和方法对于构建中国本土的心理咨询理论和方法具有重要的价值。

在漫长的历史发展中，我国创造了灿烂的华夏文明，心理咨询的理论和方法也源远流长，其中儒家思想、道家思想、佛教思想、中医思想等对我国心理健康服务影响较大[60]。罗鸣春等（2010）认为，儒家文化作为中国社会的主流文化，它在中国心理健康服务过程中具有表征、构建、指导、唤起功能，对心理健康服务者和被服务者的人格、应对方式以及服务态度和行为产生直接和间接影响，构建适合中国文化土壤的心理健康服务体系需要研究儒家文化传统对心理健康服务模式的观念、理论及实践操作层面的作用和影响[50]。熊十力早期研究佛教心理学，并采用弗洛伊德精神分析学对佛家唯识学进行诠释，在对佛家唯识学的思想进行了扬弃后，回归到儒家心学体系中构建其"哲学的心理学"理论[68]。廖敏（2010）研究发现，我国道教思想中蕴涵着深刻的健康人格的思想，人本主义健康人格理论中的诸如"心态""自我""自然界""独处""和谐""反面经验""创造力"等一些概念或理念与道教的思想息息相关[69]。涂阳军、郭永玉（2011）认为道家以"道"为核心的思想文化体系对中国人之心理行为、思想、价值观、人生观等各个方面都产生了深远的影响，并进而塑造了中国人人格的方方面面，影响了全体中国人人格特征的形成，最终形成了一种以道家"道"之"自然本真"为核心的文化-心理结构[70]，并构建出了道家人格结构理论模型，编制了道家人格量表。彭彦琴（2018）认为佛教从根本上来讲更主要是一种心理学，正念禅修和慈心禅作为佛教最有特色的禅法具有促进自我和谐、提升自我接纳度、改善人际关系等有益于身心健康的功能[71]。葛鲁嘉（2005）基于中国传统文化中的"心性"思想，提出了新心性心理学，以探讨和揭示心理科学、心理文化、心理生活和心理环境为目标，以开创和建立中国本土心理学学派、理论、方法和技术为己任，以推动和促进中国心理学的创新、创造、发展和繁荣为宗旨[72]，其中的心理环境论、心理成长论、心理生活论等对我国心理学理论和心理咨询或治疗实践具有重要的启发性。另外申荷永的中国文化心理学研究、杨国枢的本土心理学研究体系建设、叶浩生对建设理论心理学的意义论述和体系设想等均为中国心理健康服务的开展奠定了坚实的基础。

在我国古代中医思想中也蕴含了大量的心理健康服务思想，如《黄帝内经》中曾强调了"治神"的思想；在《景岳全书》等医学和哲学著作中也有关于心理治疗的论述；颜世富从传统中医思想中汲取了情绪治疗的理论和方法，尝试将其用于心理咨询和治疗实践中；还有基于阴阳五行学说的情志相胜疗法、逆转情志疗法、开导心理疗法、中国古代行为疗法、暗示疗法、信仰心理治疗、中国古代催眠疗法等[73]；中国的气功对心理咨询也有一定的影响，运用气功中的某些方法进行放松和冥想，可以帮助个体进行自我调控，纠正个体内在的生命能量"气"的不平衡状况。

本土心理学研究中关于本土观念、现象与行为的经验分析也对我国心理健康服务具有重要意义。这方面的研究受台湾地区的本土心理学研究者的影响较大，较多地关注当下社会现实，并与社会学、人类学视角的研究交集较多。例如，翟学伟关于关系、人情、报、面子、土政策等"中国人行动逻辑"的系列研究和中国社会心理学方法论的研究，杨宜音等人关于转型期社会心态的研究，方文等人关于当下中国转型心理学的研究，汪新建等人关于本土心理咨询与治疗现象的研究等。相对而言，此类研究更注重经验层面的具体分析，也尝试在方法论上贴近分析中国人某些层面的现实行为，但直接指向系统性的本土化理论建构还较少[74]。

综上所述，我国关于心理健康服务的理论和方法的三类研究均取得了一定的成果。但在心理服务的实践中仍以引进国外的理论和方法为主，真正从中国本土发展出来的理论和方法还没得到充分的应用，如气功等都是我国传统医学的瑰宝，但是在心理健康服务中还没能得到充分的研究和应用。因此，构建具有中国特色的、具有一定国际影响力的本土心理学理论和方法体系是我国未来心理学研究的重要方向。

（二）心理健康服务模式的研究

在我国心理健康服务开始于 20 世纪 80 年代，是在心理咨询理论和实践的框架还未形成、从业人员极度缺乏的情况下起步的[75]，其服务形式主要是心理咨询和心理治疗。由于我国心理学发展的滞后特点，心理咨询和心理治疗的工作模式主要是对国外理论、方法和原则的探索和引用。因此，关于国外心理咨询和心理治疗模式的种类、特点及应用领域的研究成为心理健康服务研究工作的重要内容。不同的心理咨询和治疗模式在理论依据、方法等方面各自具有独特的特点。根据心理咨询和治疗的领域、目标和方法的差异可将心理健康服务模式分为医学模式、教育与发展模式和社会模式；根据心理学理论学派及心理咨询方法的不同可将其分为特质模式、矫正导向模式等八种模式；随着国内外心理健康服务理论与方法的发展，新的模式不断出现，并为我国心理健康服务的实践提供了重要参考。

1. 医学模式、教育与发展模式、社会模式

我国的心理健康服务主要分为医学、教育、社会三种模式。三种模式的服务目标各有侧重。医学模式主要是通过药物和心理治疗使患者恢复心理健康；教育模式的根本目的是促进学生的健康成长和增强社会适应能力，更好地开发学生的心理潜能；社会模式则看重短期疗效，以缓和情绪性的心理困扰为主。目前现行的三种心理健康服务模式各自独立，尚未整合为一个有机的整体[76]。

20 世纪 80 年代初期，医疗机构开始开设心理咨询门诊，医学模式始见雏形，并成为我国起步最早的心理健康服务模式，在中国心理咨询和治疗领域发挥

着重要的作用。尤其是在我国心理咨询和治疗的起步时期，多数人对心理咨询的理解是诊治心理障碍或心理疾病，因此，心理咨询被等同于心理治疗。由于精神科医师的行业特点最接近于心理咨询的职业特点，他们在长期的临床实践中积累了许多咨询经验，具有诊治心理障碍的一般知识和技能，能较快地适应咨询角色，因此，在最初，精神科医师担任了心理咨询师和心理治疗师的双重角色。龚耀先、李庆珠（1996）调查了我国 457 个心理咨询机构，其中有 335 家单位开展了心理咨询服务，在从业人员中，心理学（包括教育学）专业的只占 2.3％～8.3％，临床医学专业的占 76.3％～86.2％[77]。医学模式之所以迅速发展，除了与上文提到的公众对心理咨询的认识有关，还与它自身的特点有关：①主要存在于医疗机构；②服务对象主要是心理障碍或心身疾病患者；③从业人员多数为医学专业出身，然后通过心理咨询培训；④心理咨询师多有处方权，常常使用药物；⑤咨询形式带有较浓的医学临床色彩[75]。医学模式一般分为两类，即生物医学模式和生物心理社会模式。前者强调身体、器官或组织因素对人的心理疾病的影响，后者针对医学心理咨询的主要对象（病人）的特殊性，进一步提出需要从生物、心理和社会三个方面来综合考察、分析和解决病人的心理问题，即强调生理、社会、心理特点三个因素对人的心理疾病的影响。目前生物心理社会模式被更加广泛地应用于心理健康服务之中。

　　随着人们对心理咨询了解的加深和心理学的发展，人们开始认识到心理咨询和心理治疗之间差异，认为心理咨询不应该像心理治疗那样仅遵循医学模式，咨询对象应该是在应付日常生活中的压力和任务方面需要帮助的正常人，而非有心理疾病或障碍的患者，心理咨询的任务应该是解决正常人各种教育和发展方面的心理问题而并非扫除疾病，心理咨询的教育和发展模式由此产生，并受到了国际心理科学联合会在 1984 年的《心理学百科全书》中的肯定。所谓发展的模式，即心理咨询的目的在于努力帮助咨询对象扫除正常成长过程中的障碍，而使其得到充分的发展[78]。美国《哲学百科全书》提出了心理咨询主要特征：①着重于正常人；②对人的一生提供有效的帮助；③强调个人的力量与价值；④强调认知因素，尤其是理性在选择和决定中的作用；⑤研究个人在制定总目标及扮演社会角色方面的个性差异；⑥充分考虑情景和环境的因素。《心理咨询百科全书》提出了发展性咨询的四项功能：一是激励咨询对象调整解决自身心理问题的能力结构，只有从信念和动力结构方面树立起咨询对象的主体意识，从总体上培养其健康的人格结构，才能从根本上解决其心理问题；二是帮助咨询对象纠正对自身内部心理状态以及对外部社会环境的不恰当认知，这是解决心理问题的一个关键因素；三是为咨询对象实现更高的人生目标设计和提供最佳行为策略；四是通过心理健康教育，指导个体预防潜在的心理问题等。

医学模式下的心理治疗和教育与发展模式下的心理咨询之间在目标、方法和服务对象上的差异被凸显出来。20 世纪 80 年代中期，教育与发展模式开始在我国发展，它最初是在高校设立针对大学生的相关服务机构，后来又逐渐发展到中小学，是目前我国学校教育常用的心理服务模式。有研究者认为教育与发展模式使心理健康教育走向新的发展阶段，是一种注重发展和预防的辅导模式，在大学生心理素质的提升和全面发展方面发挥着重要作用[79,80]。我国高校的教育和发展模式主要应用于帮助大学生增强承受挫折和适应环境的能力，健全人格，挖掘自我潜能，提高心理素质。在学校心理健康服务的教育和发展模式的理论研究和实践中，积极心理学的理论被应用得最为广泛，成为该模式的重要理论基础，尤其是在促进学生心理素质的提高、培养学生积极心理品质等方面具有重要价值[81]。

我国心理健康服务社会模式起步较晚，社会心理咨询机构于 20 世纪 90 年代开始出现。2001 年，原劳动和社会保障部颁布《心理咨询师国家职业标准》，心理咨询师被正式列入《中华人民共和国职业分类大典》，标志着其从社会模式走向职业化。相较于医学和教育模式，由社会团体和社会机构提供的面向社会大众的社会模式服务对象更广、内容更全、影响力更大，已成为现代服务业的一项重要内容。但社会模式仍在从业人员的专业性、服务质量的监督管理、收费、来访者满意度等方面存在亟待解决的问题[82,83]。

上述心理健康服务的三种模式在服务对象、服务内容和方法上各有不同。医学模式的服务对象以有心理障碍和身心疾病的患者为主，服务带有临床的性质；教育模式的服务对象是学生，主要是针对高校学生和中小学生；社会模式的服务主要由一些社会上的心理咨询机构提供，针对社会中的各类人群。我国现行的三种心理健康服务模式各自孤立，尚未整合为一个有机的整体。

2. 基于中西方心理学思想的心理健康服务模式

如上文所述，我国心理健康服务的理论和实践主要是以引进为主。根据所依据的西方心理学理论的不同，可将心理咨询的模式分为八种，傅荣（1996）、刘德全（2009）对这八种理论模式进行了详细的介绍[84,85]。

(1) 特质指导模式

该模式依据美国的特质论，是指咨询者在全面了解求询者的素质、特长、兴趣、性格和其他人格特质的基础上，对求询者生活、学习、适应、升学、就业等多方面问题所进行的综合性指导。其基本特征是强调对咨询对象特质的了解,力图充分发挥咨询者对求询者成长的理性导向功能。

(2)矫正导向模式

该模式来源于精神分析、行为主义、人本主义、机能主义、格式塔心理学等理论,是指咨询者站在心理门诊或精神科治疗的立场,以心理医生的身份对求询者的心理偏离给予严格的心理诊断和科学的心理治疗,旨在帮助求询者减轻心理压力和精神痛苦,促进其心理功能的恢复和协调。其基本特征是把咨询看作一种特殊的医患关系,即治疗与被治疗的关系,采用各种临床心理手段解决求询者的心理偏离问题,它强调咨询者耐心而友善的态度和求询者积极而理性的配合。

(3)发展导向模式

该模式依据皮亚杰的智力发展理论、科尔伯格的道德发展阶段理论、埃里克森的心理社会发展理论、哈维格斯特的综合适应发展理论,是指咨询者遵循个体心理发展的一般规律,针对求询者在不同发展阶段所面临的任务、矛盾和个别差异,促使其心理矛盾得到妥善解决,心理潜能获得有效发挥,个性品质实现和谐发展,发展任务得以顺利完成。其基本特征是注重对求询者发展阶段与过程、发展矛盾与障碍、发展结构与规律的了解,强调咨询者对求询者及相关人员的发展导向作用。

(4)构造-发展模式

构造-发展模式依据新皮亚杰主义心理学家吉根的构造-发展心理学,指咨询者在咨询过程中,重视情感与认知因素对求询者的影响,注重求询者心理活动与发展的个性特点,尊重个体心理发展的不平衡性,强调在个体的新认识结构中会有许多原有认识结构的成分,从而达到了对求询者心理状态的认同、理解和尊重,为求询者建立新的认识结构提供了信念保证。其特征为阶段性、辩证性、独特性、螺旋式发展。

(5)化焦缓冲模式

该模式的理论依据主要有弗洛伊德的精神分析理论中的心理动力理论、人格理论与精神防御理论,玛林尼的心理冲突理论、新心理动力理论。该模式是指咨询者运用精神分析方法,弄清求询者的心理矛盾,心理焦虑的根源、表征及其本质,使人全面、深刻地领悟其当前心理冲突的内驱力,从而帮助求询者缓解心理冲突,加强自我认识与自我锻炼。其基本特征是从弄清个体精神受到干扰时的防御机制入手,指导求询者去领悟其心理焦虑(矛盾)的因果,以完善求询者的自我认识、增强其自控能力、提高其对环境的适应能力作为首要目标。

（6）启发式模式

该模式的理论依据是我国古代教育家孔子启发思维的教育思想。该模式是指咨询者在咨询过程中遵循"助人自助"的心理咨询原则，积极鼓励求询者进行自我探求与领悟，强化求询者（主体）的自我力量、自主精神和自助能力，注重将启发求询者积极思考与咨询者的适当指导相结合。其指导意义在于引导并强化求询者的独立思考能力。启发式模式的特征是注重民族文化、民族心理的特点，强调处理好咨询者与求询者之间的关系，把心理咨询过程当作是一个咨询者积极引导与求询者独立思考的相互促进、相互提高、相互作用的过程。

（7）教育导向模式

教育导向模式是国际心理学联合会所肯定的教育模式之一，该模式是指咨询者根据咨询过程中的教育性原则，针对求询者的具体情况提出积极的分析意见，鼓励其培养积极进取的精神，树立正确的世界观、人生观、价值观和批评态度。基本特征是重理智、重情感、重开导、重教育，强调咨询者不是盲目地附和求询者的观点和思想感情，也不是随便地表示同情，而是实事求是地对问题进行分析，明辨其心理问题和心理要求，帮助求询者改变认知角度，调整情感取向，建立新的思维模式。

（8）社会影响模式

该模式的理论依据是米德的符号交流理论、蒂博特和捷纳德的人际互动理论、沙宾等人的角色理论，是指咨询者依据社会心理学关于人际交往和社会影响的原理，注意与求询者的社会文化心理沟通，重视咨询双方的价值观念、社会角色、社会风俗、经济背景和性别差异等多种社会因素的影响，注重社会环境、文化氛围对咨询效果的影响。其基本特征是从人际交往和社会因素方面探讨有效的咨询条件和途径，以便更好地提高咨询的成效，巩固咨询的效果。

以上八种模式均具有各自的理论依据和表现特征，它们对人的心理矛盾和冲突过程有着不同的解释，在实践中可以针对不同的对象和不同的问题进行灵活应用或综合应用，以达到最好的服务效果。

3. 其他模式

上述心理健康服务模式的划分是最常见的划分方式。除此之外，随着心理咨询理论和方法的发展，新的模式不断出现，如亚隆团体心理咨询与治疗模式、焦点解决模式、朋辈心理咨询模式等。团体心理咨询与治疗是由美国著名存在心理疗法及团体治疗大师欧文·亚隆经过四十余年研究、摸索而发展出的一种基于人本-存在主义取向的心理动力学治疗团体模式，其主要形式是由一名或两名治疗师共同为一组求询者提供心理帮助与指导，以团体为核心，重视小组动力，在小组的发展中从辅导的角度以及更深层的人文关怀和人性帮助的角度协助求询者持久地成长[86]。

焦点解决模式是 20 世纪 80 年代初在美国短期家庭咨询中发展起来的。所谓焦点解决短期心理咨询，即心理咨询的焦点应集中在正向的、朝向未来的发展目标上，不是去探求问题发生的原因，而是从问题不发生时入手，来促使并扩大改变的发生，以便使问题在短期内得到解决[87]。它把重点放在问题的解决上而不纠缠于问题本身。咨询的中心任务在于帮助求询者考虑此时此地应该做些什么可以使问题不再继续下去，而不是追究问题的原因。它的突出特点是使整个咨询历程大幅缩短，具体技术操作简便易行，备受咨询者和求询者的欢迎[88]。

朋辈心理咨询是指非专业的心理工作者经过选拔、培训和督导，向年龄相当的求询者提供具有心理咨询功能的人际帮助过程。朋辈心理咨询不等于通常意义上的同学之间的互帮互助，它具有一定的专业色彩，但由于受训内容和受训时间的影响，其专业能力受到限制，所以，朋辈心理咨询又被称为"准心理咨询"或"类专业心理咨询"。朋辈互助模式在美国非常普遍，许多中学和大学都设立了各种主题朋辈项目[89]。目前，我国朋辈心理咨询模式被广泛应用到高校心理健康服务之中，对提高学生自我调适的能力，使其学会关心别人、接纳别人，学会共处，学会做人，学会生存，树立起正确的世界观、人生观和价值观都有着积极的引导作用，成为专业心理咨询不可或缺的补充[90]。

综上所述，目前我国心理健康服务的模式主要以引进西方模式为主，本土的心理健康服务模式较少。因此，汲取西方心理咨询理念的精华，建立适合我国国情和民情的心理咨询模式是我国心理健康服务工作未来发展的重要方向。

三、大学生心理健康服务研究现状

我国大学生心理健康服务开始于 20 世纪 70 年代末，经历了重新起步阶段、制度规范阶段、发展完善阶段和科学提升阶段，经过多年的发展，取得了丰硕的研究成果，涉及了大学生心理健康服务的理论探索和实践研究两个大方面，具体包括：大学生心理健康水平及特点研究、大学生心理健康教育模式的研究、大学生心理健康服务的相关研究。

（一）大学生心理健康水平的研究

自我国心理健康服务起步之日起，大学生的心理健康一直是心理学、教育学、社会学等领域关注的焦点。我国大学生心理健康的研究起始于 20 世纪 80 年代，在研究的初期，由于医学模式的主导地位，多数研究以大学生心理卫生为主，关注大学生的心理问题或心理疾病。随着教育与发展模式的建立以及在我国的发展，以大学生心理健康、心理素养、积极心理品质培养等为主题的研究逐年增多，并占据了主导地位，这意味着，我国大学生心理健康服务同时关注大学生心理问题的解决和心理健康的促进。但是，在有些研究中，心理卫生和心理健康这两个名词不作严格的区分，可以互相通用。

以大学生心理健康水平为篇名，在中国知网数据库（CNKI）中进行高级检索（截止到 2022 年 12 月），共检索出 396 篇文献，以大学生心理卫生为篇名，以同样的方式检索，共检索出 137 篇文献。对这 533 篇文献进行梳理分析，结果显示，大学生心理卫生状况的研究比大学生心理健康水平的研究出现更早，但自 2004 年研究数量呈现出下降趋势，而大学生心理健康水平的研究虽出现相对较晚，但至 2018 年，研究数量一直呈现上升趋势，这再次证明了大学生心理服务模式的主导地位从医学模式转移到了教育与发展模式。同时，已有文献的调查对象呈现出多样化特点，比如少数民族贫困大学生、高职院校贫困大学生、少数民族女大学生等[91]，主要研究内容包括大学生心理卫生状况或心理健康水平的调查研究、影响因素研究、关于心理健康与其他心理特征的关系研究等。

在大学生心理卫生状况和健康水平的调查研究中，最早的研究出现在 1987年，研究者采用 MMPI 作为测量工具，比较了汉族、苗族、布依族和侗族的大学生心理卫生的差异，研究结果显示，汉族和另外三个民族学生的个性具有显著的差异[92]。此后，关于大学生心理卫生状况和大学生心理健康水平的调查研究层出不穷。综合来看，大多数研究采用症状自评量表（SCL-90）作为测量工具，对大学生心理卫生状况和心理健康水平进行调查，发现大学生心理问题以抑郁、恐怖、焦虑、人际交往障碍、敌对、强迫、偏执为主，并存在民族、性别、年级、经济状况的差异[93-99]。研究者对比了 1994～2004 年大学生心理问题的特征变化发现，大学生心理问题存在明显的增长趋势[100]，而另外一些研究在对2008～2018 年大学生心理健康水平的变化进行研究后发现，大学生心理健康水平呈现出逐年升高的趋势[101]，2018 年进入大学的"00 后"大学生心理健康水平总体上优于全国大学生常模水平，心理健康状况总体良好[102]。由此可知，大学生心理健康状态并非固定不变，而是在不同的时期呈现出不同的水平，并且表现出越来越好的趋势，这可能与我国近年来对大学生心理健康的关注和大学生心理健康教育的进步有关。

关于大学生心理问题和心理健康水平的影响因素，多数研究者从外部因素和内部因素两个方面进行分析。

（1）外部因素

① 家庭因素。无论是站在理论角度还是站在经验角度讲，家庭都是影响个体心理健康的重要因素，从古典精神分析理论到依恋理论，原生家庭特点、个体早年成长经历及二者之间关系的重要性都得了强调，如父母教养方式、亲子关系、家庭结构、家庭经济状况等。沈成平、叶一舵、丘文福（2017）研究表明，贫困大学生整体心理水平比非贫困大学生差。与 1986 年全国常模群体相比，贫困大学生整体心理水平低于全国常模水平[103]。在家庭结构对心理健康的影响方面，实证研究的结果趋于一致，方淑琼（2002）调查发现，在性格行为问题的发生率上，单亲学生与完整家庭学生差异明显，问题比例高于完整家庭大学生，单亲学生更易于形成极端人格[104]。董晓玲（2020）的研究结果显示，家庭结构与大学生心理健康有紧密的关系，特殊家庭与传统家庭和核心家庭大学生的心理健康水平差异有统计学意义，在 SCL-90 总分、躯体化、人际关系敏感、抑郁、焦虑、偏执、精神病性 7 项因子上，特殊家庭结构学生均高于传统家庭结构与核心家庭结构学生[105]。在家庭教养方式方面，姜飞（2023）的研究表明青少年心理健康状况与父母教养方式呈显著相关[106]。

② 学校因素。已有研究认为优良的学校环境、校园文化活动、教学模式等都会对大学生心理健康造成一定影响。如李振国等（2001）认为优良的校园环境能够降低学生的心理压力，从而促进其心理健康[107]。孟沛（2010）认为高校应开展丰富多彩的校园文化活动，创建和谐的心理环境及精神氛围，这可以对大学生心理健康发展、人格完善产生潜移默化的影响[108]。姚杰（2010）的研究结果表明在健美操教学中实施"自主、合作、探究式"教学模式比传统教学模式更有利于提高女大学生心理健康水平[109]。

③ 社会因素。众多研究表明网络、人际交往、社会事件等与大学生的心理健康水平均有紧密的关系。19 世纪末 20 世纪初，互联网开始走进大学生的生活，对大学生的认知、情感和人格产生了重要影响[110]。一方面，网络扩大

了大学生的信息来源渠道，使其开阔了视野，扩大了人际交往范围，另一方面也对大学生的价值观、思维方式、情感、人格带来了负面影响，从而影响了其心理健康。其中网络成瘾、网络暴力游戏对大学生的心理健康影响最大。李飞（2006）、周青（2008）的研究显示，网络成瘾与心理健康水平存在相关关系[111,112]。杨仕进（2005）研究发现，网络游戏成瘾与大学生心理健康水平存在相关关系，网络游戏成瘾与 SCL-90 中的躯体化、强迫、精神病性等因子有显著相关[113]。李青青等（2020）研究表明，医学生的暴力游戏、视频成瘾情况与心理健康水平之间具有紧密的关系[114]。大学生的人际关系与其心理健康之间的关系已经得到了大量研究的证明。宋振韶、金盛华（2001），安莉娟、王欣（2002），张舒等（2020）的研究均显示了大学生人际关系与其心理健康水平具有紧密的关系[115-117]。社会突发事件对大学生的心理健康也存在重要影响，如 2019 年末暴发的新型冠状病毒感染作为突发性公共卫生事件，不仅给人类的生命安全带来了巨大的威胁，也对人们心理健康造成了巨大的冲击，大学生的心理健康也受到影响，很多大学生出现了不同程度的焦虑及抑郁心理问题[118]，且女生的心理健康水平显著低于男生[119,120]。

（2）内部因素

① 生理特征因素。生理是心理产生的物质基础，尤其是神经系统的特征对心理活动具有直接的影响。大学生的生理发展处于迅速成熟而又没有完全成熟的过渡期，已有研究表明，外部生理特征及生理功能的不足对大学生心理健康具有重要影响。存在器官缺陷的残疾大学生的心理健康水平低于普通大学生。实际上，有些生理缺陷对大学生心理健康的影响并非直接性的，而是通过自我对生理特征的认知起作用，即自我对生理特征的接纳程度影响了其心理健康水平，如对自己生理特征的接纳程度较低，可能会出现自卑、焦虑、抑郁等情绪问题，从而对心理健康产生负面影响。

② 心理特征因素。个体的心理特征所包含的内容十分广泛，如认知特征、情绪特征、行为特征、动机特征等，这些特征可以被综合在一起构成个体的人格特征。作为个体心理特征的核心，人格特征与心理健康之间必然存在着密切的关系。当一个人的人格不健全时，其行为和认知会出现偏差，影响其自身的心理健康。因此，人格是否健全就成了心理健康与否的重要标志。国内的研究主要采用人格量表（大五人格量表、大七人格量表、中国大学生人格量表、艾森克人格问卷、卡特尔 16 种人格问卷）和心理健康量表（SCL-90、中国大学生心理健康量

表等）为研究工具，探讨大学生人格各个维度与其心理健康各个维度之间的相关关系，以此说明大学人格与心理健康之间的关系。大量研究结果均表明大学生人格特征与心理健康之间存在紧密的关系。其中积极的人格特征，如活跃、坚韧、利他、重情、自立等人格因素有利于大学生的心理健康[121-123]；大五人格中的宜人性、神经质和严谨性与大学生心理健康状况显著相关，宜人性和严谨性对心理健康有正向影响，神经质对心理健康有负向影响，表现为导致负向的情绪、社交焦虑等[124-126]；艾森克人格问卷中的内外向、掩饰性、神经质与心理健康水平均存在显著相关，其中神经质与其关系更加密切[127,128]；卡特尔16种人格问卷中的敏感性、怀疑性、忧虑性、独立性和紧张性与大学生心理健康水平呈显著相关[129]。

（二）大学生心理健康与其他心理特征的关系研究

大学生的心理健康程度与其他心理特征的相关关系是近年来研究的热点之一，已有文献的研究结果显示，大学生生涯成熟度、心理资本、心理弹性、主观幸福感、自我和谐水平等与大学生心理健康存在密切关系，如大学生生涯成熟度越高，其心理健康水平就越高[130]；积极心理资本及其子成分与自尊、内控性、情感平衡以及焦虑、抑郁、偏执、人际敏感等心理健康指标有显著的相关性，心理资本对心理健康有积极的促进作用[131]；大学生心理弹性对其心理健康具有直接预测作用[132]；主观幸福感与躯体化、强迫症状、人际关系敏感、抑郁、焦虑、敌对、恐怖、偏执均存在显著的负相关性[133]，心理健康水平越高的学生其主观幸福感水平越高[134]；大学生的自我和谐水平对其心理健康存在直接的预测作用[135]，这种作用也可通过主观幸福感间接产生影响[136]。另外，已有研究表明应对方式[137]、自我意识[138]、自我效能感[139]、心理韧性[140]、心理控制源[141] 等与大学生心理健康也存在一定的相关关系。

（三）大学生心理健康教育模式研究

由上文可知，大学生心理健康特点及影响因素等有关研究已经取得了丰硕的成果，为大学生的心理健康教育奠定了一定的基础。而构建内涵明晰、体系科学、运行有序的模式是高校开展行之有效的大学生心理健康教育的根本前提。近年来，关于大学生心理健康教育模式构建的研究大量出现。以大学生心理健康教育模式为篇名、心理健康教育为主题，时间范围限定于2000～2022年，在中国知网数据库中进行检索，共检索出95篇文献。大学生心理健康教育模式是指基于营造和谐的校园人文环境、培养身心健康的专业人才的价值取向，为培育大学生良好思维能力与健康思想状态和预防、规避、解决大学生心理问题而构建的包括基本目标、思路方法、体制机制和实践路径的模式[142]。作为高等学校心理健康教育的重要研究内容，研究者提出了几十种不同的心理健康教育模式，比较有代表性的有：邓志军提出的课堂教学、心理教育活动、心理咨询、危机干预、调查研究"五位一体模式"；杨泰、陈敏提出通过心理测量建立大学生心理健康档案，通过多部门参与建立大学生心理健康教育机制，对大学生个体或团体进行连续外界干预的"预防型模式"；詹文理、曾庆提出三结合、二培训、一争取的"三二一模式"；任宁提出的"积极心理健康教育模式"，主张改变消极应付的补救式工作方式，实施发展性、教育性为主的工作方式；苗君提出的"全程式模式"，主张把大学生的心理健康教育贯穿于整个大学学习与生活过程，主要包括心理健康课程教学全程以及心理咨询、辅导与主动干预全程两条主线；丁闽江把大学生的心理健康教育与中国传统文化相结合，提出了以养身、养心、养性、养德为思想基础的"四养模式"；吴先超提出的"三全育人模式"，即全员、全过程、全方位有机结合、融为一体的心理健康教育模式；侯颖超、张青、赵阿勐、石静、孙娜、贾绪云、俞馥郁分别从不同角度提出了以互联网心理健康教育为主要形式的"互联网＋背景下的心理健康教育模式"，通过网络开展心理咨询和心理干预活动；陈倩主张把美国的"医教结合模式"应用在我国大学生心理健康教育中，主张把医疗和学校的心理健康资源进行有效整合，根据科学的原理和方式对学生进行综合多重干预，由此对大学生的心理健康产生积极的影响。

上述大学生心理健康教育的模式基于不同的时代背景和不同的理论，通过不同的形式对大学生心理健康水平产生影响，这些研究成果不仅表明了我国对大学生心理健康教育的关注程度在不断提升，也表明了我国高等院校的心理健康教育取得了巨大的进步。第一，心理健康教育模式表现出了鲜明的时代特征，主要表现在将互联网作为心理健康教育的重要平台。随着科技的发展，互联网已经成为大学生学习和生活中不可缺少的部分，通过互联网实施心理健康教育具有效率高、范围广、跨空间性强、保密性好等优点，尤其是在疫情期间，学生可能分布在各地，互联网的优势体现得尤为突出。第二，大学生心理健康教育从心理咨询室或心理健康教育中心走向了课堂和学生的生活之中，实施者从心理健康教育教师转变为包括学科教师在内的全体教育者，主张全员、全过程、全方位的心理健康教育。第三，心理健康教育与思政教育相融合，心理健康教育一方面严格按照心理科学的教育规律展开，另一方面全程融入社会主义核心价值体系和社会主义核心价值观，用先进文化来化解大学生的心理问题。

（四）大学生心理健康服务的相关研究

我国大学生心理健康服务虽然起步于 20 世纪 70 年代，但"大学生心理健康服务"这一说法在文献中出现却在 21 世纪初期。在此之前，大学生心理健康服务与大学生心理健康教育同义。分别以大学生心理健康服务、高校心理健康服务为篇名在中国知网数据库进行精确检索，共检索出 68 篇文献。魏爱棠（2007）首次以"大学生心理健康服务"为篇名对大学生心理健康服务的困境进行了分析，并从促进心理健康的角度提出了问题解决的出路[143]。对所检索出的其中 42 篇文献进行分析发现，关于大学生心理健康服务的发文量呈逐年递增的趋势，主要研究包括大学生心理健康服务需求的调查、大学生心理健康服务体系的构建和国外心理健康服务体系的研究三大方面。

1. 大学生心理健康服务需求的调查研究

心理健康服务需求指根据公众实际与理想心理健康状况之间的差距而提出的对心理健康服务的客观要求[144]，是有效进行心理健康服务的基本前提。大学生心理健康服务需求的调查研究主要以全国大学生、地方院校大学生、民办高校大学生、高职院校大学生为调查对象，以问卷调查为主要研究方法，多数采用罗明春编制的《中国大学生心理健康服务需求量表》为调查工具，也有研究者采用自编问卷，调查的内容主要包括：服务内容、服务途径和方式、服务的专业性和非专业性、服务机构、服务态度等。研究结果发现：①从大学生心理健康服务需求的总体情况上看，全国大学生对心理健康服务持积极态度，总体偏向希望得到有效的心理健康服务，需求强度排列前 3 位的依次为服务内容、态度与方式、非专业服务[145]。不同类型大学生及不同地区大学生的心理健康服务需求的总体情况各有不同。已有研究表明所有大学生均希望得到有效的心理健康服务，但需求强度存在差异。魏昌武（2012）以贺州学院为例的调查表明大学生心理健康服务需求强度前三位的依次是服务内容、态度与方式和非专业服务[146]；钟雯昕（2015）的研究结果显示，高职院校大学生需求强度前三位的依次是服务内容、非专业服务和服务态度与方式[147]；王欢、王琴超、王小刚（2018）以河西学院为例的调查结果表明，大学生心理健康服务需求强度排在前三位的分别是服务内容、非专业服务、服务态度与方式[148]；贺小瑞、赵见伟、张少杰（2020）以民办高校大学生为调查对象的研究结果表明，需求强度最高的三个维度依次是服务内容、服务态度与方式、非专业服务[149]。上述研究结果反映出了大学生心理健康服务的共性，即对服务内容、非专业服务、服务态度与方式三个维度的需求强度较大，对心理健康服务内容有明确的需求，态度与方式在心理健康服务需求中占有重要地位，大学生需要来自同辈、学校、家庭的支持与人际互动的非专业化服务。同时也反映出了在服务需求强度上的差异性，该差异性一方面表现了不同地区或高校学生的心理特点的差异性，另一方面暗示了相应地区或高校心理健康服务的薄弱之处。②从大学生心理健康需求的具体情况上看，在服务内容上，人际关系、择业和职业发展、学业问题、生活问题、恋爱与情感问题、自我身心管理是大学生最需要的内容[145,148,150]；上述研究者的研究成果也表明了在服务机构上，大学生既需要专业机构提供专业化的服务，也需要社会环境提供非专业化的一般性社会支持；在服务人员上，既需要专业心理健康服务人员提供专业化服务，同时更需要来自同学、朋友、家人的人际互动与支持；在服务方式和途径上以科普宣传、健康教育、家人交流、朋辈咨询为主。

2. 大学生心理健康服务体系构建的研究

上述关于大学生心理健康服务需求的调查研究结果无疑为大学生心理健康服务的实践提供了支撑，而大学生心理健康服务体系构建的研究则为大学生心理健康服务的实践勾画了蓝图，同时也为大学生心理健康服务的实践提供了顶层设计。国内关于大学生心理健康的研究开始于 20 世纪 80 年代，具体的研究包括以下三个方面：①从心理健康教育的视角探讨大学生心理健康服务体系的构建，如开设心理健康教育课程、开展心理健康教育活动、建设心理健康教育队伍、进行心理健康教育的保障建设等[151-153]。②总结大学生心理健康服务体系存在的问题。综合已有研究来看，目前我国大学生心理健康服务体系主要包括以下几点问题：心理健康服务的内涵界定不够清晰，常常与"心理健康教育"混用，研究缺乏科学性和系统性，本土化研究不够，以学生为本的服务理念不强[58]；研究内容零散，定性研究较多而定量研究较少；对国外研究的重视和借鉴不足[62]；心理健康服务人员数量不足，专业性有待提升；资金不足，软硬件建设力度不够[154]；心理健康服务人员定位不清，偏重心理治疗，忽视了学生的发展性需要[155]，没能发挥心理健康教育的功能。③大学生心理健康服务体系构建的策略研究大学生心理健康服务体系的完善程度是影响服务质量的关键因素。近年来，众多学者在服务体系的构成、服务工作的内容和方法等方面提出了不同的建议。部分研究针对目前我国大学生心理健康服务在人员、机构设置、经费支持、制度等方面存在的不足，提出应该健全心理健康服务的机构体系，加强心理健康服务的队伍体系建设，完善心理健康服务的硬件设施体系。另有研究者提出，应该把大学生心理健康服务体系的构建视为一个由学校教育、家庭教育和社会教育组成的一个庞大的系统工程，并提出了要构建好高校心理健康服务的四大体系：一是面向全体，以发展性为目标，构建心理健康服务的教育教学体系；二是重视个别，以层次性为目标，构建心理健康服务的辅导与咨询体系；三是关注全体，以预防性为目标，构建心理健康服务的干预与监控体系；四是立足整体，以动态性为目标，构建家庭、学校、社会协同的整体的教育网络体系[156,157]。也有研究者提出高校可加强学科和机构建设，完善组织管理体制，做到"政府有政策、社会有机构、学校有制度、中心有专家、学院有专员、学生有使者、校外有督导、社区有服务、法律有保障"的综合心理健康服务体系[158]。另外，在心理健康服务的具体工作方式和方法上，有研究者提出在大学生心理健康服务过程和体系中引入循证实践的思路能使一线心理辅导教师更科学地利用最新研究成果，并根据学生群体的特殊性制定有效的工作方案，为高校心理健康服务工作真正走向科学化和系统化提供有力支持。在循证实践指导下的高校心理服务模式应关注三个重点，包括有效证据的收集与利用、循证实践专业团队的建设以及服务对象特征的关注，将证据、技能、对象三者有机地结合起来，完成有效的心理健康服务工作[159]。

3. 大学生心理健康服务的其他研究

大学生心理健康服务需求的调查和服务体系的构建两方面的研究成果对大学生心理健康服务工作的开展具有重要的指导意义。与此同时，研究者也梳理了关于大学生心理健康服务的国外研究并进行了中外比较研究，虽然数量不多，但对我国大学生心理健康服务的理念、方法、体系构建等方面具有重要的启发意义。刘鹄（2013）关于加拿大六所高校心理健康服务体系的服务理念、结构组织、从业人员、服务形式和内容的研究发现，加拿大的心理健康服务持整体健康的理念，服务机构体现了多机构合作的特征，服务人员的专业性强。此外，他还归纳出了加拿大心理健康服务的三个特性：专业化与大众化；生活、学习、心理三位一体；注重网络技术应用。他进一步提出了我国高校心理健康服务体系应转变心理健康教育课程模式，加强心理健康教育机构和其他部门的合作，重视网络技术的应用，在传统文化中寻找心理健康教育的资源等建议[160]。朱育红（2015）对澳大利亚部分高校的心理健康服务进行实地考察后发现，澳大利亚高校的心理健康服务与社会的融合性较好；从业人员专业性强，主要由心理学专家、精神科大夫、心理护理专业人员、全科医生、心理咨询师、社工组成，且都持有执照，这种专业的团队保障了服务的有效性；服务的系统性强，表现在充分调动了社区、社会的人力资源和物力资源，形成全方位的网络系统，提供有效的心理健康服务，进而自然塑造了全社会关注心理健康的良好氛围；服务的内容丰富，体现为活动多样，不仅限于评估、诊断、咨询、治疗、研究和培训，各种机构还提供各不相同的活动、干预、体验方式，融入普通人的生活和人们的身心发展过程，灵活而开放。这些特点给我国高校的心理健康服务带来了重要的启发，如高校心理健康服务应该与社会高度融合，加大社会的支持力度；加强贯彻"医教结合"的服务方式；营造心理健康服务的氛围[161]等。陈天祺（2017）对英国高校心理健康服务进行调查和研究，并与中国相比较后发现，中国和英国高校的心理健康服务之间的主要差别表现在英国非常重视朋辈辅导的形式，服务的机构呈现出多机构、多领域相互合作的特点，从事服务的人员分工明确、专业化程度较高，通常包括心理健康顾问、咨询安置与协调、学习顾问等，服务的对象不仅包括大学生，而且包括全校的教职工。除了学校内的心理健康服务机构以外，各高校还会得到来自第三方机构的介入，如社会机构、精神专科医院和撒玛利亚会的支持。上述差异在一定程度上指出了中国高校心理健康服务的有待提升之处，如心理健康服务的机构体系的建设、从业人员队伍体系建设等[162]。美国一直被视为心理健康服务的发源地，经过不断地发展，其心理健康服务体系日趋成熟，虽然存在中西方文化的差异，但有很多值得我们借鉴之处。综合来看，大多数研究者认为，美国高校心理健康服务具有理念先进、多种服务机构协同合作、服务内容形式多样和人员分工明确且专业化强等优点。美国高校持广义的、积极的大心理健康理念，即认为心理健康的实质是重在健康而非仅指心理，只有包括身体、精神、心理、生活态度以及环境等各方面在内都是健康的，才是真正的、完整的心理健康。这种心理健康的理念决定了美国学校的心理健康工作内容不仅涉及心理健康，也包括身体健康、生活态度的健康和环境的健康，也决定了需要多种机构共同完成心理健康服务的工作，如医疗服务机构、心理健康服务机构、健康指导机构等其他咨询指导机构，从事心理健康服务的人员包括了心理咨询师、精神科医生、咨询员、精神科护士、社会工作者等。有研究指出，美国一流大学的心理健康服务体系比较完善，其特色在于关注健康而非仅指心理的独特实质，注重实效而不断探索有效的服务方式，强调服务的精、深而走专业化道路[163]。另一项研究指出美国研究型大学心理健康服务主要有以下 5 个特点：服务机构设立于医疗机构中；具有多学科专业背景的服务团队；服务涉及面广、针对性强、形式多样；将服务与教育及校园人文环境的构建融合起来；服务安排方便且容易获得[164]。

对于加拿大、澳大利亚、英国、美国的高校心理健康服务的研究共同指出了国外大学生心理健康服务的特点：心理健康的理念科学、服务意识强、人员分工明确且专业化强、学校与社会的多服务机构合作、提供多维服务、重视朋辈辅导以弥补专业人员的不足和力争提供更加细致的服务。与国外相比，我国大学生心理健康服务的不足则显得十分清晰，但与此同时也获得了未来的努力方向，即更新理念，加强人员培训，加强学校与社会的合作，丰富心理健康服务的内容和形式，加强本土文化与心理健康服务的结合。

四、残障大学生心理健康服务研究现状

随着我国高校心理健康服务工作的进步和残疾人教育事业的发展，残障大学生的心理健康服务日益受到国家及相关教育者的关注。目前国内关于残疾大学生心理健康服务的相关研究相对较少。以残疾（人）大学生为篇名，在中国知网数据库进行模糊检索（截止到 2022 年 12 月），共检索出文献 53 篇，大部分研究首先主要集中于残疾大学生普遍性的心理健康状况、心理特征及心理问题的调查和分析研究，包括人格特征、自卑心理、人际交往、情绪调节、心理韧性、就业心理等；其次是关于残疾大学生心理健康教育模式和心理干预的研究，如积极心理健康教育模式、个别心理咨询等。以视障大学生、视力残疾大学生、听障大学生、聋人大学生、肢体残疾大学生心理为篇名，在中国知网数据库中进行模糊检索，共检索出文献 35 篇，主要是针对某类残疾学生的心理健康或心理问题的调查和心理干预方法在某类大学生心理健康中的应用效果研究。没有检索出以残疾大学生心理健康服务为篇名、主题或关键词的文献。但有研究者以云南省 H 中等专业学校学生为研究对象，在调查了解残疾学生存在的主要心理问题及其对心理健康服务的认识和需求、H 中专心理健康服务现状的基础上，结合心理健康相关理论，从残疾学生的需求出发，建构残疾学生心理健康服务

模式。

综上所述，残疾大学生心理特征、心理问题和心理健康状况的研究是目前我国相关领域关注的热点。本书将会在第二章集中介绍不同类型残障大学生此方面的特点，故本章不再赘述。目前针对残疾大学生心理健康教育的研究不多，主要在心理健康教育的内容、方法和心理健康教育模式方面提出了相应的建议。唐慧（2016）对听障大学生心理健康教育课程改革的路径进行研究，在教学目的、内容、方法、考核与评价等方面提出了改革的对策[165]；李国敏、吴洪菊（2018）对听障大学生的积极心理健康教育进行探究，认为高校应帮助听障大学生树立积极向上、自强不息的价值观，构建残健融合、尊重多元的校园环境，在积极体验和实践中，培育听障大学生的积极心理品质和自我效能感[166]；刘春雷、刘文文（2017）认为完善残疾大学生的心理辅导、发挥校园文化的引领作用、提供就业辅导和创新囊括家庭教育在内的课程体系是开展残疾大学生心理健康教育的有效途径[167]；魏秀云（2018）提出高校应开设视障大学生心理健康教育选修课，或是将视障大学生心理健康教育内容适当与高校各专业学科进行结合[168]；另一些研究者对残疾大学生心理干预的方法进行探索，如小组介入法对残疾大学生人际交往能力提升的效果研究[169]，体育运动[170]、沙盘游戏[171] 等对听障大学生群体心理健康的影响。我国专门针对残障大学生心理健康教育模式的研究较少，分别以心理健康教育模式、残疾/残障/听障/聋人/视障/盲人/肢体残障大学生为主题词进行高级检索，共析出直接相关的期刊论文 5 篇：刘志敏等（2006）针对残障大学生的主要心理问题，构建了以培养健康自我意识为核心的心理教育模式[172]；乾润梅（2011）对高职院校的残障大学生的心理健康教育模式进行研究，提出了以预防为主、治疗为辅的残障大学生心理健康教育模式[173]；刘丽（2013）对高等特殊教育领域中积极心理健康教育的必要性进行了全面分析，提出了积极心理健康教育模式[174]；李文喜（2014）从思想政治教育的角度提出了以预防为主、治疗为辅的残障大学生心理健康教育模式[175]；梁小娟（2015）从帮扶机制、自我调节、团体协助、家庭社会关爱四个方面探索残疾大学生心理健康教育的新模式[176]。与残疾大学生心理健康服务有关的文献虽然数量不多，但推动了国内残疾大学生心理健康有关问题的研究，而且表现出从传统补救式的教育理念转变为补救与发展相结合的新型理念。此外，也表现出了一些不足，如在理论上研究缺乏专项性、系统性，多数研究仅停留在调查分析的层面上；研究方法单一，缺乏针对性，大多数研究采用的是普通大学生心理研究的方法和工具，专门针对残疾大学生的研究工具极其少见；缺乏对残疾大学生心理健康服务的系统性研究。通过文献查阅发现，中外关于残疾大学生心理健康研究的内容既有相似性也有差异性，相似性表现在大部分研究都集中在残疾大学生的人际关系、情绪情感、社会适应性、就业创业等方面，差异性表现在国外关于残疾大学生心理健康的研究范围较广，如对残疾大学生的网络欺凌[177] 的研究等。另外，与我国相比，国外的研究开始较早，也相对成熟。首先，国外在理论研究和实践研究两个方面都取得了相对丰富和深入的成果，如在道德、情感、社会适应性等方面的理论研究和实践研究均取得了成熟的研究成果；其次，专门针对不同类型的残疾大学生的心理健康问题的专项研究较多，如针对聋、哑、盲大学生的心理健康的研究，针对不同性别残疾大学生的心理健康的研究；再次，美国和日本比较重视残疾大学生个性的发展，即鼓励他们带着独特的个性生活，因此关于残疾大学生个性特征的研究也较多，这是由不同民族的民族气质而决定的；最后，基于互联网的残疾大学生心理健康服务的研究也已经兴起，并取得了大量的研究成果。

参考文献

[1]　王忠，孙立恒，李纯莲，等. 视障大学生心理健康问题分析及对策 [J]. 东北师大学报（哲学社会科学版），2009（01）：153-156.

[2]　于靖，王爱国，鲁毅光. 听障大学生心理健康状况的调查研究 [J]. 长春大学学报，2010，20（08）：33-36.

[3]　姜琨，王凯. 聋人大学生心理健康状况的调查研究 [J]. 中国轻工教育，2019（01）：33-37.

[4]　严茹. 融合教育背景下特殊教育院校大学生心理健康状况调查研究 [J]. 现代特殊教育，2019（18）：42-48.

[5]　严茹，顾雪英. 残障与普通本科新生心理健康状况比较 [J]. 中国学校卫生，2021，42（09）：1380-1383＋1387.

[6]　何乃柱，李淑云. 从"残废"到"障碍"：称谓的演变对残疾人社会工作的影响 [J]. 社会工作，2013（04）：49-54＋78＋153.

[7]　钟经华. 视力残疾儿童的心理与教育 [M]. 天津：天津教育出版社，2007.

[8]　赵森，易红郡. 从个人到社会：残疾模式的理念更新与范式转换 [J]. 残疾人研究，2021（03）：12-22.

[9]　贺荟中. 听觉障碍儿童的发展与教育 [M]. 北京：北京大学出版社，2018.

[10]　邓猛. 视觉障碍儿童的发展与教育 [M]. 北京：北京大学出版社，2021.

[11]　林崇德，杨治良，黄希庭. 心理学大辞典 [M]. 上海：上海教育出版社，2003.

[12]　刘华山. 心理健康概念与标准的再认识 [J]. 心理科学，2001（04）：480-481.

[13]　林崇德，李虹，冯瑞琴. 科学地理解心理健康与心理健康教育 [J]. 陕西师范大学学报（哲学社会科学版），2003（05）：110-116.

[14]　黄希庭，郑涌，李宏翰. 学生健全人格养成教育的心理学观点 [J]. 广西师范大学学报（哲学社会科学版），2006（03）：90-94.

[15]　黄希庭. 加强大学生心理健康教育，促进高校保健医学的发展 [J]. 高校保健医学研究与实践，2004（01）：5-6.

[16]　崔红. 中国人的人格与心理健康 [J]. 心理科学进展，2007，（02）：234-240.

[17]　郭纪昌，叶一舵. 心理健康模型的发展及对心理健康的再认识 [J]. 教育评论，2018（04）：80-84.

[18]　江光荣. 关于心理健康标准研究的理论分析 [J]. 教育研究与实验，1996（03）：49-54.

[19]　李祚山. 残疾人心理健康服务体系建设 [M]. 北京：科学出版社，2020：89.

[20]　邵丽欧，周小琳. 残障人士心理健康的自我调节 [M]. 长春：北方妇女儿童出版社，2018.

[21] 孙竟猛. 大学生心理健康教育模式探索 [D]. 哈尔滨：哈尔滨工程大学，2005.

[22] 赵为民. 论大学生心理健康的标准 [J]. 许昌学院学报，1991，(04)：108-111.

[23] 何光耀. 论大学生心理健康的标准及其把握 [J]. 钦州师范高等专科学校学报，2006，(01)：38-41.

[24] 买合甫来提·坎吉，蔡浩，曹新美. 大学生心理健康评价标准的积极模式 [J]. 喀什师范学院学报，2007 (04)：98-101.

[25] 桑志芹，魏杰，伏干. 新时期下大学生心理健康标准的研究 [J]. 江苏高教，2015 (05)：27-30.

[26] 杜学敏，戴贝钰，刘正奎. 积极心理学视野下大学生心理健康标准的研究 [J]. 思想教育研究，2018 (03)：123-126.

[27] 曾煜恒，雷珺麟. 后疫情时代大学生心理健康标准新论 [J]. 邵阳学院学报（自然科学版），2021 (04)：103-109.

[28] 李娟，张进辅. 自我接纳研究回顾及展望 [J]. 襄樊职业技术学院学报，2011，10 (02)：121-126.

[29] 黄高贵，李娟，杨文华，等. 师范生心理健康水平与自我接纳和应对方式的相关研究 [J]. 中国行为医学科学，2006，14 (3)：255-256.

[30] 李闻戈. 对大学生自我接纳的现状及特点的研究 [J]. 宁夏大学学报（人文社会科学版），2002 (01)：112-114.

[31] 樊富珉，付吉元. 大学生自我概念与心理健康的相关研究 [J]. 中国心理卫生杂志，2001 (02)：76-77.

[32] 范寅莹，张灏，陈国典. 高职院校大学生自我接纳与心理健康的关系研究 [J]. 中国健康心理学杂志，2011，19 (08)：997-1000.

[33] KONG Lingling，GAO Zheng，XU Na，et al. The relation between self-stigma and loneliness in visually impaired college students：Self-acceptance as mediator [J]. Disability and Health Journal，2020，14 (2)：101054.

[34] 徐娜，刘志敏. 残疾大学生身体意象与心理健康的关系研究 [J]. 中国特殊教育，2013 (11)：36-42.

[35] 陈建文. 论社会适应 [J]. 西南大学学报（社会科学版），2010，36 (01)：11-15.

[36] 吴填，桑志芹. 融合教育背景下残障大学生的社会适应状况与提升策略 [J]. 教育与职业，2015 (03)：189-191.

[37] 刘桂荣. 论大学生人际关系的适应问题 [J]. 集宁师范学院学报，2021，43 (04)：31-34＋39.

[38] 张翔，樊富珉. 大学生人际冲突行为及其与心理健康的关系 [J]. 心理与行为研究，2004 (01)：364-367.

[39] 朱君，赵雯，刘增训，等. 大学生人际关系与心理健康的相关研究 [J]. 精神医学志，

2013，26（04）：265-267.

[40]　朱舒翼. 大学生人际关系对心理健康的影响研究［J］. 校园心理，2017，15（01）：
　　　49-51.

[41]　于雪琴. 浅谈西方古典音乐及其美学精神对残疾大学生人际交往障碍的疏导［J］. 现代
　　　特殊教育，2010（12）：37-38.

[42]　段鑫星，陈会昌. 成人初显期的特征、生活目标及其与幸福感的关系［C］//中国心理
　　　学会. 第十二届全国心理学学术大会论文摘要集. 济南：山东师范大学，2009：158.

[43]　谢玉兰. 重庆大学生生活目标与心理健康关系研究［J］. 教育评论，2011（04）：
　　　108-110.

[44]　徐希铮，徐伟，刘桂荣，等. 生活目标对大学生心理健康的影响［J］. 中国健康心理学
　　　杂志，2012，20（09）：1421-1424.

[45]　黄希庭，余华，郑涌，等. 中学生应对方式的初步研究［J］. 心理科学，2000（01）：
　　　1-5＋124.

[46]　何瑾，樊富珉. 贫困大学生自尊、应对方式和主观幸福感的关系［J］. 中国健康心理学
　　　杂志，2014，22（03）：409-411.

[47]　周彩萍，王涛. 贫困大学生的焦虑、抑郁情绪与应对方式研究［J］. 长春师范大学学
　　　报，2021，40（11）：149-152.

[48]　段建华. 主观幸福感概述［J］. 心理学动态，1996，（01）：46-51.

[49]　罗鸣春，苏丹，孟景. 中国传统文化中心理健康思想传承的四个途径［J］. 西南大学学
　　　报（社会科学版），2009，35（03）：7-12.

[50]　罗鸣春，黄希庭，苏丹. 儒家文化对当前中国心理健康服务实践的影响［J］. 心理科学
　　　进展，2010，18（09）：1481-1488.

[51]　黄希庭，郑涌，毕重增，等. 关于中国心理健康服务体系建设的若干问题［J］. 心理科
　　　学，2007（01）：2-5.

[52]　李柞山，张文默，叶梅. 残疾人心理健康服务体系的构建及实践研究［J］. 重庆师范大
　　　学学报（哲学社会科学），2010（04）：100-105.

[53]　李德江. 改革开放以来高校心理健康教育发展综述［J］. 智库时代，2019（51）：
　　　191-192.

[54]　中华人民共和国教育部. 教育部、卫生部、共青团中央关于进一步加强和改进大学生心
　　　理健康教育的意见：教社政〔2005〕1 号［A/OL］.（2005-01-12）［2023-01-01］.
　　　http：//www. moe. gov. cn/srcsite/A12/s7060/201001/t20100113 _ 179047. html

[55]　中华人民共和国教育部. 教育部关于加强普通高等学校大学生心理健康教育工作的意
　　　见：教社政〔2001〕1 号［A/OL］.（2001-03-16）［2023-01-01］. https：//www. gov. cn/
　　　gongbao/content/2002/content _ 61930. htm

[56]　俞国良，侯瑞鹤. 论学校心理健康服务及其体系建设［J］. 教育研究，2015，36（08）：

125-132.

[57] 闫明，刘取芝. 在校大学生心理健康服务需求调查 [J]. 南京晓庄学院学报，2013，29
（02）：80-82.

[58] 赵崇莲. 广东省高校心理健康服务体系构建研究 [D]. 重庆：西南大学，2011.

[59] 权朝鲁. 努力学心理学理论，积极从事心理健康服务 [C]. //山东省科学技术协会.
山东心理学会第十届学术会议论文提要汇编. 济南：山东师范大学教科院，2002：
90-91.

[60] 付艳芬. 中国心理健康服务理论现状及对策研究 [D]. 重庆：西南大学，2011.

[61] 秦漠，钱铭怡，陈红，等. 国内心理治疗和咨询专业人员及工作状况调查 [J]. 心理科
学，2008（05）：1233-1237.

[62] 王琳. 重庆市高校心理健康服务体系的现状调查 [D]. 重庆：西南大学，2008.

[63] 钟友彬. 认识领悟疗法的要点及其对强迫症的治疗 [J]. 上海精神医学，1992（03）：
161-163.

[64] 朱建军，孙新兰. 意象对话技术 [J]. 中国心理卫生杂志，1998（05）：61-62.

[65] 胡凯，肖水源. "中国道家认知疗法"对老庄哲学身心修养模式的发展 [J]. 湖南医科
大学学报（社会科学版），1999（02）：26-30.

[66] 王登峰，方林，左衍涛. 中国人人格的词汇研究 [J]. 心理学报，1995（04）：
400-406.

[67] 曹瑞. 积极心理学本土化研究趋势展望 [J]. 天津市教科院学报，2012（02）：5-7.

[68] 袁宏禹. 熊十力心理学思想初探——从熊氏由佛入儒的心理学思想路径谈起 [J]. 心理
学探新，2009，29（01）：14-17.

[69] 廖敏. 道教与健康人格 [J]. 中国道教，2010（03）：20-22+28.

[70] 涂阳军，郭永玉. 道家人格结构的构建 [J]. 西南大学学报（社会科学版），2011，37
（01）：18-24.

[71] 彭彦琴. 慈悲喜舍——慈心禅与心身健康 [J]. 南京师大学报（社会科学版），2018
（03）：120-129.

[72] 葛鲁嘉. 新心性心理学的理论建构——中国本土心理学理论创新的一种新世纪的选择
[J]. 吉林大学社会科学学报，2005（05）：142-151.

[73] 廖全明. 建立中国本土化心理健康服务方法体系的探索 [J]. 中小学心理健康教育，
2009（21）：13-15.

[74] 吕小康. 中国心理学的本土化：源起、流变与展望 [J]. 南开学报（哲学社会科学版），
2014（06）：151-160.

[75] 刘新民. 关于我国当前心理咨询模式的若干思考 [J]. 医学与哲学，2000（04）：
48-50.

[76] 黄希庭，郑涌，毕重增，等. 关于中国心理健康服务体系建设的若干问题 [J]. 心理科

学，2007（01）：2-5.

[77] 龚耀先，李庆珠. 我国临床心理学工作现状调查与展望 [J]. 中国临床心理学杂志，1996，4（01）：1-9+63.

[78] 马建青. 发展性咨询：学校心理咨询的基本模式 [J]. 当代青年研究，1998（05）：7-11.

[79] 闫睿鑫. 新形势下大学生心理健康发展性理论模式研究 [J]. 当代教育实践与教学研究，2017（09）：78.

[80] 宫黎明. 从消极到积极——心理健康教育模式的转换 [J]. 教书育人（高教论坛），2018（18）：73-75.

[81] 白燕萍. 积极心理学视域下大学生心理健康教育模式的构建 [J]. 高教学刊，2017（08）：165-166.

[82] 杨丽. 新时代规范发展社会心理咨询服务业的对策——基于长沙市的调查 [J]. 党政干部论坛，2018（3）：22-24.

[83] 林春. 社会心理机构的现状研究 [C] //中国心理学会. 第二十一届全国心理学学术会议摘要集. 北京：中国心理学会，2018：1.

[84] 傅荣. 论心理咨询的理论模式 [J]. 湖南师范大学社会科学学报，1996（02）：70-74+80.

[85] 刘德全. 心理咨询的理论模式及其意义 [J]. 武警学院学报，2009，25（05）：79-82.

[86] 丁雅芬. 浅析亚隆团体心理与治疗模式 [J]. 心理技术与应用，2014（11）：9-13.

[87] 项传军. 焦点解决短期：学校心理的一种新模式 [J]. 黑龙江教育学院学报，2009，28（03）：83-85.

[88] 申雯. 焦点解决短期心理概述 [J]. 北京教育学院学报（自然科学版），2007（01）：22-25.

[89] 周莉，雷雳. 美国朋辈心理模式及其对我国的启示——以美国斯坦福大学为例 [J]. 教育理论与实践，2016，36（15）：51-53.

[90] 孙炳海，孙昕怡. 朋辈心理模式述评 [J]. 思想·理论·教育，2003（09）：65-68.

[91] 索变利. 2000 年以来我国大学生心理健康研究综述 [J]. 忻州师范学院学报，2011，27（05）：86-89.

[92] 张迪然，车泽芳. 贵州地区汉、苗、布、侗族大学生个性特点的初步研究及其心理卫生 [J]. 心理科学通讯，1987（01）：52-56.

[93] 赵凯. 关于 498 名大学生心理健康特点的研究 [J]. 安徽师大学报（哲学社会科学版），1996（03）：248-252.

[94] 陈庆林. 大学生心理卫生状况与心理健康教育的研究分析 [C] //中国心理卫生协会. 中国心理卫生协会第四届学术大会论文汇编. 北京：中国心理卫生协会，2003：1.

[95] 尤方华，林静. 大学生心理卫生状况调查与结果分析 [J]. 湖南科技学院学报，2006（10）：234-236.

[96] 陈林庆. 大学生心理卫生状况与心理健康教育的调查分析 [C] //中国心理卫生协会. 中国心理卫生协会第五届学术研讨会论文集. 北京：中国心理卫生协会，2007：3.

[97] 徐庆福，秦瑛，郭萌萌，等. 高职院校大学生心理问题的调查与成因分析 [J]. 黑龙江生态工程职业学院学报，2021，34（06）：121-124.

[98] 冯才华. "00后"大学生心理健康问题及教育引导对策 [J]. 山西高等学校社会科学学报，2021，33（01）：77-81.

[99] 包水梅，王晓霞. 21世纪我国贫困大学生心理健康研究综述 [J]. 高教发展与评估，2005（04）：40-44.

[100] 童辉杰. 对20年来有关大学生心理健康研究的质疑与验证 [J]. 思想理论教育，2007（09）：80-83.

[101] 邓军彪，林爽，朱焰，等. 2008—2018年大学生心理健康水平的变迁——以广西某高校为例 [J]. 大学教育，2019（11）：149-151.

[102] 沈翔鹰. "00后"大学生心理健康水平的现状调查与应对策略 [J]. 佳木斯职业学院学报，2019（09）：270＋273.

[103] 沈成平，叶一舵，丘文福. 近十年贫困大学生心理健康状况的元分析 [J]. 集美大学学报（教育科学版），2017，18（02）：23-29.

[104] 方淑琼. 单亲家庭对大学生成长的影响及其对策 [J]. 肇庆学院学报，2002（01）：89-92.

[105] 董晓玲. 家庭结构与大学生心理健康水平的关系研究 [J]. 校园心理，2020，18（02）：153-156.

[106] 姜飞. 原生家庭教养方式对青少年心理健康影响的探究 [J]. 太原城市职业技术学院学报，2023（10）：195-197

[107] 李振国，刘少文，赵虎，等. 大学生毕业前心理健康调查 [J]. 中国临床心理学杂志，2001（02）：144-145.

[108] 孟沛. 浅析校园文化活动对大学生心理健康教育的影响 [J]. 山西高等学校社会科学学报，2010，22（06）：74-75.

[109] 姚杰. 健美操课程中运用"自主、合作、探究式"教学模式对女大学生心理健康的影响 [D]. 苏州：苏州大学，2010.

[110] 曾琴. 网络对大学生心理健康的挑战及对策 [J]. 阿坝师范高等专科学校学报，2004（02）：77-79.

[111] 李飞. 大学生网络成瘾与心理健康水平的关系研究 [D]. 长春：吉林大学，2006.

[112] 周青，韩雯琛. 大学生人格特质、心理健康水平与网络成瘾类型的关系 [J]. 黑龙江高教研究，2008（11）：125-128.

[113] 杨仕进. 大学生网络游戏成瘾与心理健康水平的关系研究 [D]. 桂林：广西师范大学，2008.

[114] 李青青，刘传俊，胡灿玲，等. 网络暴力游戏涉入程度对医学生心理健康水平的影响 [J]. 中国高等医学教育，2020（12）：54-55.

[115] 宋振韶，金盛华. 青少年社会交往：影响因素及其干预研究述要 [J]. 心理科学，2001（06）：713-716.

[116] 安莉娟，王欣. 石家庄市大学生心理健康状况与父亲教养方式的相关性研究 [J]. 中国学校卫生，2002（06）：522-523.

[117] 张舒，刘拓，夏方婧，等. 大学生人际关系与心理健康的社会网络分析 [J]. 中国心理卫生杂志，2020，34（10）：855-859.

[118] 昌敬惠，袁愈新，王冬. 新型冠状病毒肺炎疫情下大学生心理健康状况及影响因素分析 [J]. 南方医科大学学报，2020，40（02）：171-176.

[119] 吕泊怡，赵智军. 新冠肺炎疫情下高职院校大学生心理健康状况的调查与分析 [J]. 教育科学论坛，2020（27）：76-80.

[120] 江永燕，白树虎，谭丁豪，等. 新冠肺炎疫情下大学生心理健康影响因素分析 [J]. 成都医学院学报，2021，16（02）：207-210.

[121] 王建中. 大学生人格特征与心理健康关系的实证研究 [J]. 北京交通大学学报（社会科学版），2011，10（04）：96-100.

[122] 李洋. 坚韧性人格和积极应对方式与大学生心理健康关系研究 [J]. 长春师范大学学报，2020，39（07）：165-168.

[123] 夏欣. 大学生自立人格与心理健康关系的纵向研究 [D]. 重庆：西南大学，2012.

[124] 陈婧，王淑莲，卢雅婷. "90后"大学生心理健康状况及其与人格的相关研究 [J]. 上海青年管理干部学院学报，2013（04）：36-38.

[125] 顾寿全，奚晓岚，程灶火，等. 大学生大五人格与心理健康的关系 [J]. 中国临床心理学杂志，2014，22（02）：354-356.

[126] 刘亚. 神经质与生活满意度的关系：情绪和自尊的链式中介作用 [J]. 心理科学，2012，35（05）：1254-1260.

[127] 臧爱明. 大学生人格特质类型与心理健康教育 [J]. 教育教学论坛，2013（36）：43-45.

[128] 高乐. 大学生人格特征与心理健康相关研究 [J]. 内蒙古师范大学学报（哲学社会科学版），2013，42（01）：162-165.

[129] 孙洪礼. 大学生心理健康与人格特质的相关 [J]. 中国健康心理学杂志，2017，25（10）：1567-1571.

[130] 方渠娟. 大学生生涯成熟度与心理健康关系的研究 [D]. 重庆：西南大学，2018.

[131] 张阔，张赛，董颖红. 积极心理资本：测量及其与心理健康的关系 [J]. 心理与行为研究，2010，8（01）：58-64.

[132] 曹科岩. 大学生心理弹性与心理健康的关系 [J]. 教育评论，2013（03）：78-80.

[133] 张海龙，苏俊鹏，李齐，等. 大学生主观幸福感与心理健康的关系 [J]. 牡丹江师范学院学报（哲学社会科学版），2015（04）：110-112.

[134] 诸葛福民，卞西春. 大学生心理健康与主观幸福感的相关研究 [J]. 烟台职业学院学报，2014，20（03）：61-63.

[135] 温子栋，高健，朱莹，等. 大学生自我和谐与心理健康水平关系研究 [J]. 中国健康心理学杂志，2008（10）：1120-1123.

[136] 杨洪猛. 大学生自我和谐及主观幸福感与心理健康的关系研究 [J]. 西南林业大学学报（社会科学），2017，1（05）：58-62.

[137] 邓慧娟. 大学生心理压力、应付方式及心理健康的关系研究 [D]. 长春：东北师范大学，2010.

[138] 孙霞. 论大学生的自我意识与心理健康的关系 [J]. 南京晓庄学院学报，2011，27（05）：94-96.

[139] 陈春媛，李辉，郑红渠. 大学生心理健康水平及其与自我效能感的关系 [J]. 周口师范学院学报，2010，27（05）：150-153.

[140] 李萍. 大学生心理韧性与心理健康的关系研究 [J]. 现代职业教育，2020（22）：72-74.

[141] 张秀文. 心理控制源与大学生心理健康的关系 [J]. 武汉商业服务学院学报，2009，23（01）：60-62.

[142] 周小华. 大学生心理健康教育模式的内涵、结构及构建 [J]. 高校辅导员学刊，2015，7（06）：33-36.

[143] 魏爱棠. 大学生心理健康服务的困境与出路 [J]. 河北大学学报（哲学社会科学版），2007（03）：48-52.

[144] 肖水源，刘飞跃. 精神卫生服务评估的基本框架 [J]. 中国心理卫生杂志，2010，24（12）：887-892.

[145] 黄希庭，郑涌，罗鸣春，等. 中国大学生心理健康服务需要调查与评估 [J]. 西南大学学报（社会科学版），2011，37（03）：1-5＋198.

[146] 魏昌武. 地方本科院校大学生心理健康服务需求现状调查研究——以贺州学院为例 [J]. 贺州学院学报，2012，28（02）：101-104.

[147] 钟雯昕. 高职院校大学生心理健康服务需要现状研究 [D]. 昆明：云南师范大学，2015.

[148] 王欢，王琴超，王小刚. 河西学院大学生心理健康服务需求现状调查 [J]. 河西学院报，2018，34（03）：105-110.

[149] 贺小瑞，赵见伟，张少杰. 民办高校大学生心理健康服务需求调查——以燕京理工学院为例 [J]. 才智，2020（03）：153.

[150] 梁瑛楠，程诗琪. 大学生心理健康服务需求的现状调查 [J]. 世纪桥，2015（10）：

66-67.

[151] 陈喆，杨曦. 高等院校大学生心理健康服务体系的构建 [J]. 西南民族大学学报（人文社会科学版），2012，33（S2）：223-225.

[152] 郭安宁，俞海侠. 高等学校大学生心理健康服务体系的构建 [J]. 沈阳农业大学学报（社会科学版），2011，13（01）：53-56.

[153] 吴进华，张灵聪. 大学生心理健康服务体系的构建 [J]. 赤峰学院学报（自然科学版），2010，26（05）：91-93.

[154] 马仁娥. 高校心理健康服务体系建设研究 [J]. 漯河职业技术学院学报，2021，20（05）：98-100.

[155] 黄云清. 高校心理健康服务体系构建研究 [D]. 桂林：广西师范大学，2019.

[156] 王蕾. 高校心理健康服务体系构建研究 [J]. 西南民族大学学报（人文社科版），2008（06）：256-258.

[157] 张巍巍，石岩，张灵聪. 高校心理健康服务体系的建构——以某高校为例 [J]. 成都师范学院学报，2014，30（06）：21-24.

[158] 朱丽芬，潘亚姝，周弦. 中美大学生心理健康服务体系对比研究 [J]. 昆明冶金高等专科学校学报，2018，34（02）：81-84＋95.

[159] 杨柯，张灏. 基于循证实践的高校心理健康服务模式研究 [J]. 学校党建与思想教育，2016（10）：87-89.

[160] 刘鹄. 加拿大高校心理健康服务的理性思考 [J]. 邢台职业技术学院学报，2013，30（01）：40-43.

[161] 朱育红. 澳大利亚高校心理健康服务氛围对我国高校心理健康教育氛围塑造的启示 [C]. //中国心理卫生协会大学生心理咨询专业委员会. 中国特色大学生心理健康教育——第十二届全国大学生心理健康教育与咨询学术交流会论文集. 上海：华东理工大学心理咨询中心，2015：387-389.

[162] 陈天祺. 中英高校心理健康服务比较 [D]. 西安：西北大学，2017.

[163] 李明忠. 美国一流大学心理健康教育工作的特色分析 [J]. 比较教育研究，2006（01）：34-38.

[164] 熊耕. 美国研究型大学学生心理健康服务的特点及启示 [J]. 高等理科教育，2016（01）：86-91.

[165] 唐慧. 听障大学生心理健康教育课程改革路径探讨——以浙江特殊教育职业学院为例 [J]. 科教文汇（中旬刊），2016（03）：145-146.

[166] 李国敏，吴洪菊. 我国听障大学生积极心理健康教育探究 [J]. 教育观察，2018，7（03）：7-8＋44.

[167] 刘春雷，刘文文. 高校残疾大学生心理健康教育开展的有效途径 [J]. 绥化学院学报，2017，37（04）：158-160.

[168] 魏秀云. 视障大学生心理健康教育工作现状及问题分析 [J]. 产业与科技论坛，2018，17（22）：127-128.

[169] 赵世超. 小组工作介入残疾大学生人际交往能力提升的研究 [D]. 北京：北京工业大学，2017.

[170] 马宏斌. 体育教育对聋人大学生心理健康影响的实验研究 [J]. 中州大学学报，2008（03）：74-75.

[171] 梅新新，张倩，张斐然. 沙盘游戏对聋人大学生创伤后应激反应的干预研究 [J]. 社会福利（理论版），2020（12）：27-35.

[172] 刘志敏，李克祥，杨淑君. 残疾人大学生心理教育模式的构建与实践 [J]. 山东省青年管理干部学院学报，2006（06）：30-32.

[173] 乾润梅. 高职残疾大学生心理健康教育模式探析 [J]. 学校党建与思想教育，2011（17）：68＋73.

[174] 刘丽. 特殊高等教育领域中积极心理健康教育模式初探 [J]. 教育与职业，2013（18）：81-83.

[175] 李文喜. 残疾大学生心理健康教育模式新探 [J]. 中共银川市委党校学报，2014，16（06）：46-48.

[176] 梁小娟. 高校残疾大学生心理特征及教育模式探析 [J]. 佳木斯职业学院学报，2019（05）：130＋132.

[177] KOWALSKI R，MORGAN C，DRAKE-LAVELLE K，et al. Cyberbullying among college students with disabilities [J]. Computers in Human Behavior，2016，57：416-427.

第二章
残障大学生的心理特征

残障大学生既属于残障人士群体又属于大学生群体，无论站在哪个群体的角度，残障大学生在心理特征上都具有特殊性。首先从残障人士群体角度来讲，残疾人除了与一般人有着共同的心理特征以外，还有其独特的心理表现，残障大学生也是如此。另外，他们经历了十几年超越常人的努力，克服生理缺陷的限制，完成了九年义务教育和高中教育，尤其接受了现代高等教育，这使他们不仅获得了丰富的知识和技能，而且在对世界的理解、人生理想、生命意义等世界观、人生观和价值观上得到了来自学校教育的引导，这些经历无疑会对他们的心理发展带来重要的影响，使他们的心理具有区别于未接受高等教育的残障青年和其他残疾人的特征。其次，从大学生群体的角度讲，残障大学生与普通大学生一样，处在青年时期，此时他们的生理发展已经接近成熟，心理发展正在走向成熟，呈现出既有别于少年儿童，又有别于成年人的独特的心理发展特点，同时残障大学生的心理特点与普通大学生也存在差异性，可以说，残障大学生的心理特征是十分复杂的，而心理健康服务的成功与否在很大程度上与教育者是否深入了解服务对象有着密切关系，唯有正确了解残障大学生的心理特征，才能为他们提供有效的心理健康服务，才能构建有效的心理健康服务体系。

普通心理学将人的心理活动分为心理过程和个性心理两大部分。心理过程是指心理活动发生、发展的过程，也就是人脑对现实的反映过程，包括认知过程、情绪情感过程和意志过程。认知过程是人们获得知识或者运用知识的过程，或信息加工的过程，是人基本的心理现象，包括感觉、知觉、记忆、思维、想象等；

情绪和情感过程是一个人在对客观事物的认识过程中表现出来的态度体验，例如满意、愉快、气愤、悲伤等，它总是和一定的行为表现联系着；意志过程是个体有意识地提出目标、制定计划、选择方式方法、克服困难，以达到预期目的的内在心理活动过程。个性心理包括个性倾向性、个性心理特征和自我意识三个部分。个性倾向性包括需要动机、爱好、兴趣、理想、信念、价值观等内容，体现的是个体对于社会环境的态度和行为特征，它是个性结构当中最活跃的一个重要因素，是推动人进行活动的动力系统，个性倾向性决定着人对周围世界认识和态度的选择和倾向，决定人追求什么，特别是理想、信念、价值观，往往都和后天的教育密切相关，而且还反映着人的社会属性。个性心理特征是指人的多种心理特点的一种独特的结合，是个体经常、稳定地表现出来的心理特点，比较集中地反映了人的心理面貌的独特性、个别性，主要包括能力、气质、性格。其中，能力标志着人在完成某种活动时的潜在可能性上的特征；气质标志着人在进行心理活动时，在强度、速度、稳定性、灵活性等动态性质方面的独特结合的个体差异性；而性格则更是鲜明地显示着人在对现实的态度和与之相适应的行为方式上的个人特征。自我意识是对自己身心活动的觉察，即自己对自己的认识，具体包括认识自己的生理状况（如身高、体重、体态等）、心理特征（如兴趣、能力、气质、性格等）以及自己与他人的关系（如自己与周围人们相处的关系，自己在集体中的位置与作用等）。自我意识具有意识性、社会性、能动性、同一性等特点。自我意识的结构是从自我意识的三层次，即知、情、意三方面分析的，由自我认知、自我体验和自我调节（或自我控制）三个子系统构成。自我意识的形成原理包括：正确的自我认知、客观的自我评价、积极的自我提升和关注自我成长。一些学者，尤其是西方学者常把个性心理称为人格，即构成一个人的思想、情感及行为的特有统合模式，这个独特模式包含了一个人区别于他人的、稳定而统一的思维方式和行为风格。

人的心理特征的形成受遗传、生理特征、环境等多种因素及各因素间相互作用的影响。残障大学生普遍存在某种生理器官的损伤，这必然使其对客观世界的认识及其生活环境、人际交往、学校教育、社会参与等方面受到一定的影响，使其形成残障大学生特殊性的心理特征；又由于不同残疾类型的大学生所具有的生理器官的损伤及损伤程度存在差异，因此导致了他们之间心理特征的差异。在我国接受特殊高等教育的残障大学生是指具有视力障碍或听力障碍的大学生（肢体残疾大学生接受普通高等教育），二者虽然都被称为残障大学生，但在心理特征上并非完全相同，故本节将从残障大学生群体心理特征和视力或听力残障大学生的独特心理特征两个方面进行总结和分析。

第一节　残障大学生的认知特征

认知活动包括感知觉、记忆、思维和想象等，是重要的心理活动。视觉或听觉障碍大学生获得信息的主渠道的缺失，给他们的认知活动造成了很大的影响，如感知觉、注意、记忆、思维和想象等方面，导致他们产生了认知的偏差或认识上的模糊性和主观片面性，使他们获得了对世界的独特认识方式和结果。但目前国内外对残障大学生认知特征的研究不多，主要是对残障儿童感知觉、记忆、思维等特征的研究，因此本书部分内容以残障儿童认知特征的介绍和分析作为参考。

一、视障大学生的认知特征

（一）感知觉的特征

感觉是指人脑对客观事物个别属性的认识，是人类认识世界的开始，它为人类提供内外环境的信息，保持着有机体与环境的信息平衡。感觉包括视觉、听觉、触觉、味觉和嗅觉等。知觉是人脑对客观事物整体属性的认识，与感觉一样，是事物直接作用于感觉器官而产生的，同属于对现实的感性认识。知觉的种类包括视知觉、听知觉、触知觉、嗅知觉和味知觉，按照人脑所认识的事物特性，知觉又可以分为空间知觉、时间知觉和运动知觉。感觉和知觉虽然紧密相关，但属于两种不同的心理活动，知觉以感觉为基础，但不是个别感觉信息的简单总和，又因为感觉和知觉都是人通过感官而产生的对客观事物的感性认识，很难将二者严格区分开，所以常常将它们结合在一起称为感知觉。

视觉是人类和其他动物高度发展、最为复杂和有重要作用的感觉，是使用眼睛感受光波刺激，以察觉物体颜色、模式、结构、运动和空间深度的感觉。通过视觉，人和动物感知外界物体的大小、明暗、颜色、动静，获得对机体生存具有重要意义的各种信息，至少有 80% 的外界信息通过视觉获得，视觉是人和动物最重要的感觉。视觉障碍人群因为视力受损，如对物体的颜色、明暗度、透明度、形状、准确的空间关系等信息的缺失或部分缺失，使依赖视觉的知觉发展受到了很大影响，如他们较难形成完整的空间知觉，对空间关系的认知显著迟钝[1]，视知觉存在选择性较困难、理解性较差、恒常性不稳定等特征。

听觉是视觉障碍人群识别和判断事物特征的重要途径之一。通过听觉，视障人群可以获取知识和辨认他人，以及进行空间定向等。很多人认为视力障碍人群的听觉能力优于正常视力人群，这种观点也得到了一些研究的证实：曹婕琼（2004）的研究表明视力障碍儿童对于纯音的鉴别能力明显优于正常视力儿童[2]；刘晴等（2019）从言语识别阈（SRT）、言语识别率为100％时的言语级和背景噪声下的言语识别率（SRS）3个方面对听力正常的视觉障碍大学生和普通大学生的言语听力情况进行测试分析发现，视觉障碍大学生对言语声的听觉敏感性和在噪声环境下的言语识别能力均优于普通大学生[3]。实际上，视觉障碍群体的听觉灵敏性并不是与生俱来的，而是由于视觉障碍群体大多是通过听觉来了解周围世界的，长期的锻炼和较为频繁地使用听力，使他们能区别周围许多不同的声音，包括细微的声音，这可以被解释为大脑存在的适应性行为以及后天主动学习的优势性的结果。同时，有学者指出，视觉障碍儿童具有较强的听觉选择性，对各种声音的分析、辨别能力较强，听觉注意力较普通儿童强，听觉记忆力较强。相关研究者通过事件相关电位（ERP）对视觉障碍儿童的认知特点进行研究，结果证实了该观点，视觉障碍儿童的听觉记忆操作要优于普通儿童的听觉记忆操作，同时，实验结果还表明视觉障碍儿童的听觉注意和听觉表象能力比普通儿童好[4]。这些在听觉方面的优势共同使视觉障碍群体的听觉表现出一定的灵敏性。

尽管听觉在视觉障碍儿童的生活和学习中扮演着十分重要的角色，但听觉并不能完全取代视觉，仍具有自身的局限性。如利用听觉感受声音而产生的空间知觉不如视觉感受到的准确，特别是对方位和距离的辨别；通过听觉无法了解事物的形状、大小、颜色及动态形象；听觉信息不能完整反映事物的属性；听觉比视觉的感知速度慢；听觉信息在多数情况下没有延续性；听觉感受性受客观因素的影响较大。

触觉是肤觉的一种，也称为压觉，是皮肤表面承受某物体压力或触及某物时所产生的一种感觉。而动觉是因身体活动而产生的一种感觉，一般将其解释为回馈，也就是因身体某部位的动作而形成了刺激，然后再由身体该部位的感受器向神经中枢回应刺激的结果。触觉是视觉障碍学生除听觉外认识外界事物的最重要渠道。他们通过触摸物体来了解其形状、大小、轻重、温度、软硬、粗细及质地等特征。通过触摸，他们获得了事物的触觉表象，结合听觉表象和其他表象，在大脑中形成感知图像，并经过思维的加工形成完整的认识。但是视障个体与正常视力者的认知过程是相反的。正常视力者观察一个物体，一般是从整体到局部的过程，也就是说他们通常会对一个物体的整体轮廓产生印象，之后再注意到其他局部特征；而视障个体则通过手指和手掌来与物体接触，然后在一个小范围内慢慢地移动，并逐渐扩大范围，从而逐渐掌握整个事物，推演出整体形象，可以说他们认知事物是从局部到整体的过程[5]。

视觉障碍学生由于长期进行触摸锻炼而形成了非常灵敏的触觉。捷姆佐娃等学者对视觉障碍儿童的触觉感受性做过相关研究，结果表明视力障碍儿童的触觉绝对阈限明显低于普通儿童，他们触觉的平均阈限是 1.02mm，其中最低的为 0.7mm，而普通人的触觉阈限平均为 1.97mm。即便如此，因触觉的特性，其对视觉缺陷的补偿也存在局限：通过触觉感知的客观刺激的种类和数量有限；触觉感知的速度较慢；触觉在了解事物整体性以及事物各部分之间的关系上存在不足；触觉发展受儿童的主观能动性的制约；触觉受客观环境条件影响较大。在视觉障碍个体的感知觉过程中，不仅听觉和触摸觉起着重要的作用，嗅觉和味觉等其他感知觉通道也参与到其认识事物的过程中。例如，通过嗅觉确定自己所在的位置、分辨熟人和陌生人，甚至通过嗅觉来分辨颜色进行绘画创作等[6]，再如通过触觉和听觉获得空间知觉。在时间知觉方面，琚四化等（2010）采用听觉通道下的时段比较和时段复制的实验，比较了视障学生和视觉正常学生在时距知觉上的表现，结果表明在短时距知觉上，盲生比明眼学生略有优势；在较长时距知觉上，盲生和明眼学生无显著差异；在随时距的变化而出现的时间知觉的变化上，盲生与明眼学生的变化趋势相同[7]。总之，通过多感官的协作，视觉损失带来的影响在一定程度上得到了补偿，使视障学生可以获得关于世界的大量信息，构成他们独特的关于世界的认知。

（二）注意和记忆特征

注意就是通过感觉、已储存的记忆和其他认知过程对大量现有信息中有限信息的积极加工，具有一定的指向性和集中性，是一种可以通过外部行动表现出来的内部心理状态。根据注意产生和保持注意时有无目的性和意志努力程度的不同，可以把注意分为有意注意和无意注意两种。无意注意也称不随意注意，是没有预定目的、无需意志努力的注意。有意注意也称随意注意，是有预定目的、需要付出意志努力的注意。

从整体上看，视觉障碍学生和普通学生存在共性也存在差异。共性表现在：二者注意产生和发展的生理机制一样，注意活动过程相似，注意的种类一样，注意的范围发展都是由小到大并受各种相关因素的影响，注意的各种品质（如稳定性、紧张性、分配、转移等）分类相同。差异性表现在：第一，视觉障碍学生有意注意较为突出，由于其缺乏容量较大的视觉信息，只能将听觉、触觉、感觉以及味觉等其他感觉信息加以整合来认识周围事物。因此，视觉障碍学生需要不断加强有意注意的能力，使有意注意得到不断强化并得以发展。第二，视觉障碍学生在听觉、触觉和嗅觉等方面的有意注意较为突出，特别是听觉注意有明显的增强。第三，视觉障碍学生的听觉分配能力较强，并且稳定性较好。

记忆是大脑对过去经历过的事物的反应。通过记忆，人们可以回顾过去经历过而现在不在眼前的事物。由于视觉信息的缺损，视觉障碍学生的记忆具有独有的特征：第一，由于视觉表象缺乏或视觉表象不完整，视觉障碍学生无法通过清晰的视觉表象来完成记忆的过程，缺乏视觉形象记忆。第二，其记忆以听觉记忆和触觉记忆为主。琚四化通过参考 Kosslyn 和 Kerr 等人的心理实验，采用心理扫描的研究方法，让明眼学生和盲生看或触摸两幅不同的图画，然后记录被试扫描表象时的反应，并要求被试在扫描完成后报告其扫描过程。结果表明盲生触摸觉表象扫描与明眼生视觉表象扫描之间在反应时上不存在显著差异[8]。第三，视觉障碍学生的机械记忆能力较强。由于视觉障碍学生缺乏对事物的感性认知，常常需要识记一些自己并未理解的知识，因此，他们只好在无法加工的情况下进行机械记忆，也就是我们常说的死记硬背。由于长期进行机械识记，他们的机械记忆能力不断得到锻炼，因而有所增强。第四，视觉障碍学生的短时记忆和长时记忆较好。短时记忆是指保持在一分钟以内的记忆，长时记忆是指保持一分钟以上甚至终身的记忆，苏联盲人研究者克罗吉乌斯通过研究证明，盲人在记忆和再现词、数字时，在背诵诗句时比视觉正常的人强得多，并且能长久地记住所获得的知识，盲人在记忆的发展方面比视觉正常的人优越得多。

（三）表象和想象的特征

表象是指当事物不在面前时，人们在头脑中出现的关于事物的形象[9]，从表象产生的感觉通道来划分，表象分为视觉表象、听觉表象、触觉表象等。视觉障碍学生因为视觉经验的缺失或不完整，难以形成或无法形成完整的视觉表象，其对于听觉表象、触觉表象、嗅觉表象的感知比较灵敏。由于视觉表象的缺失或不完整，使其与视觉表象有关的记忆、想象和思维等心理活动受到较大影响。谌小猛（2017）通过对 3 名视力障碍大学生进行深度访谈，了解他们外出活动的相关经历。结果显示，视力障碍大学生的出行意愿较强，但由于其视力缺陷，视觉表象不能获取相关的信息，记忆中规划的路线总是会出现偏差，因此外出活动会遇到诸多困难[10]。想象是对头脑中已有的表象进行加工改造、形成新形象的过程，是一种高级的认识活动[9]。很多先天视力障碍的大学生很难产生景色如画、色彩斑斓等想象，他们主要以听觉想象和触觉想象为主，如他人的讲话、文学作品中的语句、音乐的旋律等都能使他们展开丰富的想象，但他们的想象往往带有个人和情感色彩，甚至产生歪曲的想象，如把要求十分严格、说话很不注意语气、语调的教师想象成面目可憎的样子，而将态度和蔼、声音悦耳的教师想象得非常美丽可爱。梦是无意想象的一种特殊形式，视障人士的梦也受其视觉表象的影响。美国心理学家曾研究了盲人的梦，他们发现：先天的盲人，即从未见过任何东西的盲人，他们的梦里没有视觉表象，但是有听觉和触觉的表象，即使有视觉表象的参与，也是将曾经获得的视觉表象进行再加工后参与到梦境中。视觉表象对其他心理活动的影响受儿童视觉损伤发生的时间和损伤程度的限制，先天性失明的全盲儿童完全没有视觉表象，因此他们对颜色、亮度、透视没有概念，对人的表情缺少视觉表象；先天失明但有残余视力的儿童，他们有视觉表象，但获得的视觉表象不清晰；后天失明、已经有视力记忆的全盲儿童虽然保持了一些失明前已形成的视觉表象，但是随时间的流逝，视觉表象无法得到强化会逐渐损失，甚至有可能完全消失。

（四）思维的特征

思维是借助语言、表象或动作实现的对客观事物概括和间接的认识，是认识的高级形式。它能揭示事物的本质特征和内部联系，并主要表现在概念形成和问题解决的活动中。思维不同于感觉、知觉和记忆。感觉、知觉是直接接受外界的刺激输入，并对输入的信息进行初级的加工。记忆是对输入的刺激进行编码、存储、提取的过程。而思维则是对输入的刺激进行更深层次的加工。它揭示事物之间的关系，形成概念，利用概念进行判断、推理，解决人们面临的各种问题，但思维又离不开感觉、知觉、记忆活动所提供的信息。只有在大量感性信息的基础上，在记忆的作用下，人们才能进行推理，作出种种假设，并检验这些假设，进而揭示感觉、知觉、记忆所不能揭示的事物的内在联系和规律。

视觉障碍学生由于视觉经验的缺乏，他们的感性经验非常有限，这在一定程度上制约了其思维活动，使其难以形成清晰正确的概念，难以抓住事物的本质，并且概括能力与抽象能力较差，因某些概念不清或误解影响判断推理的正确性，但由于他们长期借助第二信号系统进行思维活动，并且常常独自沉思默想，因此这种长期的勤于动脑的习惯使他们的思维敏捷性较强。

二、听障大学生的认知特征

听觉是听觉器官在声波的作用下产生的对声音特性的感觉，是个体获得外界信息的重要途径之一。听障大学生由于缺乏有效的听觉活动而形成了独特的认知特征。

（一）感知觉的特征

在感知觉上，听觉障碍大学生难以形成完整的听感知觉，知觉的范围缩小，无法利用声音进行定位，对于完全或部分丧失听觉的个体而言，视觉是他们获得信息的主要途径，约90%的外界信息均来自于视觉，听觉障碍学生的视觉反应和视觉认知在某些方面是否体现出一定的优势？不同的研究得出了不同的结论。如有研究者发现听觉障碍学生视觉图像识别的敏度优于听觉正常的学生[11]，听觉障碍学生的视知觉能力、视觉注意技能相较于听觉正常的学生表现更弱，并且视觉搜索的速度要慢于听觉正常学生[12]。有研究者对听觉正常者和听觉障碍者的心理旋转的视觉表象能力进行比较研究后发现，听觉障碍者与听觉正常者在心理旋转的视觉表象能力方面不存在显著的差异；在14～17岁年龄段，听觉障碍者心理旋转的视觉表象能力处于发展期，而听觉正常者处于停滞期；听觉障碍者与听觉正常者在心理旋转的视觉表象能力上均显示出性别差异，且男性优于女性，但不同的是，听觉障碍者只在错误量上出现差异，而听觉正常者在各项指标上都存在差异[13]。在图形差异的视觉判断任务上，听觉障碍者的视知觉加工能力虽然不会因刺激呈现时间的缩短而变化，但总体上并不比听觉正常者优越；在注意负载和中心视野条件下的视觉搜索任务上，听觉障碍者同样表现出与听觉正常者相当的加工水平，没有出现视知觉加工的补偿效应；而在跨时间间隔的变化检测任务上，听觉障碍者则表现出相对于听觉正常者的视知觉加工劣势，不能有效地对图形的变化进行检测。由此可知，听觉障碍大学生的视觉认知并没有突出地优于听觉正常大学生，只是在个别方面存在优势，而某些方面甚至处于劣势。

（二）注意、记忆和思维的特征

听觉信息的损伤使听觉障碍个体的注意与听觉正常个体的注意存在一定的差异性。首先，听觉障碍个体的注意大多是由视觉刺激引起的，在不同的视觉加工任务上，其视觉注意加工与听觉正常个体存在一定的差异性。Bavelier 等人使用功能性磁共振成像进一步比较了先天听觉障碍个体和听觉正常个体被试在监测全视野、外周视野或中央视野中移动刺激时的作业，结果发现，先天听觉障碍个体被试在外周视野的注意资源增加，并进一步分析得出结论，即先天听觉障碍个体被试对外周刺激运动加工的增强是视觉加工高级阶段所特有的。众多研究表明听觉障碍个体在未受损通道中的高水平认知加工比听觉正常个体更有效，而低水平认知加工则不受感觉剥夺的影响。首先，先天聋被试在面孔加工、客体的空间建构和转换以及视觉运动刺激加工等高水平视觉任务上均有增强的能力；而听障和听觉正常被试在对比度、形状和时间辨别等低水平视觉任务中的作业水平相同[14]。其次，在注意的品质上，听觉障碍个体表现出注意的范围相对狭窄、注意的分配比较困难、注意的转移能力较差和注意的稳定性较差等特征[15]。

在记忆上，听觉障碍个体与听觉正常个体也存在一定的差别。第一，听觉障碍者的短时记忆广度较为狭窄。贺荟中、方俊明（2011）对国外关于听觉障碍儿童的短时记忆研究进行总结发现，听觉障碍个体比听觉正常个体的记忆广度小。第二，听觉障碍儿童的记忆存在多种编码方式，并且他们以视觉代码作为短时记忆的重要编码方式[16]，他们的形象记忆优于抽象记忆，相较于听觉正常学生，听觉障碍学生的形象与抽象记忆的效率较低，听障生对形象材料与抽象材料的遗忘率都比听觉正常学生高[17]。但也有研究者通过实验对听力障碍儿童与正常儿童的视觉记忆能力进行了比较研究，实验结果发现，听障组儿童的成绩显著高于正常组儿童的成绩。该实验结果表明，听障组儿童的视觉记忆能力比正常儿童的视觉记忆能力更强[18]。

在思维上，听觉障碍学生以直观动作思维为主要成分，难以表达抽象的思维概念，同时听障学生很难理解用手语描述的概念，他们的具体形象思维、抽象逻辑思维能力较弱，容易注意事物的外在特征而忽视事物的本质特征。这可能与他们的语言表达方式——手语有关。手语是自然产生的，是听障人士使用手的指式、动作、位置和朝向，配合面部表情，在三维空间中按照一定语法法则来表达特定意思的交际工具[19]。手语会借用有声语言的表达形式，如词法及句法，但手语获得并不与书面表达完全一致，两种语言具有各自独立的语言学特征。语言决定认知，影响非语言的认知。语言是世界观的体现，使用不同语言的人对世界有不同的看法。不同的语言有不同的认知方式。有研究表明手语影响视障个体的形象思维。手语使用相似的手法帮助听觉障碍个体理解事物的特性，高象似性的手语会快速激活手势的语义。因此，当手语与实物相似度高时，将有利于人们提取词汇语义。陈穗清等（2015，2016）研究表明，在手语词汇识别中存在着象似性效应和具体性效应，两者都能够帮助听觉障碍个体提取事物的形象[20,21]。王敬欣（2000）比较了听觉障碍个体和健听人在语言理解和语言产生上的表现，发现听觉障碍个体在时间、人物、事件和主题等以形象思维为主的领域中的词汇量显著高于健听人，说明手语能够帮助听觉障碍个体理解语言和产生语言，并且手语的形象性也促进了形象思维的加工[22]。正因为手语在表意上具有局限性，不能十分形象地表达抽象概念，所以会为听障人士的抽象思维带来一定的限制。张积家等（2012）要求听觉障碍个体在对汉字和图片做语义分类，发现听觉障碍个体在对"花"和"树"进行生物性判断时，会出现较多的错误。研究者认为，由于听觉障碍个体缺乏听觉信息，采用手语的表达方式，因此限制了其抽象概念的发展，手语的形象性影响听觉障碍个体对世界的认知[23]。再如，在空间概念的组织和空间认知主题上，听觉障碍大学生与普通大学生存在相同点也存在差异，研究者认为该特征与听觉障碍大学生的手语使用有关[24]。

第二节　残障大学生的人格特征

personality（人格）一词，最初源于古希腊语 persona，原意是指希腊戏剧中演员戴的面具，面具随人物角色的不同而变换，体现了角色的特点和人物性格。就如同我国戏剧中的脸谱一样。心理学沿用面具的含义，转义为人格。其中包含了两层意思：一是指一个人在人生舞台上所表现出来的种种言行，即人遵从社会文化习俗的要求而做出的反应。人格所具有的"外壳"，就像舞台上根据角色要求所戴的面具，表现出一个人外在的人格品质。二是指一个人由于某种原因不愿展现的人格成分，即面具后的真实自我，这是人格的内在特征。人格是心理学中探讨完整个体与个体差异的一个领域。到目前为止，由于心理学家各自的研究取向不同，因而对人格的看法有很大差异。综合各家的看法，可以将人格的概念界定为：人格是构成一个人的思想、情感及行为的特有模式，这个独特模式包含了一个人区别于他人的稳定而统一的心理品质。人格作为一种复杂的结构系统，包括气质、性格、认知风格和自我调控系统等方面，具有独特性、稳定性、统合性和功能性四个特征，主要受生物遗传、社会和家庭环境、学校教育、童年经验、自然物理因素和自我调控因素的影响。

残障大学生的生理缺陷直接导致了他们相应能力的不足，影响了他们的生活环境、社会活动和自身发展，对他们人格的形成造成了不可避免的负面影响，从而使他们形成了一些典型的人格特征。

一、自卑

自卑是个体在与他人进行社会比较的过程中因感到自己不如他人而产生的消极自我评价，是一种不能自制和消极软弱的情感体验，体现自我认识和自我评价结果，表现为多疑、敏感、孤僻、怯懦、咄咄逼人、随波逐流、害怕竞争、自我封闭等特征，有的也表现出相反的特征，即常常夸耀自己，表现出高高在上的自负性。无论是经验还是学术研究，都认为残障人士由于生理的缺陷普遍具有自卑感。关于自卑的研究者首推精神分析心理学家阿德勒。自卑感是当个体面临具体问题情境时，一种无法达成目标的无力感和无助感，对自己所具备的条件感到不满与失望，对自我存在的价值感到缺乏重要性认知，对适应环境生活缺乏安全感，等等。阿德勒认为，自卑感大多是由先天或遗传上的缺陷而产生的，例如有的人先天视力不好，有的人先天腿脚不好等，这类器官的缺陷使个体对自己的身体做出"低劣"的判断，从而产生关于身体的不完满状态的感受。自卑感对人的影响也并不都是消极的，而是有两种不同的影响：一种是积极影响，激发人通过各种努力克服自己的不足和取得进步来消除来自内心的自卑感，阿德勒从具有身体缺陷的成功人士身上发现，身体缺陷造成的自卑感是他们取得成功的动力。因此，适度的自卑感是人积极向上、追求优越的内在动力。另一种是消极影响，由于对器官缺陷的反应加剧到令人难以承受的程度，人无法通过其他方式进行克服，因此形成自卑情结，这是一种心理问题。

实际上，残障大学生群体中存在上述两种不同性质的自卑感，而并不像大多数人贴标签似的认为残障大学生的自卑感都是心理问题性质的。其中积极影响的自卑使他们通过努力补偿自己的缺陷，超越他人或追求优越，成为一名成功者，或者表现出对他人、对社会积极的兴趣，已有的许多残障人士的成功实例已经对这一特点进行了诠释。当然，我们也不否定自卑情结在残障大学生群体中普遍存在，而且是他们产生人际交往、学习、环境适应和就业等方面问题的重要原因。

二、自尊水平较低

自尊是与自我认识和自我评价有关的另一个特征，是心理学领域研究的重要内容。自尊与人的生存需要与价值需要紧密相关，生存需要要求人必须有能力应对生活中的各种挑战，即表现为能力，价值需要要求人的能力发挥必须符合社会价值标准，即表现为价值。能力使人产生自信心，价值使人产生自己是重要的、有意义的或受尊重的感觉，即自尊。能力强的人往往能应对生活中的各种挑战，进而产生自信心，获得能力感；而能力不强的人做事经常不成功，进而丧失自信心，产生无力感。除此之外，即使人有能力应对生活挑战，但能力的发挥还必须符合社会价值标准才能得到社会的承认与他人的尊重，进而使人产生价值感，否则则不能。

根据自尊的内涵分析可以推断出残障大学生的自尊水平较低。首先，个体自尊的发展是在社会环境中主客体相互作用的结果。个体的能力感和价值感一方面来源于个体对自己在环境中重要性的体会，另一方面来源于社会对个体能力和价值的反馈。生理缺陷给残障大学生带来的能力限制，使他们在应对生活中的各种状况时，如生活自理、人际交往、就业、环境适应等方面均存在一定的障碍，这很容易使他们产生无力感，同时，低自我接纳性、自我污名、自卑等在残障大学生群体中普遍存在，这无疑会对他们的能力感和价值感造成负面影响，从而影响其自尊水平；其次，家庭和社会有时会对残障人士产生"低能""残废"的偏见和歧视，残障人士对歧视的知觉也会对他们的自我价值感产生不利影响，从而影响他们的自尊水平[25]。已有的相关研究也证实了这一点：宋志强、曲艳（2011）研究发现视听障大学生的自尊水平极其显著地低于健全大学生[26,27]；曲海英、衣晓青、赵梦迪（2017）研究表明大部分残障大学生的自尊处于中低水平[28]；姜瑞玥、刘晓瑜（2015）对听障大学生的自尊进行了调查研究，结果显示听障大学生处于低自尊水平[29]；胡雅梅（2005）研究发现聋人大学生的双文化身份认同倾向与其自尊发展有显著的正相关性，但聋人大学生对自己聋人身份的认同带有消极否定的倾向[30]，这意味着聋人大学生的自尊水平不高；张茂林等（2009）的研究显示聋人大学生的自尊水平低于普通大学生[31]。自尊水平与个体的心理健康和社会适应具有密切的联系，较低的或过强的自尊会使残障大学生产生人际关系困扰、焦虑、抑郁等情绪，影响其幸福感的获得。

虽然上述研究均表明残障大学生的自卑感较普遍，且自尊水平较低，但要认识到自卑和低自尊并非和残障具有直接的和必然性的联系，自卑程度和自尊水平可能在不同的群体中表现出差异性，如听障大学生在听障文化内和在普通人文化内的自尊水平不同。另外，残障大学生为了维护自我，有时也会表现出过强的自信甚至自负和过强的自尊，他们希望自己掌握生活，不需要同情，以显示自己的能力和价值来维护自尊。所以，我们不能片面地、一贯性地把自卑、低自尊等负性的标签贴在残障大学生群体中，对其拒绝和排斥，而是应该持有客观、包容和接纳的态度。

三、孤独、敏感、多疑

孤独感作为一种普遍存在的痛苦体验，反映了个体由于对社会关系的数量或质量不满意而产生的社会需求未得到满足的状态。和普通大学生一样，残障大学生所处的发展阶段是人生中人际关系发展的黄金阶段，他们渴望与普通大学生交往，渴望被接纳，但又因为自身的生理缺陷，担心被人看不起、拒绝和否定，因此不愿意主动与其他人交往，久而久之则会逐渐自我封闭，进而形成孤独的心理特征。另外，残障大学生难免有过被他人排斥和嘲笑的经历，这使他们对他人的否定评价十分敏感，表现为惧怕否定评价。惧怕否定评价能导致个体更倾向于以避免不利评价的方式行事，对潜在的人际交往中可能存在的拒绝或者羞辱过度担心，为防止遭受消极评价，而主动选择回避社交场合，减少或者拒绝参与社交活动，从而体验到较强的孤独感[32]。引发肢体障碍、视觉障碍及听觉障碍大学生产生孤独感的具体原因略有不同，与肢体障碍和视觉障碍大学生相比，听觉障碍大学生在与人沟通方面存在明显的障碍，这使他们普遍感到孤独，缺乏社会归属感；与肢体障碍和听觉障碍大学生相比，视觉障碍大学生的社会交往范围相对窄小，孤僻离群的生活使他们产生孤独感[33]；而肢体障碍大学生更多是由于对自身形象缺陷的自卑感而影响了其人际交往，进而使他们产生了孤独感。

因为自身的特殊性，残障大学生在与他人的交往中，十分担心遭受部分普通人异样的眼光，因此他们不自觉地会过度关注别人对自己的态度，对别人的评价异常敏感。尤其是涉及身体缺陷的不恰当的称呼，如残疾、残缺、瘸子、盲人、聋人、盲人等词语，都会伤及他们的自尊心，使他们的内心变得更加多疑，时常认为别人是故意嘲讽和挖苦。

四、其他人格特征

人格特征是十分复杂的心理特征，包含了人的内在精神和外在行为的方方面面，除了上文提到的残障大学生的诸多方面的特征以外，还有来自人格测验量表的测量结果所反映出的特征，目前主要应用的人格量表包括 16PF、EPQ 人格量表。通过 16PF 测量出的残障大学生的人格特征结果显示，与普通大学生相比，听障大学生的聪慧性、有恒性较低，说明听障大学生的思考能力较弱，缺乏社会责任感；听障大学生的兴奋性、忧虑性、敢为性较高，说明他们具有一定的冲动性，自信水平较低，独立性较差，更加倾向于依赖他人，冒险敢为，少有顾忌[34]。视障大学生与普通大学生相比，乐群性、稳定性、兴奋性、独立性较低，说明他们具有缄默、孤独、冷漠、情绪激动、易生烦恼、严肃、谨慎、冷静、寡言、依赖、随群附和等人格特征；视障大学生的忧虑性和紧张性较高，其特征表现为忧虑抑郁，缺乏和人接近的勇气，紧张困扰，激动，感觉疲乏，又无法彻底摆脱以求宁静，生活战战兢兢而不能自已。

通过 EPQ 测量出的残障大学生的人格特征结果显示，残障大学生在人格各分量表得分情况不同，在精神质和神经质维度上，残障大学生得分高于常模水平，反映了残疾大学生容易紧张、焦虑、担忧、忧郁、难以适应环境、倔强、固执、喜欢独处的人格特征；在内外向维度上，残障大学生得分低于常模水平，反映了他们内向、孤单离群、喜好安静、对人缄默冷淡的特征[28]。张斐斐（2012）对于视障大学生人格特质的研究也取得了相似的结果，即视障大学生在内外向维度上的得分显著低于普通大学生，而在精神质维度和掩饰性维度上的得分显著高于普通大学生[35]。这说明视障大学生具有缄默冷淡，不喜欢刺激，喜欢有秩序的生活方式，孤独，不关心他人，难以适应外部环境，自我保护意识很强等人格特征。石寿森等（2004）的研究显示肢体残疾医科大学生的神经质和精神质得分均高于普通大学生，内外倾向得分低于普通大学生[36]。

残障大学生具有消极的人格品质是不容忽视的事实，无论是自卑、低自尊还是自我污名，究其本质，无一不与消极的自我有关。自我是个体人格的内控系统或自控系统，包括自我认知、自我体验和自我控制三个部分，能够对人格的各种成分进行调控，保障人格的完整与和谐统一。在心理学领域，心理学家们十分关注对自我的研究，取得了丰富的研究成果，甚至形成了自我心理学。被称为美国心理学之父的心理学家威廉·詹姆斯从自我的构成上区分出主我和宾我两种自我，主我是指自我中积极地感知、思考的部分，宾我是指自我中被感知和被思考的部分，即主我是认知的发出者，宾我是认知的接受者。一个人的自我认知实际上就是主我对宾我的认知，是对宾我的洞察和理解过程，包括对宾我的观察和评价，即对自己的物质自我、社会自我和精神自我等各个方面的觉察，产生对自我的思想、期望、行为等方面的判断和评估。个体的自我觉察和自我评价的不同结果会引起不同的自我的体验，当一个人对自己作出积极的评价时，就会产生自尊感，作出消极的评价时，会产生自卑感。每一个社会人都具有自我认知的内在倾向，在对自我进行探索的过程中建立了自我内部的关系，建立了自我与他人的关系，建立了自我与物理及文化环境的关系。因此，自我认识是一个人整个精神面貌的核心，对人的心理状态甚至整个生活状态具有直接的影响。人的自我认识及自我评价具有很强的主观性，受多种因素的影响，如自身的生理特征、内在的心理特征、家庭环境、教育和社会环境等。

自我认知作为一种心理活动，与记忆和思维一样，也需要注意力的参与。当个体过于集中对自我的观察和评价时，一方面会加重心理的负担，使心理发展受到阻碍，另一方面，个体过于关注自己而忽略了外界，容易形成自我中心且自私自利的特征。

对于大多数残障大学生而言，他们在儿童期便面临器官缺陷的困扰，如果这种困扰没有得到他人的理解，那么他们便会更多地关注自己的身体，把困扰归因于自己的缺陷，久而久之便会形成消极的自我认知，进而自我贬低或自我排斥。同时，作为青年人，他们正处于从学校走向社会的关键时期，但身体原因使他们在能力的发展、社会的参与、环境的适应等方面受到不同程度的限制，常常要面对努力之后的失败，这无疑会使他们的自我效能受到伤害。除此之外，他们常常要面对社会的歧视、排斥和不公平待遇等，这些都对他们的自我认知、自我评价和自我情绪体验造成了负面影响，导致他们具有自我认知缺乏客观性、自我评价低、负性自我情绪体验较多等特点，具体表现为他们的自我接纳性、自我价值感和自我认同感较低，自我污名，自我封闭等，进而导致他们出现自卑、焦虑、多疑、人际交往障碍心理问题。

在引起残障大学生消极自我的众多因素中，应该给予自我污名现象更多的关注，它不仅为残障大学生消极自我的形成提供了强有力的解释，而且也反映了社会对残障人士的态度及其所营造的环境对残障大学生自我的影响。

污名是社会对受污者施以贬低性的、侮辱性的标签，是一种对受污者的消极刻板印象。自我污名是指弱势人群将部分社会成员对该人群贬低性、侮辱性的负面评价内化为自我的一部分，从而形成消极的自我认知[37]。因为残障大学生具有的生理缺陷和特征让他们常常被普通人贴上无能、孤僻、危险、怪异等标签，所以他们在面对日常生活以及社会活动的不利处境时，有可能将外界强加的负面标签内化为自我评价的一部分，导致自我污名的形成。作为一种消极心理现象，自我污名对残障大学生的心理健康、人际交往、情绪等都带来了极大的负面影响，能够造成其自我价值受损以及社会身份贬低，导致他们产生低自尊、复原力下降、认知功能障碍、抑郁、自我效能感降低、自卑、孤独等一系列心理问题，自我污名还可能是诱发残障大学生产生自杀意念的因素之一[38]。此外，自我污名能导致残障大学生对人际交往持回避、退缩和逃避的态度，他们在应对负性生活事件时，由于缺乏社会支持，因此不仅会感受到较高的压力，而且压力持续时间更长，对其身心健康存在很强的破坏作用。

总而言之，消极自我对残障大学生消极人格特征的形成有着极其重要的影响，应该成为残障大学生心理健康研究的重点。

虽然以往的研究极其关注残障大学生消极的人格特征，但随着积极心理学的发展，研究者们也注意到了残障大学生所具有的积极心理品质，如责任感、幸福感、感恩等，以残障大学生积极心理品质为主题的研究也日益增多，本书将在第三章对残障大学生积极心理品质及其相关研究进行具体阐述。

第三节 残障大学生常见心理问题及其影响因素

一、残障大学生常见的心理问题

生理功能的缺陷使残障大学生在生活和学习中比其他大学生面临着更大的心理压力和困扰，进而使他们成为心理问题的高发人群。从整体上看，残障大学生的心理问题主要包括两个方面：一是发展性问题，即个体自身不能树立正确的自我认知，特别是对自我能力、自我素质方面的认知，其心理素质及心理潜能没有得到有效、全面的发展。自我发展性问题主要表现为自卑问题。二是适应性问题，即因个人与环境不能取得协调一致而带来的心理困扰。适应性问题主要表现为人际交往问题、学校适应不良和社会适应不良等问题。上述两个方面的心理问题都可能引发残障大学生的情绪问题，如焦虑、抑郁等。

（一）情绪问题

情绪是指伴随着认知和意识过程产生的对外界事物态度的体验，是人脑对客观外界事物与主体需求之间关系的反应，是以个体需要为中介的一种心理活动，具有积极情绪与消极情绪之分。情绪问题指的是情绪的消极特征，主要包括焦虑和抑郁等。焦虑是对外部事件或内在想法与感受的一种不愉快的体验，它涉及轻重不等但性质相同因而相互过渡的一系列情绪，最轻的是不安和担心，其次是害怕和惊慌，最重的是极端恐怖，在表现形式上，它至少包括主观紧张不安的体验、行为上的运动不安以及植物神经唤起。抑郁是个体因感到无力应对外界压力而产生的心理失调和情感问题[39]，以心情低落、失望无助为主要症状，常常伴有焦虑情绪。抑郁作为一种消极情绪，会导致残障大学生对任何事情失去兴趣，心情压抑，无精打采，对未来不抱有希望。对事物兴趣的丧失会使学生很难集中注意力，因而他们在思考问题和作出决定时就变得非常困难。这种情况时常出现会使学生不断地自我抱怨，并且产生很强的负罪感。如果自我抱怨、负罪感和危机感进一步增强并达到一定程度，可能会进一步发展为抑郁症[40]。国内研究者倾向于采用 SCL-90 症状自评量表对残障大学生的心理健康状况进行研究，多数研究均表明，包括视觉障碍、听觉障碍和肢体障碍在内的三类残障大学生的焦虑和抑郁水平都较高[41-44]。

（二）人际交往问题

人际交往是所有大学生的心理需要，由生理器官缺陷导致的行为能力或交流能力的不足，严重影响了残障大学生的人际交往。残障大学生的人际交往范围主要包括教师、群体内同伴和普通大学生，一般残障大学生与群体内同伴能够较好地建立起人际关系，但是与普通大学生的交往会遇到许多困难，他们常因担心他人看不起自己，从而自我封闭，不主动与他人交往；当遇到人际矛盾或受冷遇和不公正对待时，他们比较容易感到委屈、哀怨，内心冲突加剧，甚至丧失生活信心、勇气，导致心理失衡。有的残障大学生因不能与同学进行正常的人际交往，甚至会产生社交恐惧症，从而严重影响了他们的生活、学习及身心的健康成长。在恋爱方面，残障大学生的恋爱对象一般为同类的残障同伴，但他们常常缺乏主动性，认为自己不配恋爱[45]。一项对残障大学生恋爱观的调查研究发现，

26.2%残障大学生选择埋藏心中或暗示，20.2%残障大学生害怕被拒绝和受嘲讽，并设法隐藏，另外有相当一部分残障大学生会回避这个问题，不愿揭开这个伤疤。对爱情，他们内心敏感含蓄，态度上显得不够积极和主动，主要原因是他们内心自卑，怕自己的爱情表白会使自身受到更多别人歧视的目光，且很多学生表示对自己的就业前途不是十分乐观，不敢去考虑这样的问题[46]。

（三）适应不良问题

心理适应通常是指当外部环境发生变化时，人们通过自我调节系统作出能动反应，使心理活动和行为方式符合环境变化和自身发展的要求[47]。心理适应不良是残障大学生十分常见的心理问题，与他们的心理健康有密切关系。残障大学生从熟悉的高中环境和家庭环境进入了陌生的大学环境，再加上能力的限制、社会支持的缺乏、沟通的阻碍和他人的歧视等原因，势必要面临大学生活的适应问题，包括学习适应、人际交往适应、生活适应等。在三类残障大学生中，全盲学生的适应不良问题应该是最为严重的。在生活上，全盲的视障大学生对生活环境的熟悉程度对于他们的生活来讲是十分重要的，如对卫生间、图书馆、食堂、寝室、教室、楼梯、热水间等位置的掌握直接影响到他们的学习、生活甚至人身安全，而由于视觉信息的损失，他们需要花费比普通学生多得多的时间去进行适应，并且在适应过程中会遇到比普通大学生更多的困难；在学习上，视障大学生所学的针灸推拿、康复或音乐等的学业任务是十分繁重的，若要顺利完成学业，需要他们有较强的学习自主性、科学的学习方法等，尤其是在线上教学上，要求他们能够熟练掌握相应软件的操作方法，这对于大多数全盲学生来讲，无疑是一种挑战，需要他们在短时间内进行调整，以适应大学的学习生活，众多学习的要求与他们自身能力之间容易形成矛盾，由此使他们产生学习适应问题。残障大学生的适应不良问题主要表现为消极情绪的产生，如焦虑、抑郁、情绪不稳定、不愿意人际交往、失去学习动力等。一般来讲，大一残障新生的适应问题会更明显一些，随着对大学生活的熟悉和自身的不断调节，他们的适应问题会越来越少。

（四）就业心理问题

就业心理是指与就业相关的个体心理过程及心理特征，涵盖认知、情绪情感、意志、个性倾向等方面，包括大学生在就业过程中对自我、职业与就业形势政策的认知，就业心态和就业压力感，就业动机和就业价值观。获得一个适合自己且较稳定的工作是残障大学生接受高等教育的重要目标。但是从我国整体的就业形势上看，就业难是残障大学生面临的一个严峻问题。在就业过程中，残障大学生由于受到各种因素的影响难免出现各种心理问题：在认知方面，表现为对自我和对职业的认知水平不高，在择业过程中产生迷茫、自卑等心理问题；在情绪情感上，部分大学生的就业心态比较消极，感受到的就业压力较大，自卑、紧张、焦虑的情绪比较突出，在面对招聘单位时常常感到怯懦，因为担心被拒绝或受歧视，所以不敢递交自己的简历；在就业动机和就业价值观上，多数残障大学生希望找到能够实现自我价值并具有发展空间的职业[48]，面对职业的期待与现实之间的差异，残障大学生往往感受到巨大的挫折，并因此意志消沉、情绪低落、自我怀疑，甚至有些残障大学生在就业受挫之后产生偏激心理，表现为歪曲理解现实生活中的就业难现象，喜欢戴着有色眼镜来看待就业难这一问题，对社会中存在的就业歧视现象深恶痛绝，甚至存在反社会、仇恨的极端心理倾向，将个人择业的不顺利归结于社会的不公正，进而产生仇视、报复社会的倾向[49]。

二、残障大学生心理问题的影响因素分析

（一）个人因素

对残障大学生心理问题具有重要影响的个人因素主要包括生理缺陷、认知特点和消极的人格特征三个方面。首先，生理上的缺陷使残障大学生需要花费更多精力完成普通大学生轻松就能完成的事情，甚至有时付出巨大的努力都不能达到理想的效果，因此会造成心理的挫败和无助，进而引起消极情绪的产生，如焦虑、抑郁等[50]。另外，生理缺陷可能导致残障大学生遭到他人的歧视或排斥，对他们的自我认知产生消极的影响，进而引发自我封闭、孤独、多疑、敏感、自卑、抑郁、人际交往障碍、社会适应困难等心理问题[51,52]。其次，认知特点使残障大学生在对外界信息的接收和加工上存在不完整性、片面性等特征，使他们对客观信息的理解存在偏差，容易产生敌对、偏执等心理问题[53]。最后，消极人格特征是残障大学生产生心理问题的重要原因，如自卑、敏感、多疑等人格特征容易使残障大学生形成人际交往障碍、就业心理问题或焦虑、抑郁等心理问题，尤其是消极的自我特征是引发残障大学生心理问题的核心因素，对残障大学生的情绪、人际交往、就业等都会产生很大的负面影响。例如，听障大学生消极的自我认知、自我否定或逃避身份，会使他们产生人际交往、社会适应不良等问

题[30]，自我污名与自尊及幸福感显著相关[55]，视障大学生的自我接纳特点与其应对方式显著相关[54]。

（二）家庭因素

家庭是个体成长的初始环境，对个体的影响是其他环境无可替代的。家庭对个体的影响是以血缘、亲情为纽带，在经济和生存依托的基础上进行的，是个体心理特征的重要影响因素。家庭作为一个动因系统，如家庭结构、家庭经济与社会地位、亲子关系、家庭教育理念与方式、父母的身心特征等都会影响到个体的认知、情感和人格等各个方面，尤其在个体童年时期，家庭对其产生的影响更加重要。英国曼彻斯特的一份对中小学生的调查报告指出，与教育成就有关的主要因素在家庭环境之内，家庭因素的重要性几乎两倍于社会与学校两项因素的总和。

对残障大学生而言，其认知特征、人格特征和心理问题的产生无疑受到了家庭的重要影响。从认知特征上看，残障大学生儿童时期的感知觉、思维和想象等能力是在与家庭成员的交往中形成和发展的，父母对残障儿童的引导和教育对他们的认知发展起着关键的作用。以听障大学生为例，家庭环境是开发听障儿童残余听力的最佳环境，也是对其进行语言训练的最佳环境[57]。从人格特征上看，首先，家庭对残障的态度、家庭教养方式、家庭氛围等对残障大学生的人格特征具有重要影响。父母若不能正确认识残障儿童特殊性，就容易产生不恰当的家庭教养方式，进而对残障子女的人格发展产生不良影响。以视障学生的家长为例，部分家长认为盲童"无用"，生来就是"累赘"，放弃对他们的家庭教育，对孩子不管不问，甚至厌弃，孩子因为感受不到家庭的温暖易形成自暴自弃、冷酷、攻击、情绪不安等心理；部分家长认为盲童十分可怜，对孩子过度溺爱、保护，过分干涉和包办，导致孩子生活技能低下，形成任性、幼稚、依赖性等性格。另外，家长对残障的态度也会影响孩子对残障的态度，从而影响其对自我的认知、自我的接纳和自尊等。其次，家庭经济情况也对残障大学生的人格特征和心理健康产生重要影响。低收入家庭无法满足残障学生的早期干预、教育、生活等需要，不利于满足残障学生各方面的心理需要，进而对其心理健康产生不利影响。有研究表明残障大学生的人际敏感、恐怖和偏执三因子与其家庭经济情况存在显著的相关关系[53]。再次，父母的残障情况对残障学生的心理也存在重要影响，这种影响分为两种情况，一种情况是具有生理缺陷的父母受到自身能力的限制，在对残障学生进行家庭教育、学习辅导等方面存在困难，导致残障学生的发展受到阻碍，从而对其心理发展带来负面影响；另一种情况是具有同类生理缺陷的父母，能够设身处地地理解孩子，形成融洽的亲子关系，从而有利于孩子的身心发展。如有研究表明，父母的残障情况对听障大学生的自尊有显著影响，如果父母也是听障人士，则更有利于听障大学生自尊的发展[30]。

（三）学校教育因素

由于特殊教育发展水平的限制，很多残障大学生从小学阶段就开始寄宿在学校。也就是说，残障大学生大部分时间都是在学校里度过的。因此，校园文化对残障大学生各个方面的发展都具有重要影响。校园文化由物质文化、精神文化和组织制度文化三大部分组成，从广义上讲是指学校的整体文化，包括校容校貌、教学与管理制度、全校师生的共识及所遵循的价值观念与行为准则，以及由此形成的一种精神氛围[58]，也包括校风、班风、人际关系等。校园文化具有隐性的心理健康教育功能，良好的校园文化能够陶冶学生的情操、塑造学生的人格成长、促进学生的社会化[58]、促进正确的"三观"的形成、满足学生的精神需求、培养学生积极向上的心态。对残障大学生来讲，校园文化对他们的心理健康有着至关重要的影响。首先，校园中的环境，尤其是无障碍环境对他们的校园适应、情绪情感、学习等方面都有重要影响。无障碍环境包括物理环境和人文环境，它是残障大学生独立生活与享受平等教育的基础和前提[59]，无障碍设施不完善会给残障大学生的生活和学习带来诸多困难，导致他们产生焦虑、抑郁、不安全感等消极的情绪情感，久而久之，可能会导致残障大学生心理问题的产生。其次，教学和管理制度也对残障大学生的心理健康有重要的影响。缺乏针对性和有效性的教学和管理制度不利于残障大学生获得生活和学习上的支持，无法满足他们的内在需求，可能会造成他们各个方面的困难和压力，从而使他们形成自卑、焦虑、抑郁等情绪。最后，校园的精神氛围会对残障大学生的自我认知、人际交往、社会适应性产生重要影响。对残障大学生存在歧视、排斥的校园氛围会导致残障大学生产生自卑、孤独、人际交往障碍等心理问题，进而不利于他们融入普通的社会生活，并使他们产生社会适应不良。

（四）社会因素

社会是人的总和，反过来对人产生重要的影响。每一个个体都必然生活在一个具有一定特征的社会环境中，并在其政治、经济、文化特征的共同影响下形成相应的心理社会性特征，如在东西方文化差异的影响下形成了东西方人格的差异。在社会的发展进程中，人们对残障的观念和态度不断发生变化，对残障人士的支持和服务不断发生变化，进而使残障人士的物质和精神生活状况不断发生变化。其中，社会对"残障"的认知、态度和社会支持对残障大学生的心理健康有着不可忽视的重要作用。从社会对残障的认知和态度方面来看，人们常常把残障者与低能、行为怪异等特征联系在一起，因此一旦人被贴上"残障"的标签，便意味着可能被歧视和被排斥，在接受教育、就业和社会参与方面遭受不平等待遇。在这种境遇下，即使是接受高等教育、作为国家栋梁的残障大学生也难免受到负面影响，如形成自我污名、自卑、愤世嫉俗、焦虑、抑郁等心理特征。从社会支持方面看，在过去"正常和异常"的二元对立下，残障者通常被贴上被同情、待助的刻板印象[60]。的确，与普通人相比，残障大学生因存在生理器官缺陷而导致自身相应能力缺失或不足，需要社会为其提供一定的支持和服务，而这种需要的满足程度会对他们的物质和精神生活产生重要影响，如社会支持与他们的生活满意度[61]、主观幸福感[62]、学习压力[63]、心理健康水平[64] 等均具有密切的相关关系，拥有良好的社会支持的个体会有比较高的主观幸福感、生活满意度、积极情感和较低的消极情绪[65]。

参考文献

[1] 贺荟中，俊明．视障儿童的认知特点与教育对策［J］．中国特殊教育，2003（02）：43-46.

[2] 曹婕琼．视觉障碍儿童辨音能力的认知研究［D］．上海：华东师范大学，2004.

[3] 刘晴，张小燕，张观珠，等．视力障碍大学生在安静环境和噪声环境下的言语识别能力研究［J］．中国听力语言康复科学杂志，2019，17（06）：433-437.

[4] 马艳云．视听觉障碍儿童的认知能力［J］．中国特殊教育，2004，1：60-63.

[5] 殷晓晗，郜红合．基于盲人认知特征的触觉图形设计［J］．工业设计，2021（09）：86-87.

[6] 付佩茹．女盲童能用鼻子辨颜色［J］．科学大观园，2002，20：29.

[7] 琚四化，毛红琴，梁子浪．听觉通道下盲生与明眼学生时距知觉的比较研究［J］．中国特殊教育，2010（2）：29.

[8] 琚四化．盲生触摸觉表象心理扫描中的距离效应研究［J］．中国特殊教育，2012（6）：34.

[9] 彭聃龄．普通心理学［M］．北京：北京师范大学出版社，2001.

[10] 谌小猛．视力障碍大学生外出活动困难分析的个案研究［J］．绥化学院学报，2017，（01）：1-6.

[11] 雷江华，李海燕．听觉障碍学生与正常学生视觉识别敏度的比较研究［J］．中国特殊教育，2005（08）：7-10.

[12] 张兴利，施建农，黎明．听力障碍与听力正常儿童视觉注意技能比较［J］．中国心理卫生杂志，2007（12）：812-816.

[13] 王庭照．聋人与听力正常人心理旋转能力的比较研究［J］．中国特殊教育，2000（01）：22-25.

[14] 张明，陈骐．听觉障碍人群的注意加工机制［J］．中国特殊教育，2005（08）：11-14.

[15] 贺荟中．听觉障碍儿童的发展与教育［M］．北京：北京大学出版社，2011.

[16] 贺荟中，方俊明．聋人短时记忆研究回顾与思考［J］．中国特殊教育，2003（05）：30-33.

[17] 徐林康．听障生记忆优势和遗忘特点的研究［D］．淮北：淮北师范大学，2021.

[18] 王枫，胡旭君．听力障碍儿童与正常儿童视觉记忆能力比较研究［J］．中国特殊教育，2002，（04）：34-36.

[19] 杨军辉．中国手语和汉语双语教育初探［J］．中国特殊教育，2002（01）：25-29.

[20] 陈穗清，张积家，李艳霞，等．手语词识别的影响因素探讨——手语词的两个网络系统及其交互作用［J］．心理学报，2015，47（07）：878-889.

[21] 陈穗清，张积家．论手语对聋人认知的影响［J］．中国特殊教育，2016（07）：37-43.

[22] 王敬欣. 聋人和听力正常人语言理解和生成的实验研究 [J]. 中国特殊教育, 2000, (1)：8-12.

[23] 张积家, 陈穗清, 张广岩, 等. 聋大学生的词汇习得年龄效应 [J]. 心理学报, 2012, 44 (11)：1421-1433.

[24] 张积家, 芦松敏, 方燕红. 聋人大学生的空间概念及其组织 [J]. 中国特殊教育, 2010 (04)：28-32.

[25] 阳泽, 张香玉. 听障大学生歧视知觉与自尊的关系：自我补偿的调节作用 [J]. 中国特殊教育, 2018 (08)：28-35.

[26] 宋志强, 曲艳. 残疾大想行为特征研究——以北京地区残疾大学生为例 [J]. 教育探索, 2011 (07)：134-137.

[27] 宋志强, 曲艳. 视障大学生思想行为特征调查研究——以北京地区视障大学生为例 [J]. 黑龙江教育学院学报, 2011, 30 (07)：101-103.

[28] 曲海英, 衣晓青, 赵梦迪. 残疾大学生自尊、人格对身体意象的影响研究 [J]. 中国卫生事业管理, 2017, 34 (11)：861-865.

[29] 姜瑞玥, 刘晓瑜. 听障大学生自尊的调查研究 [J]. 绥化学院学报, 2015, 35 (01)：59-62.

[30] 胡雅梅. 聋人大学生身份认同的研究 [D]. 大连：辽宁师范大学, 2005.

[31] 张茂林, 杜晓新, 张伟峰. 聋人大学生与健听大学生人际关系困扰及自尊状况的比较研究 [J]. 中国特殊教育, 2009 (05)：8-11.

[32] 彭顺, 汪夏, 牛更枫, 等. 负面评价恐惧对社交焦虑的影响：基于社交焦虑的认知行为模型 [J]. 心理发展与教育, 2019, 35 (01)：121-128.

[33] 王忠, 孙立恒, 李纯莲, 等. 视障大学生心理健康问题分析及对策 [J]. 东北师大学报 (哲学社会科学版), 2009 (01)：153-156.

[34] 张海丛. 健听大学生与听障大学生人格特征的比较研究 [J]. 中国特殊教育, 2004 (04)：24-27.

[35] 张斐斐. 视力障碍学生人格特质与人际信任的关系研究 [D]. 临汾：山西师范大学, 2012.

[36] 石寿森, 刘志敏, 王洪德, 等. 肢体残疾医科大学生个性及心理健康状况调查 [J]. 神经疾病与精神卫生, 2004 (03)：175-176.

[37] 齐玲. 听力障碍中学生残疾自我污名量表修订及流行病学调查研究 [D]. 武汉：华中科技大学, 2014.

[38] 袁群明, 范志光. 残疾大学生自我污名、知觉压力和希望对自杀意念的影响：有调节的中介模型 [J]. 中国特殊教育, 2021 (07)：19-25.

[39] 李彩娜, 董竹, 王瑶瑶, 等. 大学生抑郁与自我中心：情绪调节自我效能的中介 [J]. 中国特殊教育, 2015 (10)：55-62.

[40] 甘开鹏，刘洪．残疾大学生的心理问题及其调适［J］．湖南第一师范学报，2007（01）：14-15.

[41] 刘在花，许家成，吴铃．聋人大学生心理健康状况研究［J］．中国特殊教育，2006（08）：91-95.

[42] 姜琨，王凯．聋人大学生心理健康状况的调查研究［J］．中国轻工教育，2019（01）：33-37.

[43] 黄柏芳．浙江省盲人学校在校学生心理健康状况调查报告［J］．中国特殊教育，2004（3）：39.

[44] 郑勇军．聋生与盲生心理健康现状的比较分析［J］．教育学术月刊，2008（9）：28.

[45] 蒋雪梅．浅谈高校残疾大学生心理问题及解决对策［J］．青春岁月，2013（17）：176-177.

[46] 陈亚奇．医学院校在校残疾大学生心理和校园生活状况调查分析［J］．产业与科技论坛，2021，20（21）：85-86.

[47] 张旭．大学生自恋与心理适应的关系研究［J］．心理科学，2011，34（05）：1174-1177.

[48] 李楠．上海市残疾大学生就业心理及其相关因素研究［D］．上海：华东师范大学，2012.

[49] 罗笑．聋哑高职生就业心理问题分析及对策研究［J］．湖南工业职业技术学院学报，2014，14（03）：122-124.

[50] 龚乐．残疾大学生教育存在的问题与对策［J］．考试周刊，2018（47）：9.

[51] 刘莎，门瑞雪，范志光．听力障碍大学生残疾态度与抑郁交叉滞后分析［J］．中国学校卫生，2020，41（09）：1350-1353.

[52] 赵泓．聋人大学生身份认同与社会适应的关系研究［D］．大连：辽宁师范大学，2010.

[53] 李强，张然，鲍国东，等．聋人大学生心理健康状况及相关因素分析［J］．中国特殊教育，2004（02）：69-72.

[54] 刘莎，门瑞雪，范志光．自我污名对听障大学生幸福感的影响：自我效能感和自尊的链式中介作用［J］．现代特殊教育，2020（20）：37-41.

[55] 寇蕴．视力残疾大学生自我接纳与应对方式提升的探索［J］．北京教育（德育），2020（04）：51-53.

[56] 吕晓英．家庭教育对特殊儿童心理健康的影响［J］．中国残疾人，2010（05）：59.

[57] 王俊燕，张欣玲．校园文化建设：心理健康教育不可忽视的一条途径［J］．中国科教创新导刊，2009（27）：228.

[58] 吴立奇，罗书伟．浅论心理健康教育与校园环境的关系［J］．当代教育论坛（宏观教育研究），2007（09）：72-73.

[59] 何胜晓，单娟．美国高校的无障碍环境支持及启示［J］．现代特殊教育，2018（18）：

77-80.

[60] 孙玉梅 . 对残疾标签的回应与超越 [J]. 现代特殊教育，2016（12）：73-74.

[61] 李梦琪，李楠柯，高蕊，等 . 残疾人社会支持与心理健康：生活满意度的中介作用 [J]. 心理研究，2016，9（02）：54-60.

[62] 陈欣，杜岸政，蒋艳菊，等 . 聋人大学生社会支持对主观幸福感的影响：乐观的中介作用 [J]. 中国特殊教育，2019（02）：24-29.

[63] 梁兰兰 . 听障大学生学校生活满意度与学习压力、社会支持的关系研究 [D]. 重庆：西南大学，2017.

[64] 冯永强 . 社会支持与残疾人大学生心理健康相关性研究 [J]. 残疾人研究，2011（03）：63-68.

[65] 张羽，邢占军 . 社会支持与主观幸福感关系研究综述 [J]. 心理科学，2007（06）：1436-1438.

第三章
残障大学生积极心理品质的调查研究

本书的第二章对残障大学生的认知特征和人格特征进行了总结与分析，其中重点阐述了残障大学生在这两个方面存在的不足，同时从消极心理学角度总结了残障大学生常见的心理问题，并通过分析发现残障大学生所表现出来的消极心理特征不是与生俱来的，也不是必然具有的。生理缺陷不是导致残障大学生产生消极心理特征的唯一原因，而他们的生存环境是其产生心理问题的重要原因。

在改革开放之前，由于我国的政治、经济、教育等方面的发展水平的限制，多数残障人士劳动能力低下，因此他们生活十分贫困，生理残疾不能得到及时和系统的康复，他们因受教育程度低，被人们所歧视和排斥。自身的缺陷和不良的生存环境不仅使他们的物质生活十分贫瘠，也给他们的心理健康带来极大的负面影响，使整个群体的心理健康处于低水平状态，这种状态又加强了非残疾者对他们的消极认识，从而对其形成了"行为怪异""低能""晦气"甚至"危险源"等消极刻板印象，如此循环，使残障人士陷于越来越不利的处境之中。外界的不利处境不断地内化为他们消极的自我成分，逐渐降低其自我的价值感、能力感、认同感，这是影响他们心理健康的重要原因。

改革开放以来，随着中国社会的不断进步，社会对残障人士的关注和服务不断加强，在生活保障、医疗康复、教育、就业等方面给予他们极大的支持，使残障人士参与社会生活的环境和条件明显改善，生活水平和质量不断提高。我国已经把改善残疾人状况作为全面建成小康社会和构建社会主义和谐社会的一项重要而紧迫的任务，尤其是"2020 年全面建成小康社会，残疾人一个也不能少"更加凸显了我国对残疾人的重视。现在的残障人士在出行、劳动、日常生活等方面的困难越来越少，95％以上的儿童都能接受义务教育，残障人士就业创业得到了全社会的支持，他们的文化生活日益丰富。生存环境的改善不仅改变了残障人士的物质生活状况，同时也为他们的精神生活带来巨大的积极影响，有利于改善其精神状态、提升其心理健康水平，让他们变得积极乐观。这种改变有利于为他们创造接纳、平等的社会氛围，改变人们曾经对残障人士的刻板印象，还有利于增强残障人士对自我的积极评价，使他们不断发展出积极的心理品质。

中国的现代社会是一个和平的、文明的并且解决了温饱问题的小康社会。生活在阳光下的残障人士，尤其是接受了高等教育的残障大学生不应再被视为纯粹的消极心理状态的代表，他们的心理健康与普通人相比，既具有特殊性，也具有共同性，既具有消极特征，也具有积极特征。作为教育者和研究者，我们也应该顺应社会时代发展的必然要求，远离消极而偏向积极，去关注他们的积极心理，通过发掘和培养积极心理品质，提升他们的心理健康水平。

积极心理品质属于在个人层面上的积极个性特征，是指与消极心理相反的心理过程，包括幸福感、满意感、最佳状态、专注与投入、乐观与希望、感恩与宽容等认知和情感。研究者认为人的积极心理品质不是从外部输入的，而是自身固有的。每个人都有积极的品质，这种积极的心理和对生命的热爱一直存在，只不过很微弱。当外部世界过于复杂和险恶时，这些乐观和幸福的潜能很容易被压抑，当人们稍有不顺，或者稍有一些挫败感时，就会产生焦虑或恐惧情绪，当感受到焦虑和恐惧时，就不容易正视自己固有的积极心理和情绪，而只有在一帆风顺时，这种积极性才得以淋漓尽致地表现出来[1]。由此可知，残障大学生必然具有某些积极的心理品质，只是成长环境或社会观念等因素使其积极心理品质受到了压抑或忽视。

第一节　积极心理品质概述

一、积极心理学简介

人存活在世界上，无一不对健康、幸福具有强烈的愿望，人性的共同部分就是人性的积极方面，也就是说不论哪个民族、哪个国家的人，都有自尊、满意、快乐等积极心理品质，并且他们把这些看作是自己追求的生活目标[2]。积极心理品质是积极心理学的重要研究内容之一。积极心理学由马丁·塞利格曼于1998 年提出，它是在批判传统的消极心理学基础上，继承与发扬人本主义心理学的思想与理念，采用主流心理学的研究方法，迅速成长起来的一个新的学术思潮。它是一种致力于研究人的发展潜力和美德的科学，其研究的内容主要涉及三个领域，包括积极的情感体验、积极的个性特征和积极的社会组织系统，也就是从主观、个人及群体三个层面来进行理论建构。在主观层面，主要研究积极的情感体验，包括幸福感和满足（对过去）、快乐和幸福流（对现在）、希望和乐观主义（对未来），研究涉及它们的生理机制以及获得的途径。在个人层面，主要研究积极的个性特征，包括爱的能力、工作的能力、勇气、人际交往技巧、对美的感受力、毅力、宽容、创造性、关注未来、灵性、天赋和智慧，研究集中于探讨这些品质的根源和效果。在群体层面，主要研究公民美德以及使个体成为具有责任感、利他主义、有礼貌、宽容和有职业道德的公民的社会组织，包括健康的家庭、关系良好的社区、有效能的学校、有社会责任感的媒体等[3]。

二、6 大美德与 24 种性格优势

马丁·塞利格曼与其合作者阅读了世界上主要宗教和哲学派别的基本论著，列出它们所推崇的美德，找出各个宗教和哲学派别所共同赞同的美德，最后他们列出了 200 多种美德，并归纳出来 6 个放之四海而皆准的美德：智慧、勇气、仁爱、正义、节制、精神卓越。他们把这 6 种美德作为人的基本品性，并提出了 6 种美德的分类评价，以及达到 6 种美德所需的 24 种性格优势或心理品质。

（一）智慧

智慧包含智力和知识，它是一种认识方面的美德，具体包括如下几种性格优势：①创造力（原创性、独创性）。能以新颖和卓有成效的方式来思考和行动，需要满足有创造性又能解决现实的问题两个条件。②好奇心。发自内心地渴望新经验和新知识，这种渴望能诱发积极的情绪感受，从而激励人们去尝试新的活动，探索新的环境。同时，应对和整合新的经验会使人产生胜任感和掌控感，进而产生更多的积极情绪。③开放性思维。能够根据证据来改变自己的观点，公正地权衡各种证据，而不是固守自己的偏好、计划、目标等。④好学。好学是对未知感兴趣、渴望学习新知识的性格优势，是指一个人全心投入到学习的过程中，其结果不一定是获得一般意义上的成功，而是使人获得更多、更广的知识。在学

习的过程中，个体能够感受到积极的情绪体验。⑤洞察力。能够向他人提出忠告，能够看到世界万物的内在联系，能为自己和他人带来利益。

（二）勇气

勇气是指人在遇到来自外部和内部的阻力时，运用意志力来实现目标的过程中所涉及的情绪方面的美德，它具体包括如下几种性格优势：①勇敢。不惧威胁、挑战、困境或痛苦。②坚韧。坚持完成已经开始的任务，即使遇到挫折也坚持不懈，完成任务时乐在其中。③正直。坚持真理，但是一般以真实的方式展示自己，不装腔作势，表里如一，对自己的言行负责。④活力。以激情和热忱去拥抱生活，做事时不会三心二意，也不会半途而废，它是幸福感的来源。

（三）仁爱

这是一种人际关系方面的美德，表现为关心他人并与他人和睦相处，在公平交换的前提下表现出更多的慷慨、不求回报的善行、对他人的体谅等。它包括以下几种性格优势：①爱。重视与他人的亲密关系，尤其是那些懂得关心和回报的人。②善良。为他人做好事、帮助他人、关心他人。③社会智力。是一种处理人际关系的能力，包括会察言观色、见机行事、成人之美。

（四）正义

这是一种公民美德，最直接的就是指人人平等。它包括如下几种性格优势：①社会责任感。作为一名团队成员能够很好地与大家协作，对团队忠诚，做好分内的事情，对人类的本性持积极的态度，关心国家和群体事务，热心公益、志愿活动和环保事业，希望为下一代创造更美好的世界。②公平。对所有人一视同仁，不因私人感情而有所偏倚，给每个人公平的机会。③领导力。是指能够引导跟随者朝向一个共同的目标并激励他们努力实现这个目标的个人品质，能够勉励自己所属的团体合理高效地完成任务，同时使成员间保持良好关系。

（五）节制

它是一种善于控制、能防止人出现"过犹不及"的错误的美德，具体包括如下几种性格优势：①宽恕。原谅犯错的人，接受他人的缺点，能给人改过自新的机会，不睚眦必报。②谦逊。能够客观地看待自己的贡献，不哗众取宠，不认为自己高人一等。③谨慎。小心地作出决定，不去冒无谓的风险，不做追悔不及的事情，往往能抵抗得住短期利益的诱惑，高瞻远瞩，避免因小失大。④自我调节。调节自己的感受和行为，严于律己，克制自己的欲望和行为。

（六）精神卓越

它是指个体与他人、社会、自然界建立有意义的联系的能力，包括如下几种性格优势：①对美和卓越的欣赏。能够领略各种领域中的美丽、卓越和才能，包括自然、科学、日常生活体验等。②感恩。时常对身边所发生的好事表示感激。③乐观。期望未来会发生最好的事并努力让梦想成真，认为自己能够实现梦想。④幽默。喜欢笑和逗趣，能使他人面带春色，能看到事物阳光的一面。⑤灵性。知道自己在宇宙中的位置，对更高的目标和宇宙的意义持有一致的信仰，并从中得到慰藉。

在过去的近一个世纪中，心理学家的主要注意力集中于消极心理学的研究，局限在对人类心理问题、心理疾病的诊断与治疗，对残障人士心理的聚焦点更是如此，很少有人关注残障人士的性格优势或积极心理品质。相对于消极心理学而言，积极心理学倡导心理学的积极取向，以研究人类的积极心理品质、关注人类的健康幸福与和谐发展为主要内容，试图以新的理念、开放的姿态对心理进行诠释与实践。随着积极心理学的兴起和发展，部分心理学家倡导要用一种更加开放、更加积极的眼光去看待人类的潜能和价值，强调从正面而不是从负面来研究人类的心理。由此，残障人士积极心理也受到了一些研究者的关注，如对听障中学生的感恩、三种障碍类型学生的主观幸福感及其影响因素等的研究。这些研究显示了残障学生的积极心理与普通人既存在相似的水平，又存在一定的劣势。如以幸福感的研究为例，听障大学生的主观幸福感比普通大学生低，智力障碍儿童的主观幸福感与普通儿童相似，肢体残障青年的生活质量比普通人低等。究其原因，除了不同程度的生理缺陷导致的能力不足使其社会生活受限之外，家庭教养方式、社会参与度、社会的支持等都会对残障大学生的主观幸福感产生影响[4]。

第二节　残障大学生社会责任感的调查研究

在积极心理学中，社会责任感是积极的心理品质之一，是人们在一定社会历史条件下所形成的对他人、对社会承担相应职责，履行各种义务和使命的一种强烈的自律意识和人格素质，它反映一个人的社会化和人格完善的程度[5]。如果一个人认为自己对公共利益负有义务，并在情感上认同这种义务感，那么这个人就具有较强的社会责任感。社会责任感强的人常常具有较强的使命感，其社会信任水平高，具有良好的团队精神，对朋友忠诚，对人类的本性持积极态度，关心国家和群体事务，热心公益、志愿活动和环保事业，希望为下一代创造一个更美好的世界。社会责任感体现在人际交往和社会关系中，它促使一个人看重自己与他人、与群体的社会纽带，并努力保持和增强这种关系。它让个人不会仅仅局限于一己的得失，而是更多地关注他人福祉、群体效益和社会利益。社会责任感强的人绝不会为了个人利益而牺牲他人或群体的利益。

《国家中长期教育改革和发展规划纲要（2010—2020年）》中把"着力提高学生服务国家服务人民的社会责任感"作为未来教育的战略重点，同时党的十八届三中全会也明确要求"增强学生社会责任感、创新精神、实践能力"。残障大学生作为社会主义的接班人和建设者，其社会责任感对中国社会的发展具有十分重要的意义。因此，了解残障大学生社会责任感的特征，并有针对性地培养其社会责任感应该成为高等特殊教育关注的重点。但目前国内社会责任感的研究主要集中在对普通大学生社会责任感特征的总结和培养方法的探索，对残障大学生社会责任感的研究较少。为此，研究者以长春某高校特殊教育学院的残障学生为研究被试，对其社会责任感的状况进行调查研究，探讨残障大学生社会责任感的特征及其影响因素，为高校残障大学生的心理健康服务提供参考。

一、研究对象、方法与工具

（一）研究对象

研究以长春某高校视力障碍大学生、听力障碍大学生和普通大学生为研究被试，视障大学生154人，其中男生95人，女生59人，低视力94人，全盲60人，有融合教育经历的122人，无融合教育经历的32人；听障大学生185人，其中男生74人，女生111人，听力一级残疾150人，二级残疾32人，三级残疾3人，四级残疾0人，有融合教育经历的92人，无融合教育经历的93人；普通大学生134人，其中男生33人，女生101人。

（二）研究方法与工具

研究采用刘海涛、郑雪、聂衍刚编制的《大学生社会责任心理量表》作为研究工具，对长春某高校的视障大学生进行问卷调查。该量表共有66个题目，由社会责任态度、社会责任动机、社会责任策略、社会责任内容4个分量表组成。社会责任态度是对社会责任的总的认识、态度体验及行为表现，表现出稳定的心理特点，包括认知成分、情绪成分和行为倾向；社会责任动机是个体参与社会责任的根本动力，包括自我约束要求、自我价值实现和避免舆论压力三个方面；社会责任策略指个体在承担社会责任中采用的策略，包括主动承担和逃避承担两个方面。社会责任内容包括为个人责任感、家庭责任感、社会责任感、集体责任感四个方面。采用5点量表计分方式，完全不符合计1分，比较不符合计2分，不确定计3分，比较符合计4分，完全符合计5分，其中第6、8、12、17、19、23、28、30、34、38、44、52、58、59题为反向计分。总分越高，社会责任感水平越高。该量表重测信度为0.85，α系数为0.90。

二、视障大学生社会责任感的调查结果

（一）视障大学生与普通大学生的社会责任感水平比较

表3-1为视障大学生与普通大学生的社会责任感水平比较结果。由此表可知，视障大学生的社会责任感总分及其四个维度的p值均小于0.01，说明其水平均显著高于普通大学生。

表3-1 视障大学生与普通大学生社会责任感水平的t检验（$M\pm$SD）

维度	视力障碍大学生	普通大学生	t
社会责任态度	82.70±8.94	78.18±9.91	4.06**
社会责任动机	71.72±7.32	68.37±8.67	3.55**
社会责任策略	35.90±4.57	33.77±5.30	3.65**
社会责任内容	85.93±9.10	81.62±10.47	3.73**
社会责任感总分	276.25±27.79	261.94±32.168	4.04**

**代表$p<0.01$。

（二）社会责任感在视力程度上的比较分析

研究进一步按视力程度将大学生分为正常视力、低视力和全盲三种类型，其在社会责任感水平上的比较结果如表3-2所示。

表 3-2　社会责任感在视力程度上的单因素方差分析 （$M \pm SD$）

维度	正常视力大学生（$n=134$）	低视力大学生（$n=94$）	全盲大学生（$n=60$）	F
社会责任态度	78.18±9.91	83.23±9.46	81.85±8.06	8.66**
社会责任动机	68.37±8.67	72.38±7.85	70.66±6.30	7.17**
社会责任策略	33.77±5.30	36.54±4.56	34.86±4.44	8.88**
社会责任内容	81.62±10.47	87.49±9.40	83.41±8.07	10.36**
社会责任感总分	261.94±32.168	279.64±29.33	270.78±24.367	9.87**

**代表 $p<0.01$。

由表 3-2 可知，正常视力大学生、低视力大学生和全盲大学生的社会责任感在 $p<0.01$ 水平上存在显著差异。检验结果表明：从社会责任感总体水平上看，低视力大学生和全盲大学生的社会责任感水平显著高于正常视力大学生，低视力与全盲大学生之间不存在显著差异。在四个维度上的比较结果显示：在社会责任态度维度和社会责任动机维度上，低视力大学生的得分均最高，正常视力大学生得分均最低，而且低视力和全盲大学生的得分均显著高于正常视力大学生，但低视力和全盲大学生的得分不存在显著差异；在社会责任策略和社会责任内容维度上，低视力大学生的得分最高，全盲大学生得分次之，正常视力大学生得分最低，三者之间均存在显著差异。

（三）社会责任感在视障大学生的性别、融合教育经历上的比较分析

由表 3-3 可知，视障大学生的社会责任感总分及社会责任态度、社会责任策略、社会责任内容三个维度的得分在性别上均无显著差异，但在社会责任动机上，女生得分在 $p<0.05$ 水平上显著高于男生，社会责任感总分及四个维度的得分在融合教育经历上均无显著差异。

表 3-3　社会责任感在视障大学生的性别、融合教育经历上的差异检验 （$M \pm SD$）

维度	性别		t	有无融合教育经历		t
	男	女		有	无	
社会责任态度	82.07±9.63	83.71±7.70	−1.10	82.54±9.37	83.28±7.48	−0.40
社会责任动机	70.99±7.94	72.90±6.08	−1.58*	71.41±7.60	73.21±6.03	−1.18
社会责任策略	35.58±4.74	36.41±4.27	−1.09	35.80±4.68	36.07±4.24	−0.29
社会责任内容	84.97±9.74	87.47±7.80	−1.67	85.85±9.37	85.93±8.52	−0.04
社会责任感总分	273.61±29.9	280.49±23.5	−1.50	275.60±28.8	278.48±24.8	−0.49

*代表 $p<0.05$。

三、听障大学生社会责任感的调查结果

（一）听障大学生与普通大学生的社会责任感水平比较

由表 3-4 可知，听障大学生的社会责任态度、社会责任动机得分及社会责任感总分显著低于普通大学生，在社会责任策略和社会责任内容上均无显著差异。

表 3-4　听障大学生与普通大学生社会责任感水平的 t 检验 （$M \pm SD$）

维度	听障大学生（$n=185$）	普通大学生（$n=134$）	t	p
社会责任态度	72.27±8.97	78.18±9.91	−5.46**	0.00
社会责任动机	65.30±8.34	68.37±8.67	−3.17**	0.00
社会责任策略	33.16±4.38	33.77±5.30	−1.08	0.28
社会责任内容	79.29±10.84	81.62±10.47	−1.93	0.06
社会责任感总分	250.03±30.085	261.94±32.168	−3.35**	0.00

**代表 $p<0.01$。

（二）社会责任感在听力程度上的比较分析

社会责任感水平在一级听力残疾、二级听力残疾和三级听力残疾三个类型上的比较结果如表 3-5 所示。

表 3-5　社会责任感在听力程度上的单因素方差分析 （$M \pm SD$）

维度	一级听力残疾（$n=150$）	二级听力残疾（$n=32$）	三级听力残疾（$n=3$）	F
社会责任态度	71.93±8.42	74.28±11.27	67.67±6.81	1.31
社会责任动机	65.11±7.96	66.69±9.99	60.00±7.21	1.09
社会责任策略	33.11±4.26	33.75±4.96	29.67±3.51	1.26
社会责任内容	79.19±10.22	80.16±13.67	75.33±10.02	0.31
社会责任感总分	249.34±28.233	254.87±37.907	232.67±27.392	0.95

由表 3-5 可知，一级听力残疾、二级听力残疾和三级听力残疾的残障大学生的社会责任感总分及在四个维度上的得分均不存在显著差异。

（三）社会责任感在听障大学生的性别、融合教育经历上的比较分析

由表 3-6 可知，听障大学生的社会责任感各维度得分和总分在性别上均存在显著差异，女生的社会责任感显著高于男生。听力障碍大学生在社会责任感四个

维度上的得分和总分在有无融合教育经历上均不存在显著差异。

表 3-6　社会责任感在听障大学生的性别、融合教育经历上的差异检验　（$M \pm SD$）

维度	性别		t	有无融合教育经历		t
	男	女		有	无	
社会责任态度	68.8±8.93	74.52±8.29	−4.32**	72.04±9.04	72.49±8.94	−0.34
社会责任动机	62.6±9.25	67.10±7.17	−3.53**	65.30±8.60	65.30±8.12	0.00
社会责任策略	31.9±4.30	33.95±4.28	−3.04**	32.93±4.61	33.39±4.16	−0.70
社会责任内容	76.72±13.76	81.01±9.00	−2.51**	78.74±11.64	79.84±10.02	−0.69
社会责任感总分	240.20±33.0	256.58±26.0	−3.58**	249.02±31.7	251.02±28.6	−0.45

**代表 $p < 0.01$。

四、讨论与分析

（一）残障大学生和普通大学生社会责任感的差异

根据研究结果可知，视障大学生的社会责任感高于普通大学生，听障大学生的社会责任感低于普通大学生。

一般认为，视障大学生由于视觉器官的功能缺陷，在生活和工作能力上与普通人存在一定的差异，他们是社会中的弱者，在一般情况下都是被动地依赖他人和社会，为此，他们不必在家庭和社会中承担义务和责任。因此，视障人士因为在承担社会责任的能力上的不足和对社会的低期望而具有较低的社会责任感。已有的关于视觉障碍儿童的人格研究表明，视障儿童对社会责任感的态度表现为漠不关心[6]。而本研究结果显示，低视力和全盲两类视障大学生在社会责任感的四个维度上的得分和总分均显著高于正常视力大学生，这与宋志强、曲艳（2011）的研究结果相似[7]。这个结果可能与视障大学生的自我情感体验有关，尤其是自卑和自尊心理。

视觉障碍大学生由于器官的缺陷而会产生自卑感，而自卑感和追求优越是密切相关的。个体感到自卑，因而通过富有成就的追求来克服这种自卑感[8]，这使他们努力发展其他方面的能力，如听觉、触觉、嗅觉等方面，并在相关的职业领域取得突出的成就，如音乐、推拿、针灸等领域。阿德勒认为，自卑感不是变态本身，它是人类地位提升的缘由[9]。众所周知，视障大学生能够进入高等学校接受高等教育，需要付出比普通大学生更多的努力，克服更多的困难。一方面他们希望自己能够自力更生，避免成为家庭和社会的负担，另一方面他们要通过为他人、家庭和社会作出一定的贡献，证明自己具有一定的能力和存在价值，证明自己比其他个体更加优秀，寻求自我感觉良好的体验，最大限度地提升自我价值感[10]，以此补偿由器官缺陷引起的自卑感。另外，视觉的缺陷会在一定程度上影响视觉障碍个体自尊的发展。如王忠（2009）认为视障大学生时常担心受到别人的同情、嘲笑和歧视，所以许多视障大学生表现出强烈的高自尊[11]。这种强烈的高自尊使视障个体在社会生活中不甘人后，想要尽量展现自己的能力，为他人、家庭和社会多作贡献，引起他人的关注，赢得他人的尊重。另外，社会常将视障人士视为弱势群体，而很多视障人士在内在意识和外在行为上表现出对这种社会建构的抵触，并尝试在各种情境中改变这种社会建构。所以他们力图在普通人面前展现自己的能力。某些视障者会产生作为群体代表的自觉，竭力操演好群体的身体形象，以"盲"的形式抗争着社会对视障者形象的建构[12]。视障大学生作为视障群体中的精英，拥有比一般视障者更高的自我价值感，他们之中大部分个体不愿意接受作为弱势群体的社会建构，甚至对他人的帮助存在抵触情绪。因此，在社会责任感的问卷调查中，他们也可能为了维护高自尊和维护视障群体的良好形象，有意做出高社会责任感的选择，导致视障大学生社会责任感的整体水平高于视力正常的大学生。

调查研究结果表明，听障大学生的社会责任态度、社会责任动机得分和社会责任感总分均显著低于普通大学生，社会责任内容和社会责任策略的得分与普通大学生无显著性差异。社会责任感是人们在一定社会历史条件下形成的对他人、对社会承担相应职责，以及履行各种义务和使命的一种强烈的自律意识和人格素质，与人所处的社会关系存在必然联系，作为社会意义上的人，正是在各种社会关系中形成了责任感。社会认同感和归属感在一定程度上是个体社会关系状况的体现，也会影响个体的社会关系，即一个人的社会认同感和归属感越强，越能够与社会建立紧密的、积极的联系，从而越容易形成高度社会责任感。听障人士由于听觉器官的缺陷，在与普通人沟通的时候存在一定的障碍，这导致他们人际疏离，普遍存在孤独感，缺乏社会归属感[13]，这对他们的社会责任感的形成势必会造成不利影响。同时，听障人士也因为语言沟通的特点形成了他们自己的独特文化——聋人文化，在面对双重文化，即听人文化和聋人文化的情境下，听障大学生表现出了不同的倾向性，有的更加认同听人文化，有的更加认同聋人文化，进而使他们形成了不同的身份认同。国外研究者格里克曼最先从文化视角对聋人身份认同进行了深入的研究，他将聋人身份认同划分为四种类型：听人身份认同、边缘型身份认同、沉浸型聋人身份认同和双文化身份认同。持听人文化身份认同的聋人，多以残疾的视角看待耳聋的事实，认为聋是一种生理缺陷，他们更倾向于认为听人文化优于聋人文化，因而更追求和靠近听人的生活方式。持边缘型身份认同的聋人，他们既无法熟练地使用手语与其他聋人交流，也无法利用口语与听人建立密切联系，因此在聋、听两个群体中都无法产生归属感，造成自我身份认同的混乱。沉浸型聋人身份认同的聋人，会明确区分聋人群体与听人群体、聋人文化与听人文化，他们完全融于聋人群体，并认为聋人文化优于听人文化。持双文化身份认同的聋人，对聋、听两种文化都抱有尊重的态度，对两种文化各自的优势和弱势有相应了解，他们可以自在地与听人或聋人进行交往。国内学者研究表明，听力损失越严重，越倾向于认同聋人文化。在本研究的听障大学生被试中，约80%为一级听力残疾学生，由上述学者的研究结果可推知，本研究中的多数听障大学生应该更加倾向于对聋人文化的认同，而缺乏对听人文化的认同，进而缺乏对普通人社会的认同感和归属感，这对其社会关系的形成造成了负面影响，从而影响了他们社会责任感的形成。上述两个原因可能是导致听障大学生社会责任感低于普通大学生的主要原因。

综上所述，导致视、听障大学生与普通大学生社会责任感存在差异的原因是多方面的。其中，生理缺陷虽然是一个重要的原因，但不是决定性的。就视障大学生而言，视力缺陷并没有使他们甘愿成为社会的弱者，而是更加激发了他们为自己、为家庭、为社会努力的责任意识和行为倾向；就听障大学生而言，听力缺陷导致的沟通障碍使他们在社会认同感和社会归属感方面受到了一定程度的影响，进而对他们社会责任感的形成产生了不利影响。

（二）不同残障程度大学生社会责任感比较

不同视力障碍程度大学生的社会责任感多重比较结果显示，在社会责任态度维度和社会责任动机维度上，低视力大学生得分和全盲大学生之间的差异不显著；在社会责任策略和社会责任内容上，低视力大学生得分均高于全盲大学生。低视力大学生和全盲大学生作为视觉障碍者，都具有通过承担社会责任补偿自卑、追求优越的倾向，因此他们在对社会责任的认识和态度上具有一致性，而二者在现实的能力上存在着客观的差异，即低视力大学生的学习、生活和工作能力比全盲大学生高，甚至和普通大学生相差无几。视力障碍程度的差异导致了能力的差异，能力的差异决定了不同视力级别的大学生在社会生活中能够承担的责任内容和方式的差异。因为低视力大学生的能力较强，相对于全盲大学生而言更加有能力主动承担社会责任，且承担的责任内容也更多。

不同听力障碍程度大学生的社会责任感多重比较结果显示，社会责任感在不同听力障碍程度的大学生之间不存在显著差异。与视障大学生不同，随着现代科学技术的发展，助听器、人工耳蜗等设备能够有效地提升听障大学生的听力水平，再加上手机等电子设备的辅助，使他们在接收信息、理解和交流上与普通人没有极其明显的差别，因此，听力障碍程度对其社会责任感的影响不大。

（三）残障大学生社会责任感在融合教育经历上的差异

根据研究结果可知，视、听障大学生的社会责任感在融合教育经历上差异不显著，即融合教育的经历对视、听障大学生的社会责任感水平不存在显著的影响。根据社会责任感的概念可知，社会责任感是一种自律意识和人格素质，势必会受学校教育经历的影响。在特殊教育学校的义务教育课程中，从一年级到九年级分别开设了"品德与生活""品德与社会""思想品德"课程。中华人民共和国教育部制定的《盲校义务教育品德与生活课程标准（2016 年版）》非常清晰地体现了义务教育对特殊学生社会责任感培养的重视，如一至二年级的"品德与生活"课程把负责任、有爱心的生活作为课程设计的主要思路，把自信向上、诚实勇敢、有责任心作为情感目标，把家庭责任作为重要的教学内容；三至六年级的"品德与社会"课程把培养有责任心、有良好的行为习惯和个性品质作为教育理念，把培养有责任心的品质作为情感目标之一，把对家庭、学校、社区、国家的责任感的培养作为重点教学内容；七至九年级的"思想品德"课程把帮助初中学生过积极健康的生活、做负责任的公民作为课程的核心，把培养有责任心的人作为情感目标之一，把对自己、家庭、集体、国家的责任感作为重要的教学内容。由此可知，社会责任感的培养是特殊教育学校义务教育阶段德育工作的重要组成部分。在普通义务教育中，把责任担当作为中国学生发展核心素养的重要品质仍然是德育工作的重要内容。综上所述，残障学生无论是在特殊教育学校还是在普通学校学习，社会责任感的培养都是他们德育课程中的重点，因此，从教育经历的影响角度看，残障大学生的社会责任感水平不会因在特殊教育学校或普通学校的教育经历而存在显著的差异。

（四）残障大学生社会责任感的性别差异

视障大学生的社会责任感总分及社会责任态度、社会责任策略、社会责任内容三个维度的得分在性别上均无显著差异，但在社会责任动机上，女生得分显著高于男生，即女视障大学生在自我约束、实现自我价值和避免舆论三个方面的动机高于男生。女听障大学生的社会责任感总分及四个维度得分均显著高于男生，这与普通大学生社会责任感的性别差异研究结果一致[14]。已有研究主要从不同性别大学生的人格特质和性别角色的差异方面对普通大学生社会责任感的性别差异进行分析，认为女生较男生更心思细腻，对于别人的帮助感悟可能会更深刻，所以也更愿意在自己能力允许的时候，对家庭和社会承担起相应的责任。

无论是普通人还是残障人士，中国传统社会文化对女性在社会生活中的要求和约束均多于男性。如在言谈举止、人际关系、道德等方面对女性均比对男性的要求更高，女性也更容易受到舆论的非议。因此，女性在社会文化的影响下形成了比男性更高的自我约束要求。在中国历史上，女性曾被视为附属于男性的存在，古人认为女性"在家从父，出嫁从夫，夫死从子"，将女性服从男性视为理所应当。随着时代的发展，在主张男女平等的现代社会，女性不再被视为是男性的附属品，而是独立自主的个体，这使现代女性产生更加强烈的实现自我价值的动机，她们试图通过在工作、家庭生活、其他社会活动中承担更多的责任、做出更多的贡献来实现自己的价值。同时，女性更容易受到社会评价的影响，而男性则对自身的成就和发展有更多的关注。因此，女大学生更有可能为避免消极的社会评价而积极主动地表现出一定的亲社会行为，这导致其更愿意承担社会和家庭中的责任。

有研究表明，女性的自我控制能力显著优于男生，且随着年龄的增长，女性自我调节的能力显著优于男性。因此，女大学生的自我约束能力较男生高，这对她们形成较强的社会责任感也有一定影响。

五、残障大学生社会责任感的研究结论

从整体上看，对视障大学生和听障大学生社会责任感的调查得出以下三个方面的结论：①视障大学生的社会责任感水平高于普通大学生，且低视力的学生社会责任感水平最高，听障大学生的社会责任感低于普通大学生；②融合教育经历对残障大学生的社会责任感水平不存在显著影响；③女性残障大学生的社会责任感高于男性残障大学生。

很多人认为，残障者是社会中的弱势群体，他们不必为社会、家庭履行责任和义务，所以他们的社会责任感水平一定很低。但事实并非如此，如积极心理学所认为的，社会责任感作为一种积极的人格特征，是人天生的优势性格，其水平的高低主要受外界环境的影响。残障大学生与普通大学生相比，生理器官的缺陷

是无法改变的事实，这对其思想、能力发展等方面必然造成很多负面影响，进而影响其社会责任感的水平，但这种负面的影响也不是绝对的，如本研究结果显示，视障大学生具有较高的社会责任感，而听障大学生的社会责任感水平较低。因此，器官损伤这一客观事实固然能够对社会责任感产生影响，但其他因素对残障大学生社会责任感的影响也是不容忽视的。

第一，残障大学生对生理器官缺陷、自我及社会之间的关系的认识对其社会责任感有重要影响。不合理的认知，即因为生理缺陷而感到不如别人，认为自己对他人、家庭和社会毫无价值，或者认为自己存在生理缺陷，他人、社会就必须照顾自己，而自己不需要对他人和社会尽任何义务等，会促使残障大学生形成低水平的社会责任感。相反，如果个体能够接纳生理缺陷，客观地认识自我，形成合理的自我价值感、自我同一性、自尊等，自我和社会环境产生积极的交互，那么就会形成较高的社会责任感。社会责任感的特征在某种程度上也体现了残障大学生对自身的生理缺陷、自我和社会的关系的认知特征。具体而言，视障大学生较高的社会责任感在一定程度上能够说明他们对自身的生理缺陷与自我的能力、价值等的关系有合理的认知，对自己在社会中的角色，或自我与社会（家庭、集体、学校、国家）的关系有合理的认知，而听障大学生恰恰表现出相反的特征。但具有较高的社会责任感并非绝对代表了视障大学生对生理缺陷、自我和社会的关系具有正确的认知。或许他们试图通过承担较多的社会责任来满足他们过度的自卑、过强的自尊心或改变视障群体的社会形象的需求，即较高的社会责任感恰恰体现了他们对生理缺陷、自我和社会关系的不合理认知。因此，相关高等特殊教育工作者应该帮助残障大学生形成对生理缺陷、自我和社会三者之间关系的正确认知，把自我的价值感与社会的发展联系在一起，从而形成积极的社会责任感，并以此为支撑点促进他们知识的学习、技能的习得和思想的进步。

第二，社会对残障大学生的态度会影响其社会责任感。根据社会责任感的概念可知，较强烈的社会认同感和归属感、健全的人格、较高的自我价值感都是形成社会责任感的重要条件。社会对他们的接纳、包容、尊重等积极态度能够提升他们的社会认同感和社会归属感，对培养残障大学生的健全人格具有积极的作用，有利于提高其自我价值感，进而对其社会责任感的形成产生积极的影响。尤其是听障大学生这一群体，他们的社会责任感水平较低，促进他们对社会文化的认同，使他们能够更好地融入社会，建立起良好的社会关系是提升其社会责任感的重要途径。随着我国社会的发展和进步，残障人士所生活的物理环境和文化环境都得到了巨大的改善，越来越多的人能够积极地看待残疾、接纳和尊重残障人士，但是若要实现残障人士和普通人完全的融合还需要作出更多的努力，其中大力发展融合教育是促进融合的关键。

第三，学校教育对残障大学生社会责任感的培养，对其社会责任感的形成具有重要意义。很多高校过于关注残障大学生职业技能的培养，而忽视了对其社会责任感的培育，或者培育缺乏系统性。根据国家的育人要求和社会责任感的重要意义，高校应该树立社会责任感的培育理念，把专业教育与思想政治教育相结合，协力建设残障大学生社会责任感培育体系。如，专业教师可以将社会责任感作为支撑点，引导学生明晰知识的学习、技能的习得与能力的提高、个人的发展、社会的发展之间的关系，鼓励他们通过积极努力地学习知识和技能，更好地承担起对自己、他人、家庭、社会的责任，进而增强学习动机，提高学生的学习效果。辅导员可以以社会责任感为切入点，进行价值引导、思想引导、行为引导，帮助残障大学生形成正确的世界观、人生观、价值观，激发他们的使命感，促使他们把自身价值的实现与国家发展、社会进步紧密联系在一起，使其更好地融入社会，真正成为时代和生活的强者，成为实现中华民族伟大复兴的主力军。

第三节　残障大学生感恩心理的调查研究

gratitude（感恩）一词源于拉丁词根 gratia（意为优美、高尚、感谢），衍生出来的意思就是带着善良的心、慷慨的心做事，感受给予和获得之美。有人从广义上把感恩定义为对外界（自然、社会）的积极刺激进行感知后，产生的持久、稳定的心理状态，并由此形成了积极的关系[1]。有人从狭义上将感恩定义为个体对他人帮助产生的感激之情，它是一种人际情感，强调人际间的感恩[15]。

有人认为感恩是一种特质，即在任何情况下都会对施惠者表现出感恩的情感和反应，但也有人认为，感恩具有情境性，随着情境的变化表现出一定的波动性。目前人们更愿意接受一种整合的观点，即感恩作为一种特质具有一定跨情境的稳定性，但情境对人们是否做出感恩和感恩强度的大小也有一定影响。

感恩在人际交往中无处不在，亲子之间、朋友之间、伴侣之间和其他普通的社会关系间均存在感恩。但是，不同的人在对感恩的认知、情感、行为上会存在差异，即感恩存在人格特征上的差异。具有感恩倾向的人在日常生活中会有更强烈、更频繁的感恩体验，更广泛的感恩范围，以及更密集的感恩对象。第一个层面称为强度，与感恩倾向较弱者相比，具有较强感恩倾向的个体在遇到积极事件时能够体验到更强烈的感激心情。第二个层面称为频度，与感恩倾向较弱者相比，具有较强感恩倾向的个体能够在一天当中多次体验到感激心情。第三个层面称为广度，具有较强感恩倾向的个体对生活中很多事情都会产生感激心情，而对于感恩倾向较弱者来说，生活中使他感激的事情较少。第四个层面称为密度，对于某一积极结果，具有较强感恩倾向的个体可能会列举很多感激的对象，如父母、朋友、老师等，而对于感恩倾向较弱者来说，则只对很少人产生感激心情。已有研究表明，感恩有利于人获得更多的幸福，消除消极的情绪，获得更多的人际支持，有助于提升宽容的程度，抑制破坏性的人际行为[1]。因此，培养个体的感恩倾向对其心理健康具有重要的价值。

从已有的研究来看，关于大学生感恩的特点和培养的研究已经受到了相关领域的关注，尤其是对大学生感恩的培育研究十分丰富，但关于残障大学生感恩的研究较少。对于残障大学生来讲，其生理的缺陷难免给他们的生活和学习等方面带来许多困难，他们更加需要社会的支持和协助。作为受惠者，在获得恩惠之时，他们是否在感受到恩惠时怀有感恩之心，这对其获得更多的社会支持、获得主观幸福感、降低焦虑情绪和提升心理健康水平等都有重要影响。王艺霖（2020，2021）对112名肢体残障大学生的感恩现状进行了调查研究，发现肢体残障大学生感恩水平较高，男生感恩水平显著低于女生，家庭支持与残疾大学生感恩水平呈正相关关系，并对感恩具有明显的预测作用[16]。她的另一项研究发现，肢体残障大学生的感恩与个体的焦虑呈负相关[17]。目前还缺乏关于视力和听力障碍大学生的感恩特征的研究，为此，本节对视力和听力障碍大学生的感恩心理进行调查研究，以探索他们感恩的特点，为残障大学生的心理健康服务提供参考。

一、研究对象、方法与工具

（一）研究对象

研究选取吉林省某高校特殊教育学院大一至大四视力障碍大学生、听力障碍大学生和普通大学生作为调查对象。视力障碍大学生共113人，其中女生63人，男生50人，独生子女35人，非独生子女78人；听障大学生351人，其中男生130

人，女生 221 人，独生子女 85 人，非独生子女 266 人；普通大学生共 146 人。

（二）研究方法与工具

研究采用了孙文刚等人修订的《大学生感戴量表（GRAT）》，该量表在国内被广泛应用，具有较好的信度和效度，分半信度为 0.90，量表内部一致性系数为 0.89。在内容方面，该量表主要从三个维度来考察一个人是否懂得感恩，包括剥夺感的缺失（充实感）、对自然事物的感激和对社会的感激三个方面。在计分方式上采用了五点计分法，即非常不同意计 1 分，不同意计 2 分，不一定计 3 分，同意计 4 分，非常同意计 5 分。剥夺感的缺失（充实感）这一维度中的问题采取反向计分方式，与其他维度得分相加计算总分，总分越高，越懂得感恩。

二、视力障碍大学感恩心理的调查结果

（一）视力障碍大学生和普通大学生感恩心理的比较

如表 3-7 所示，视力障碍大学生在剥夺感的缺失、对社会的感激、对自然事物的感激三个维度上的得分与感恩总分均低于普通大学生，但均无显著差异。

表 3-7　视力障碍大学生和普通大学生感恩心理各维度与总分的比较（$M\pm SD$）

维度	视障大学生（$n=113$）	普通大学生（$n=146$）	t	p
剥夺感的缺失	54.82 ± 8.16	55.73 ± 9.97	1.68	0.92
对社会的感激	42.60 ± 6.78	42.74 ± 5.79	0.41	0.06
对自然事物的感激	21.79 ± 4.17	23.62 ± 3.97	-2.80	0.48
感恩总分	119.21 ± 13.90	122.09 ± 15.38	0.32	0.84

（二）视力障碍大学生感恩心理在性别上的差异检验

如表 3-8 所示，在视力障碍大学生中，不同性别视力障碍大学生在感恩总分、对社会的感激和对自然事物的感激维度上不存在显著性差异，在剥夺感的缺失维度上存在显著差异，女生显著高于男生。

表 3-8　视力障碍大学生感恩心理的性别差异（$M\pm SD$）

维度	男（$n=50$）	女（$n=63$）	t	p
剥夺感的缺失	53.24 ± 9.391	56.08 ± 6.861	-1.87	0.05

续表

维度	男（$n＝50$）	女（$n＝63$）	t	p
对社会的感激	42.48±6.572	42.70±6.997	−0.17	0.88
对自然事物的感激	21.34±4.289	22.14±4.063	−1.47	0.38
感恩总分	117.06±14.517	120.92±13.214	−1.02	0.42

（三）视力障碍大学生感恩心理在同胞状态上的差异检验

根据表 3-9 所示，独生子女和非独生子女视力障碍大学生的感恩总分以及各维度的得分并不存在显著性差异。

表 3-9　视力障碍大学生感恩心理在同胞状态上的差异检验 （$M±SD$）

维度	独生子女（$n＝35$）	非独生子女（$n＝78$）	t	p
剥夺感的缺失	54.03±8.06	55.18±8.24	−0.69	0.78
对社会的感激	42.77±6.68	42.53±6.87	0.18	0.94
对自然事物的感激	22.60±3.9	21.42±4.24	1.40	0.83
感恩总分	119.40±14.98	119.13±13.49	0.10	0.46

三、听力障碍大学感恩心理的调查结果

（一）听力障碍大学生与普通大学生感恩心理的比较

为了考察听力障碍大学生感恩心理的基本特点，将听力障碍大学生与普通大学生的感恩心理进行独立样本 t 检验，结果如表 3-10 所示。

表 3-10　听力障碍大学生与普通大学生感恩心理各维度与总分的比较 （$M±SD$）

维度	普通大学生（$n＝146$）	听力障碍大学生（$n＝351$）	t	p
剥夺感的缺失	55.73±9.97	49.99±8.94	6.46	0.00
对社会的感激	42.74±5.79	41.74±6.40	1.74	0.08
对自然事物的感激	23.62±3.97	23.08±4.11	1.39	0.16
感恩总分	122.09±15.38	114.80±14.15	5.23	0.00

表 3-10 结果显示，听力障碍大学生与普通大学生在剥夺感的缺失和感恩总分上存在显著差异，听力障碍大学生显著低于普通大学生；在对社会的感激和对自然事物的感激两个维度上差异不显著。

（二）听力障碍大学生感恩心理在性别上的差异检验

为了考察听力障碍大学生感恩心理的性别差异，对男、女听力障碍大学生的感恩心理进行独立样本 t 检验，结果如表 3-11 所示。

表 3-11　听力障碍大学生感恩心理的性别差异（$M \pm SD$）

维度	男（$n=130$）	女（$n=221$）	t	p
剥夺感的缺失	48.53±7.54	50.84±9.59	−2.50	0.02
对社会的感激	40.55±6.87	42.44±6.02	−2.71	0.01
对自然事物的感激	22.82±4.15	23.23±4.09	−0.89	0.38
感恩总分	111.90±12.24	116.51±14.94	−2.98	0.00

表 3-11 结果显示，听力障碍大学生在剥夺感的缺失、对社会的感激和感恩总分上存在显著的性别差异，男生均显著低于女生。

（三）听力障碍大学生感恩心理在同胞状态上的差异检验

为了考察听力障碍大学生感恩心理在同胞状态上的差异，对独生子女听力障碍大学生与非独生子女听力障碍大学生的感恩心理进行独立样本 t 检验，结果如表 3-12 所示。

表 3-12　听力障碍大学生感恩心理在同胞状态上的差异检验（$M \pm SD$）

维度	独生子女（$n=85$）	非独生子女（$n=266$）	t	p
剥夺感的缺失	53.69±10.79	42.78±7.93	4.51	0.00
对社会的感激	42.78±6.76	41.41±6.26	1.96	0.05
对自然事物的感激	23.84±4.91	22.93±3.80	1.72	0.10
感恩总分	120.31±18.50	113.05±11.97	4.22	0.00

表 3-12 结果显示，听力障碍大学生在剥夺感的缺失、对社会的感激两个维度上的得分和感恩总分在同胞状态上存在显著差异，独生子女均显著高于非独生子女，在对自然事物的感激维度上差异不显著。

四、讨论与分析

（一）残障大学生和普通大学生感恩心理的比较分析

有研究指出，残障学生的感恩之心比较欠缺，表现为以自我为中心、不懂得感恩、不会表达感恩、对社会充满仇视、不愿意感恩[18]。本研究的研究结果表明，视障大学生和听障大学生与普通大学生相比，存在不同的差异情况：视障大学生的感恩心理与普通大学生并无显著差异，听障大学生的剥夺感的缺失得分和感恩总分显著低于普通大学生。

根据感恩的定义，感恩无论作为一种人的特质还是一种人所处的情境状态，都会受到两个方面的影响：一是环境因素或境遇的影响，如家庭教养方式和学校教育、感知到的社会支持、生活环境的特征等；二是个人特征的影响，如个体的认知特点、人格特质、生命意义感等。从前一个方面讲，首先，我国综合国力的提升极大地提高了残障学生在生活和学习方面的社会支持，改善了残障学生的生活和学习环境，如无障碍设施的不断完善、信息的无障碍传播等，均有力地减少了残障学生生活和学习上的困难，让他们能够更好地适应环境，建立起与环境的和谐关系，进而减少了由器官障碍带来的剥夺感，增加了他们对社会的感激之情。其次，随着残疾人事业的不断发展，我国特殊教育得到党和政府的高度重视，在全社会的关心和支持下，规模不断扩大，内涵不断丰富，与国家"大教育"同频共振，使残障学生能够接受到正规、系统、全面的教育。受教育水平的提升无疑能够促进残障学生健康人格的发展，从而让他们更加能够感受到来自父母、老师和社会的关爱和支持。最后，立德树人是我国教育事业最重要的目标，无论是普通学校还是特殊教育学校，都把学生的思想品德培养放在首位，感恩教育也受到了各级各类学校的关注和提倡。

总的来讲，社会大环境对残障大学生感恩品质的形成十分有利，但感恩也无法避免受到个体特征的影响，如听力障碍对听障大学生感恩心理的影响。本研究表明，在剥夺感的缺失和感恩水平总分上听力障碍大学生得分显著低于普通大学生。从狭义的角度来看，感恩实际上是一种人际情绪，是建立在提供者和接受者关系基础之上的，因此在感恩形成的过程中，人际沟通发挥着重要作用。而听力障碍大学生最主要的困难在于因听力受损而导致的人际沟通障碍，这可能是导致他们感恩水平较低的主要原因。第一，沟通的障碍为他们良好社会关系的建立带来严重的限制，进而为其社会支持的获得带来一定的负面影响。第二，沟通的障碍也使他们在接受他人语言帮助上受到限制，例如，他们可能无法真正领会他人在精神层面的安慰。第三，沟通障碍给他们的求助带来了阻碍，进而影响了帮助的获得。第四，沟通障碍限制了他们的社会参与。第五，在家庭中，尤其是在父母是健听人士的情况下，亲子沟通的不顺畅会对亲子之间的情感支持和帮助造成不利影响，在无法通过声音传递信息的情况下，他们的各种需要无法得到及时的满足。另外，听障人士面对着双重文化——"聋人文化"和普通社会文化，这两种文化之间存在着一定的差异，可能使他们在理解和表达感恩上与普通大学生存在差异，从而造成了他们在感恩水平上的差异。

（二）残障大学生感恩心理在性别上的差异分析

调查结果显示，视力障碍女大学生的感恩总分以及各维度上的得分均高于男生，并在剥夺感的缺失上女生显著高于男生。听力障碍大学生除了在对自然事物的感激维度上无性别差异之外，在其他的维度上的得分和感恩水平总分均存在显著性差异，女生的感恩水平高于男生。该结果与对普通大学生感恩的研究结果相似[16,19-21]。性别作为一种生物因素对感恩特质的直接性影响还没有定论，但已有研究均表明女性更加倾向于感恩[15]。在认知方面，女大学生观察能力更强，善于察言观色，能够感知事物细微的变化，比男生更加相信施助者是不图回报的帮助[20]，这样的认知特点，使她们在生活中更加能够认识到父母、老师及他人对自己的恩惠。从情感特征的性别差异角度来讲，女生的情感更加细腻，她们的移情能力、对情感支持的感受能力都略高于男生，因此女性更能感受到各种来源的支持，从而产生更加深刻的感恩情感。剥夺感的缺失也可以理解为充实感，反映了个体对自己的运气、对生活的满意程度以及获得感等方面的体验。随着社会和文明的发展，女性越来越受到社会的保护和尊重。在家庭中，男性和女性接受的家庭教养方式不同，父母常把女儿称为"掌上明珠"，给予其更多的关爱、温情和保护，较少拒绝与惩罚她们，尤其是视力障碍女大学生，由于其视力的缺陷，出于怜悯和同情，多数父母会给予她们更无微不至的照顾，使她们的生活满意度更高、获得感更强，这种积极的体验有利于她们形成充实感，对她们形成感恩的人格特征也十分有利。在社会上，女性在面临困难的时候也会得到更多的帮助和社会支持，她们受帮助的机会也更多，这都有利于女生对运气、获得感和生活满意度形成积极的认知，进而有利于其充实感的产生。

（三）残障大学生感恩心理在同胞状态上的差异分析

根据调查结果显示，视障大学生感恩心理的各个维度得分和总分在同胞状态上均没有显著的差异，听障大学生剥夺感的缺失得分和感恩水平总分在同胞状态上存在显著差异，独生子女均显著高于非独生子女，在对自然事物的感激维度上差异不显著。是否为独生子女对感恩心理的影响，主要体现在家庭教养上，对普通大学生感恩心理与家庭教养方式关系的研究显示，父亲和母亲的温情、宽容理解与感恩心理呈正相关，严厉和惩罚与感恩心理呈负相关[21]。残障大学生大部分生活在多子女家庭中，这是中国特殊儿童家庭存在的普遍现象。对视障学生而言，他们多数并没有因为多子女之间的争夺而失去父母的温情和理解，相反，因为视力上的缺陷，他们从小在生活的各个方面都需要家庭成员更多的照顾，再由于他们大多数为长子女，因此得到的家庭关注和支持更多一些，与独生的视障子女相差无几，这导致他们的感恩水平相当。听障大学生的情况有所不同，沟通的障碍可能会减少他们与父母交流的频率和交流的深度，进而影响彼此情感的表达和接收，再加上父母要投入部分精力到其他子女身上，更加减少了与听障子女的交流，尤其是在健听父母与听障孩子的家庭中，这个情况更为明显。同时非独生子女在父母关注、照顾、陪伴和物质支持上也都会比独生子女少，进而让他们产生更多的剥夺感。

五、残障大学生感恩心理的研究结论

视障和听障大学生感恩心理的调查研究结果反映出残障大学生在感恩心理上的如下特征：①视障大学生与普通大学生的感恩水平无显著差异，听障大学生的感恩水平显著低于普通大学生；②听障大学生的感恩水平在不同的性别、同胞状态上存在显著差异，女生高于男生，独生子女高于非独生子女。

对于大学生而言，感恩作为一种美德或积极心理品质，是当代所有大学生应该具备的基本品质。它不仅与积极的心理状态具有紧密的正向关系，如主观幸福感、积极情绪、生活满意度等，而且是预防心理问题、维持身心健康的重要心理特征，也有利于良好人际关系的建立和谐社会的建构。因此，残障大学生感恩心理的培育也应该是心理健康服务或心理健康教育中的重点内容。尤其是听障大学生的感恩水平存在很大的提升空间，相关教育者应该采用有效方法对其进行干预训练，促进其感恩水平的提升。目前比较常用的干预策略有：细数感恩，即让被干预者按照一定的周期，列举一些令人感动的人和事情，通过生活经历和事件进行感恩的解读，从细微处觉察到他人给予的恩惠，提高其感恩水平；感恩拜访，鼓励个体表达感恩行为，通过写信或登门拜访的形式，对施惠者予以感谢，这种策略的重点在于将感激之情化为感激的行动，知行合一，在实践中提升感恩水平；团体感恩分享，即以团体活动的形式分享感恩，激活感恩的状态，提升对受惠事件的觉察力，从而提升感恩水平。另外，听障大学生较低的感恩水平与他们的语言特点有关，手语的使用使他们在对较抽象的思想和情感的理解与表达上均存在一定的困难，导致其无法充分理解他人的情感关怀和精神支撑，即不能充分感受到值得感恩之事。因此，学校和社会应该增加听障大学生与普通大学生的交流机会，通过交流体验的增加提高听障大学生对他人思想的理解能力，提升其对感恩事件的觉察力和理解力，进而提升其感恩水平。

第四节　残障大学生主观幸福感的调查研究

幸福是什么？这是一个古今中外众多学者不断探究而仍无定论的问题。当积极心理学运动兴起以后，幸福逐渐进入了心理学家的视野。研究者们发现，对于不同的人而言，幸福有不同的含义：有人认为建功立业是幸福，有人认为平安健康是幸福，还有人认为吃饱穿暖就是幸福。显而易见，幸福是一种主观的体验，因此，目前心理学常常使用主观幸福感一词，即幸福就是个体根据自定的标准对其生活质量的整体性评估[1]。主观幸福感有三个特点：第一，主观性。它存在于每个人自己的经验之中。个体对自己是否幸福的评价依赖于其本人内定的标准，而非他人或者外界所定的准则。每个人都可能具有同等程度的幸福，但它们的实际标准却是不一样的。第二，稳定性。主观幸福感是相对稳定的，尽管个体每次评价其主观幸福感的时候会受到当下环境和情绪的影响，但由于评价的是个体长期而非短期的情感反应和生活满意度，所以其得到的结果是相对稳定的。第三，整体性。对主观幸福感的评价涉及生活满意度、积极情感、消极情感三个方面。

主观幸福感由两部分构成，即认知成分和情感成分。认知成分指的是生活满意度，是个体对其生活的总体概括、认识和评价，是主观幸福感的关键指标。认知成分是更有效的肯定性衡量标准，它独立于情感成分。情感成分分为积极情感和消极情感，积极情感指的是欢喜、满意、振奋、骄傲等情感，消极情感指的是焦虑、抑郁、悲伤、羞愧等情感。积极情感、消极情感和生活满意度三个成分相对独立，一方面它们会在特定的条件下同时发生变化，另一方面这种变化往往又不是一致的，每一个个体都有相对独立的积极情感以及消极情感，这两种情感的影响因素并不相同，个人的积极情感并不能完全影响其消极情感，反之个人的消极情感也不能完全影响其积极情感。

在现代心理学的思想中，幸福感是一个人积极体验的核心，幸福感是与个体心理健康密切联系的因素，甚至是心理健康的标准之一，同时也是个体生活的最高目标。在中国的治国理念中，一切以人民为本，人民幸福是中国梦的奋斗目标，因为只有人民过上了幸福的生活，民族才会振兴，国家才能真正强大。

在积极心理学看来，幸福是每个人追求的终极目标，既与资源占有、物欲满足相关，也与主观感知、心理体验相关。影响着主观幸福感获得的具体因素多而复杂，如遗传因素、人格因素、健康、物质财富、婚姻、社会比较、社会文化等。这些因素可能以单独的力量影响主观幸福感，也可能相互交织在一起影响主观幸福感，因此幸福虽然是个体追求的终极目标，但并非轻易能够获得的。

幸福感是一个人积极体验的核心，同时也是每个人生活的最高目标，这对于任何群体都具有有效性。随着国家的发展和对残障人士关注的增多，残障人士的幸福感研究逐渐成为研究者和教育者关注的重点，已有的关于残障人士主观幸福感的研究表明，残障人士的生活质量还需要进一步提高。例如陈筠等（2011）研究发现，残障人士的主观幸福感指数明显低于非残障人士[22]。目前，我国关于残障大学生主观幸福感的研究重点集中在对主观幸福感的调查研究及其影响因素的研究上，如其与人口学变量、社会支持、感恩、自我污名等的关系研究。部分研究倾向于将残障大学生的主观幸福感与普通大学生的主观幸福感进行比较，但比较的结果有所差异，有的研究采用《幸福感指数量表》作为调查工具，结果显示听障学生的主观幸福感高于平均水平[23]，有的研究采用《综合幸福感问卷》或改编量表作为调查工具，结果表明听障学生的主观幸福感低于普通学生[24,25]。在影响主观幸福感的因素方面，多数研究结果均显示出社会支持对视障和听障大学生主观幸福感具有正向的预测作用[26,27]，与普通人沟通的障碍程度、听障朋友和健听朋友的数量对听障大学生的主观幸福感具有重要影响[23]，在人口学变量中，性别、残疾时间、残疾等级、受教育水平、年龄段、致残时间和残疾类型对残疾人幸福感具有不同程度的影响[28]。虽然研究者们对残障大学生主观幸福感的水平和影响因素已经进行了大量的实证性探讨，但是他们采用的理论不同，应用的调查工具也存在差异，得到的研究结果及对结果的解释也不一致。因此，本课题采用与前人不同的调查工具，对视障和听障大学生的主观幸福感进行研究和分析，以丰富残障大学生主观幸福感进行研究的成果，为提升残障大学生主观幸福感的实践提供参考。

一、研究对象、方法与工具

（一）研究对象

研究以吉林省某高校特殊教育学院大一至大四的视力障碍大学生、听力障碍大学生和普通大学生作为研究对象。视力障碍大学生 129 人，其中女生 42 人，男生 87 人，农村学生 71 人，城镇学生 25 人，城市学生 33 人；听力障碍大学生351 人，其中女生 221 人，男生 130 人，农村学生 224 人，城镇学生 74 人，城市学生 53 人；普通大学生 158 人。

（二）研究方法与工具

研究采用问卷调查法，选取了严标宾、郑雪等人修订的《主观幸福感量表》，该量表基于 Diener 等人编制的《国际大学调查量表》并结合我国大学生的具体情况修订而成。该量表包括生活满意度、积极情感和消极情感三个维度，三个量表均为单维度量表。生活满意度量表含有 5 个题目（问卷第一部分的 1 至 5 题），积极情感量表和消极情感量表分别含有 6 个题目（问卷第二部分的 1、3、4、7、8、9 题）和 8 个题目（问卷第二部分的 2、5、6、10、11、12、13、14 题），共19 个题目。生活满意度量表、积极情感量表和消极情感量表的 Cronbach's α 系数分别为 0.9、0.85、0.88。生活满意度是 7 点量表，记分方式是 1～7，积极情感和消极情感都是 9 点量表，记分方式是 1～9，选择哪个数字就记几分。主观幸福感总分由生活满意度得分、积极情感得分和消极情感的反向计分相加而得，分数越高，代表主观幸福感水平越高。

二、视力障碍大学生主观幸福感的调查结果

（一）视力障碍大学生与普通大学生主观幸福感的差异

如表 3-13 所示，视障大学生的生活满意度低于普通大学生，但差异不显著，其积极情感、消极情感（消极情感为反向计分，即代表得分越高消极情感越少）得分和主观幸福感总分显著低于普通大学生。

表 3-13　视力障碍大学生与普通大学生主观幸福感的差异检验 （$M \pm SD$）

量表维度	视障大学生($n=129$)	普通大学生($n=158$)	t	p
生活满意度	17.9 ± 0.41	18.18 ± 0.30	-0.42	0.67
积极情感	25.71 ± 0.50	27.79 ± 0.36	-3.40	0.00
消极情感(反向计分)	36.59 ± 0.78	39.94 ± 0.55	-3.62	0.00
主观幸福感总分	98.02 ± 1.34	101.58 ± 15.09	-3.56	0.00

（二）视力障碍大学生主观幸福感在性别上的差异检验

根据表 3-14 可知，在视力障碍大学生中，不同性别视力障碍大学生的主观幸福感总分、在积极情感以及消极情感上的得分并不存在显著性差异，其生活满意度的得分存在显著性差异，女生显著高于男生。

表 3-14　视力障碍大学生主观幸福感各维度在性别上的差异检验 （$M \pm SD$）

量表维度	性别		t	p
	男($n=87$)	女($n=42$)		
生活满意度	16.42 ± 5.09	19.26 ± 3.94	-3.56	0.00
积极情感	25.20 ± 6.06	26.13 ± 5.30	-0.91	0.36
消极情感(反向计分)	36.22 ± 9.03	36.90 ± 8.77	-0.43	0.67
主观幸福感总分	77.85 ± 16.24	82.29 ± 14.07	-1.64	0.10

（三）视力障碍大学生主观幸福感在户籍地上的差异检验

根据表 3-15 可知，视障大学生的生活满意度在户籍地上存在显著性差异，城市显著高于农村，积极情感、消极情感得分和主观幸福感总分不存在显著差异。

表 3-15　视力障碍大学生主观幸福感在户籍地上的单因素方差分析 （$M \pm SD$）

量表维度	户籍地			F	p
	农村($n=71$)	城镇($n=25$)	城市($n=33$)		
生活满意度	17.04 ± 4.62	17.48 ± 4.23	20.30 ± 4.54	0.62	0.00
积极情感	25.54 ± 6.12	25.64 ± 5.09	26.12 ± 5.15	0.12	0.89
消极情感(反向计分)	37.21 ± 8.64	34.84 ± 9.66	36.58 ± 8.79	0.66	0.52
主观幸福感总分	79.79 ± 18.90	77.96 ± 13.51	83.00 ± 14.92	0.85	0.43

三、听力障碍大学生主观幸福感的调查结果

（一）听力障碍大学生与普通大学生主观幸福感的差异

表 3-16 显示，听力障碍大学生在生活满意度上的得分均显著高于普通大学生，在积极情感和消极情感上的得分显著低于普通大学生（消极情感为反向计分，即代表得分越高消极情绪越少），二者的主观幸福感总分无显著差异。

表 3-16　大学生主观幸福感在听力障碍上的差异检验（$M\pm SD$）

量表维度	听障大学生（$n=351$）	普通大学生（$n=158$）	t	p
生活满意度	21.18±5.28	19.54±4.95	3.30	0.00
积极情感	31.62±8.41	35.97±8.02	−5.47	0.00
消极情感（反向计分）	32.33±8.11	33.94±8.10	−2.07	0.04
主观幸福感总分	100.48±15.03	101.58±15.09	−0.76	0.45

（二）听力障碍大学生主观幸福感在性别上的差异检验

表 3-17 结果显示听力障碍大学生的生活满意度、消极情感得分和幸福感总分在性别上不存在显著性别差异，在积极情感上存在性别上的显著差异，女生显著高于男生。

表 3-17　听力障碍大学生主观幸福感在性别上的 t 检验（$M\pm SD$）

量表维度	性别		t	p
	男（$n=130$）	女（$n=221$）		
生活满意度	21.44±5.18	21.02±5.38	0.74	0.46
积极情感	30.35±8.49	32.38±8.30	−2.19	0.03
消极情感（反向计分）	32.18±8.09	32.41±8.14	−0.25	0.80
主观幸福感总分	99.62±14.05	100.99±15.59	−0.83	0.41

（三）听力障碍大学生主观幸福感在户籍地上的差异检验

表 3-18 结果显示，户籍地在听障大学生的生活满意度、积极情感、消极情感和主观幸福感上存在显著的主效应，多重比较结果显示城市在上述维度和总分上均显著高于农村，但农村和城镇以及城镇和城市之间不存在显著差异。

表 3-18　听力障碍大学生主观幸福感在户籍地上的差异检验 （M±SD）

量表维度	户籍地			F	p
	农村(n=224)	城镇(n=74)	城市(n=53)		
生活满意度	20.74±4.66	21.16±6.11	23.08±6.14	3.37	0.04
积极情感	30.92±7.57	31.28±9.18	35.08±9.91	4.08	0.02
消极情感(反向计分)	32.96±7.32	32.89±8.60	28.87±9.74	4.17	0.02
主观幸福感总分	98.70±11.50	99.55±17.75	109.28±20.45	11.44	0.00

四、讨论与分析

（一）残障大学生与普通大学生主观幸福感的差异分析

调查研究结果显示，视障大学生和听障大学生的主观幸福感及其各个维度与普通大学生相比呈现出不同的特征。

1. 生活满意度特征

生活满意度是个人依照自己选择的标准对自己大部分时间或持续一定时期生活状况的总体性认知和评估，如自我、工作、家庭等[29]。它是主观幸福感研究的重要内容，是主观幸福感的认知成分。根据这个概念可知，生活满意度带有很强的主观性，其水平受很多内外因素的影响。其中外部因素包括社会的排斥、人际关系、父母的教养方式、父母的文化水平、社会支持、生活事件等；内部因素包括自我效能感、身体自我效能感、心理韧性、自尊、生命意义感、压力、自我概念等。本调查结果显示，在三类大学生中，视障大学生的生活满意度水平与普通大学生相近，而听障大学生的生活满意度水平显著高于普通大学生，这与许晓楠（2006）和马红霞（2020）的研究结果一致[23,30]。生活满意度的比较结果说明了听力障碍大学生对生活状态的认知比普通大学生更加积极和乐观，原因可能有以下几个方面：第一，听障大学生和普通大学生相比，所处的文化环境的差异可能会影响其对生活的认知[31]。听障大学生处于普通社会文化和"聋人文化"的双重文化之中，其信仰、习俗和习惯等方面均存在一定差异，这些差异会影响个体对生活的认知，进而影响其对生活的满意度。第二，听障大学生考上大学的成就感提升了他们的自我接纳性，使他们获得了对生活的希望，同时大学的生活扩大了他们的人际交往范围，增加了他们与社会互动的机会，这些因素均对听障大学生的生活满意度发挥着正向的影响。第三，随着高等特殊教育的发展，高校对听障大学生的学习和生活方面的支持日益增加，这对提升他们的生活满意度具有积极意义。与普通大学生和听障大学生相比，视障大学生由于受到视觉能力的限制，社会参与和人际交往的范围相对较小，他们在学习和生活中的困难较多，社会适应性较低，应对生活突发事件的能力较低，所学专业和未来的职业受到了很多限制，这些都会对其生活满意度产生负面影响。目前，关于视障大学生和听障大学生心理特征的研究处于探索阶段，许多与其生活满意度有关的其他心理特征尚未达成一致的结论或缺乏系统的研究，因此，对视、听障碍大学生生活满意度影响因素的研究有待进一步展开。

2. 情绪情感特征

调查结果显示，普通大学生的积极情感显著高于视、听障碍大学生，消极情感显著低于视、听障碍大学生。这说明普通大学生的情感状态较为积极，视、听障碍大学生的情感状态较为消极。

情绪情感是指个体对客观事物与自身需要之间的关系的反应[32]，有积极和消极之分：积极情感指的是欢喜、满意、振奋、骄傲等，消极情感指的是焦虑、抑郁、悲伤、羞愧等。个体的情绪情感状态不仅受外界环境对自身需要的满足程度的制约，也受个体自身因素的影响。就残障大学生而言，第一，生理的缺陷使他们对环境的要求较多，一般的客观环境可能无法满足残障大学生的需求，如对无障碍环境的需求，因此环境的特点对他们情绪的影响要大于普通人；第二，情绪情感状态也受残障大学生自身心理特征的影响，如低自我接纳性、不恰当的自尊、自卑等与自我意识有关的人格特征对其与自我有关的情绪情感状态也会产生较大影响，即产生削弱其积极情绪和增强其消极情绪的作用；第三，与普通大学生相比，残障大学生的社会关系较简单，人际交往范围较小，人际交往机会的减少或缺失使其人际交往能力也受到一定程度的影响，而较高的人际交往能力更容易使人获得满足、愉快等积极情感[33]，同时，大部分残障大学生具有与普通大学生交往的意愿，但这一需要很难得到满足，尤其是面临沟通障碍的听障大学生，与普通学生建立起人际关系更是不易，因此，残障大学生面临的人际交往方面的需要不能得到相应的满足可能是使他们产生消极情绪的重要原因。

3. 主观幸福感特征

普通大学生的总体主观幸福感比视、听障碍大学生的主观幸福感高，且显著高于视障大学生。已有研究表明，影响个体主观幸福感的因素很多，包括人格、价值观、社会环境、社会关系、家庭因素、自身健康情况以及就业等。而残障大学生在上述各方面都存在不同程度的劣势，从而使其主观幸福感受到了负面影响。同时，情绪情感状态也对主观幸福感具有预测作用，即积极情感对主观幸福感具有正向的预测作用，消极情感对主观幸福感具有负向的预测作用。本研究结果表明，与残障大学生相比，普通大学生的积极情感较多，消极情感较少，因此，情感状态是导致残障大学生主观幸福感较低的重要原因。

本研究结果显示，听障大学生的生活满意度虽然显著高于普通大学生，但其情绪特征并未显示出更加突出的积极性，且其主观幸福感与普通大学生无统计学意义上的显著差异。这可能是因为听障大学生虽然对目前的生活和学习存在较积极的认知，但这并未成为其情感特征和主观幸福感的决定性因素，还存在其他调节性因素或中介变量的影响，如情绪调节能力和方式会影响情感状态，自控能力、心理韧性、应对方式等对主观幸福感均有不同程度的影响。

（二）残障大学生主观幸福感在性别上的差异分析

调查结果显示，在残障大学生中，女生的主观幸福感总分及各个维度上的得分均高于男生，该差异在视障大学生的生活满意度和听障大学生的积极情感上达到了显著性水平，说明女生在一定程度上体验到了更多的幸福，这与关于普通大学生主观幸福感的一些研究结果相似[34,35]。该结果可能与性别的社会角色不同有关。首先，在中国传统文化中，无论是普通人士还是残障人士，男性的社会期望值均高于女性，因此男性在成就的目标、成就的取得和社会的贡献等方面的压力比女生大，残障男生可能会因为生理缺陷导致的能力不足而感受到更大的压力，这对其幸福体验造成了负面影响。其次，在情绪表达的性别差异上，社会对男性和女性情绪的直接表达呈现不同的态度，对男性情绪的直接表达持反对态度，而对女性持接纳态度，因此，男性在体验消极情绪时，更多的是抑制而不是通过表达进行宣泄，而情绪的表达是调节消极情绪的有效方法，因此，女生在产生消极情绪时更加倾向于通过宣泄的方式进行调节，进而使其积极的情绪较男生多。另外，女性的情绪表达特点容易使其比男性获得更多的社会支持，于晓梅（2012）研究表明女大学生在社会支持的获得上显著高于男大学生[21]，更多的社会支持也会增强女大学生的幸福感体验。

（三）残障大学生主观幸福感在户籍地上的差异分析

调查结果显示，从整体上看，残障大学生的主观幸福感存在不同程度和不同内容的城乡差异：城市听障学生的主观幸福感及其各个维度显著高于农村大学生，城市视障大学生的生活满意度显著高于农村大学生。这与普通大学生幸福感的城乡差异研究结果相似[36]。已有研究认为，家庭状况、社会支持、生活事件、人际交往能力等因素对人们的生活满意度均有不同程度的影响。首先，城市学生的家庭一般在经济、父母的素质上均好于农村学生的家庭，能够在生活、学习和就业上给他们提供更多的支持，这对于他们的生活满意度的提高和积极情感的形成具有十分重要的意义。田岚冰（2014）的研究证实，家庭经济收入水平和家庭所属社会阶层会影响学生的积极情感和生活满意度[37]。其次，就中国目前的城乡差别来看，城市在基础生活设施、无障碍设施、医疗条件、文化氛围等方面的优势都使得城市学生无论是在物质层面还是在精神层面上都优于农村学生，这对于城市残障学生的幸福感体验均具有积极影响。再次，生活在城市的残障大学生基本上从学龄前就开始接受早期的听力干预和早期教育，这对他们的学校适应能力具有十分重要的意义，而多数农村残障大学生没有学前教育的经历，所在的中学也在乡镇里面，其物理环境和人文环境与城市存在一定的差距。因此，农村的残障大学生在学校的适应上会比城市大学生弱一些，进而影响了其主观幸福感。此外，客观环境对个体需要的满足程度会影响个体的情绪状态，客观环境越能够满足个体的需要，个体就越会产生积极情感，反之，就会产生消极情感。很多来自农村的残障大学生家庭收入较低，甚至是贫困家庭，这无疑会给他们带来一定的心理压力，从而使其表现出较多的消极情感。最后，很多农村听障大学生承载着父母的期望来到大学进行学习，在学业和就业上的压力较大，从而给其主观幸福感体验带来了不良影响。

五、残障大学生主观幸福感的研究结论

对视、听障大学生主观幸福感的调查研究反映出残障大学生主观幸福感具有如下特征：①残障大学生与普通大学生的主观幸福感存在不同内容和不同程度的差异；②残障大学生的主观幸福感存在性别与户籍地的差异，从整体上讲，女生的主观幸福感高于男生，城市大学生的主观幸福感高于农村大学生。

对残障大学生主观幸福感的研究结论对相关教育者和研究者具有重要的价值。第一，对残障大学生主观幸福感的研究结论在一定程度上反映出了残障大学生对生活状态的认知和情感状态的特征，即对生活状态的满意度尚可，消极情感较多，积极情感较少，主观幸福感水平较普通人低，但这种特征并非在视、听障碍大学生群体中普遍存在，如视障大学生的生活满意度较低，而听障大学生的生活满意度较高，视障大学生的积极情感和消极情感相对平稳，而听障大学生的消

极情感较多。因此，相关教育者应该根据残障大学生的不同特点进行有针对性的教育，如可以开展相应的心理健康教育课程、组织相关心理健康活动，政府的相关部门也应该在提升残障大学生主观幸福感上加大工作力度，如可以在健全无障碍设施、促进残障大学生和普通人的融合、关注他们的心理健康、促进就业、增加农村大学生的受教育支持力度、对残障大学生的家庭给予支持等方面开展相应的工作。第二，本研究的结论也有利于纠正社会上某些不正确的残疾观。目前仍然有很多人对残障人士的能力、心理状态等存在很多消极的观点，从经验上认为残障人士无幸福可言。本研究的结论证明了残障大学生在主观幸福感上并非不如普通人，如听障大学生在对生活的满意度上高于普通大学生，这证明了残障大学生虽然是残障人士，但他们不是悲惨命运的被动承受者，他们也拥有属于自己的幸福，他们不需要别人的怜悯和同情，而是需要被接纳和尊重。第三，本研究也反映出了残障大学生在幸福感上存在的问题，需要社会各个方面给予一定的重视，如关注农村的残障大学生，并采取恰当的手段对其进行幸福感的干预。目前最常见且较为有效的方法包括：①帮助残障大学生改善人际关系，促进其与普通学生的融合，因为高质量的人际关系必然能给他们带来巨大的力量，使他们获得更多的人际支持以分享喜悦和化解忧伤；②提升残障大学生的自我接纳性和自信心，因为自卑的人不可能经常性地体验到快乐和幸福，乐观和自信才是每个人持久快乐的重要基础；③从行为、认知和意志等方面进行有针对性的训练。根据持续幸福模式的观点，从上述三个方面进行干预可以提升幸福感，如练习做好事、学会感恩、磨炼个人意志等。

心理学研究表明，拥有积极向上的生活目标并为之奋斗前进是体验和感知幸福的先决条件。对于残障大学生而言，虽然他们存在生理的缺陷，但他们也有权利追求自己的生活目标，也应该为自己的目标而努力奋斗，从而获得幸福的体验。因此，作为教育者，应该重视引导残障大学生树立高远志向，使其具备敢于担当、不懈奋斗的精神，具有乐观向上的人生态度，做到刚健有为、自强不息，用自己的努力获得幸福的人生。

第五节　社会支持对残障大学生主观幸福感的影响：感恩的中介调节作用

社会支持的概念自 20 世纪 70 年代被提出以来，仍然没有得到统一的界定。从社会互动关系的角度，社会支持被界定为人与人之间的亲密联系，这种联系是客观存在的或人们能感知到的，如他们能与他人交流、被关心、被接纳、被爱、有价值感，并在需要时获得帮助；从社会行为性质的角度，社会支持被认为是一种能够促进扶持、帮助或支撑事物的行为或过程；从社会资源作用的角度，社会支持常常被认为是对个人处理紧张事件、问题的一种潜在资源，是通过社会关系在个体与他人或群体间所互换的社会资源，社会支持包括施者与受者两个有意识的个体之间的资源交换[38]。肖水源、杨德森（1987）把社会支持划分为三个组成部分：一是客观的支持，如物质、社交网络、团体关系的存在和参与；二是情感支持，指得到社会的理解、关爱、接纳的情感体验和满意程度；三是支持利用度，指支持的利用情况，如是否接受他人的支持[39]。一项普通人的社会支持和主观幸福感关系的元分析研究显示，社会支持的客观支持、情感支持和支持的利用度三个方面与总体主观幸福感、生活满意度、积极情感之间存在中等程度的显著正相关，与消极情感之间呈中等程度的显著负相关[40]。虽然社会在提升个体的幸福感上的确能够起到积极的作用，但是社会支持对主观幸福感的影响也可能受群体特征因素的影响。已有研究表明社会技能、个体的同一性、自尊、自我控制性、抑郁和孤独感等人格因素可能在社会支持与主观幸福感之间具有调节作用[41]，关于听力残疾大学生社会支持与主观幸福感的研究也显示出乐观、自尊、自我效能感等人格因素在二者之间存在中介效应[27,42]。残疾人与非残疾人在社会参与、人际交往、认知特征等方面存在一定的差异，对社会支持的认知也可能存在差异，如多数非残疾人在得到他人的物质或精神上的帮助时，对施助者一般持有感激之情，但部分残疾人可能把他人的帮助理解为怜悯或者歧视，并因此产生愤怒、厌恶等消极的情感体验，从而对其主观幸福感产生负面影响。也就是说残疾人在获得社会支持后对所获得的支持的认知和情感体验对其主观幸福感具有一定影响，即残疾人在获得支持后是否抱有感恩之心可能会在社会支持和主观幸福感之间起到调节作用。鉴于已有的研究成果，本研究假设，越是抱有感恩之心的残障大学生，越能够对来自外界的支持产生深刻的积极体验，并对自己在生活状态上的认知和情绪状态产生积极的影响，即残障大学生的感恩特征在其社会支持和主观幸福感之间具有中介作用。

一、研究方法

（一）被试

研究采用网络调查的方式对残障大学生进行调查，共获得有效问卷 426 份，其中听力障碍大学生 376 名，视力障碍大学生 50 名，男生 175 人，女生 251 人，大一学生 88 人，大二学生 119 人，大三学生 102 人，大四学生 117 人，独生子女 104 人，非独生子女 322 人，城市和城镇学生 163 人，农村学生 263 人。

（二）研究工具

1.《主观幸福感量表》

见本章第四节《主观幸福感量表》相关内容。量表的内部一致性系数为 0.81。

2.《社会支持评定量表》

《社会支持评定量表》是由湖南医科大学肖水源编制的，共有 10 个条目，包括客观支持、主观支持和对社会支持的利用度 3 个维度。根据残障大学生的实际情况，对量表中的一些条目进行了修订，将题目中的"同事""邻居"改为"同学""老师"，"夫妻"改为"恋人"，去掉"儿女"等社会关系，"工作单位"改为"学校"等，总分为三个维度的得分相加之和，总分越高，代表获得的社会支持越多，修订后的量表内部一致性系数为 0.84。

3.《大学生感戴量表》

见本章第三节《大学生感戴量表（GRAT）》相关内容。

（三）数据处理

采用 SPSS 23.0 统计软件包和 Hayes 编制的 PROCESS 宏程序插件进行相关分析和中介效应检验。

二、研究结果

（一）共同方法偏差检验

为避免问卷调查法可能导致的共同方法偏差对数据结果产生的不利影响，研究首先采用 Harman 单因素检验法对数据是否存在共同方法偏差进行检验。结果显示，特征值大于 1 的因子共有 20 个，且第一因子的变异解释量仅为 15.86%，小于 40% 的临界标准，说明本研究数据的共同方法偏差问题不严重。

（二）残障大学生社会支持、感恩与主观幸福感的相关分析

对残障大学生社会支持、感恩与主观幸福感三个变量做 Pearson 相关分析，各变量的均值、标准差及其相关系数见表 3-19。

表 3-19 社会支持、感恩与主观幸福感的相关分析 （$n=426$）

项目	$M\pm SD$	A	A_1	A_2	A_3	B	C
A	35.27±7.03	1					
A_1	9.79±3.63	0.822**	1				
A_2	17.52±3.63	0.810**	0.430**	1			
A_3	17.52±3.50	0.638**	0.353**	0.346**	1		
B	167.26±15.21	0.373**	0.179**	0.439**	0.233**	1	
C	99.90±15.00	0.398**	0.194**	0.473**	0.235**	0.542**	1

注：社会支持（A）、客观支持（A_1）、主观支持（A_2）、支持利用度（A_3）、感恩（B）、主观幸福感（C）；** 代表 $p<0.01$。

由社会支持、感恩与主观幸福感的相关分析结果可知，三个变量之间均存在显著的正相关关系，相关系数在 0.17~0.55 之间。

（三）感恩在社会支持与主观幸福感之间的中介效应检验

采用 Hayes 开发的 PROCESS 程序检验感恩在社会支持和主观幸福感之间的中介作用。采用偏差校正的百分位 Bootstrap 检验，重复抽取 5000 次，计算 95% 的置信区间，结果见表 3-20 和表 3-21。

表 3-20 感恩在社会支持与主观幸福感之间的中介效应

模型	预测变量	因变量	R^2	F	B	β	t
模型一	社会支持	主观幸福感	0.157	79.984**	0.837	0.398	8.943**

续表

模型	预测变量	因变量	R^2	F	B	β	t
模型二	社会支持	感恩	0.139	68.640**	0.745	0.373	8.285**
模型三	社会支持	主观幸福感	0.338	108.208**	0.479	0.181	5.344**
	感恩				0.481	0.581	10.721**

**代表 $p<0.01$。

表 3-21　总效应、直接效应和感恩的中介效应的分解表

项目	效应值	Boot 标准误	Boot CI 下限	Boot CI 上限	相对效应值
直接效应	0.181	0.090	0.303	0.655	
感恩的中介效应	0.217	0.057	0.253	0.475	54.5%
总效应	0.398	0.094	0.653	1.021	

注：Boot 标准误差、Boot CI 下限和 Boot CI 上限分别指通过偏差矫正的百分位 Bootstrap 法估计的间接效应的标准误差、95% 置信区间的下限和上限。

由表 3-20 和表 3-21 可知，社会支持对主观幸福感具有显著的预测作用（$\beta=0.398$，$p<0.01$），可以按中介作用立论；社会支持对感恩具有显著的预测作用（$\beta=0.373$，$p<0.01$）；加入感恩这一中介变量后，社会支持对主观幸福感的预测作用仍然显著（$\beta=0.181$，$p<0.01$），感恩对主观幸福感的预测作用也显著（$\beta=0.581$，$p<0.01$），间接效应的 Bootstrap95% 置信区间为（0.253～0.475），不包含 0，说明感恩在社会支持对主观幸福感的影响中起部分中介作用，中介效应对总效应的贡献率为 54.5%，中介效应标准化模型见图 3-1。

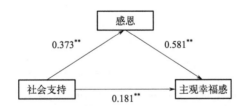

图 3-1　感恩在社会支持和主观幸福感之间的中介作用标准化模型图

**代表 $p<0.01$

三、讨论与分析

（一）残障大学生社会支持与主观幸福感之间的关系

研究结果表明，残障大学生的社会支持总分及其三个维度与主观幸福感之间

均呈显著的正相关关系，即社会支持水平高的残障大学生主观幸福感水平也高，这与已有的对普通大学生和残障大学生的相关研究结果基本一致，即无论是普通大学生还是残障大学生，具有良好的社会支持的个体一般会有较高的主观幸福感[27,43-45]。首先，对于残障大学生而言，他们在学习、生活、人际交往、社会参与等方面可能要比普通大学生有更多的特殊需要，从而需要更多来自社会的客观支持，如残障大学生对学校基本环境的要求和学校的服务质量要求较高，需要在宿舍、食堂、教室、图书馆、道路、卫生间等场所为他们提供完善的无障碍设施，需要学校的各个部门为他们提供学习、生活、就业等各方面的特殊指导和服务；残障大学生的社交范围比较狭窄，社会参与度较低，需要学校及社会为其搭建社交平台，提供社会参与的机会和与生活、学习及就业有关的信息等。这些需要的满足都要求学校、社会和家庭共同提供相应的支持。因此，残障大学生所获得的客观支持越多，他们的各种需要就越能够得到满足，越有利于他们产生对生活质量的积极认知和判断，产生良好的情绪体验，进而有助于主观幸福感的提高。其次，残障大学生生理结构及功能上的不足以及由此导致的各种不利处境，难免会对他们的心理状态产生不利影响。已有关于残障大学生心理健康状况的研究表明，残障大学生容易紧张、焦虑、担忧、忧郁、自我污名，具有较低的自我价值感、自尊水平等；具有较强的孤独感，缺乏社会归属感[13,46,47]，他们在人际交往和社会适应等方面的心理问题比较普遍，这些方面对他们的主观幸福感均具有不同程度的负面影响。残障大学生心理问题的产生固然与他们的生理缺陷密不可分，但生理缺陷并不是导致他们产生心理问题的唯一因素，而由残障导致的不利处境是其心理问题产生的重要原因，如社会污名、家人对残障的态度、家庭教养方式、家庭氛围、校园的精神氛围等都会对残障大学生的情绪情感、自我认知、人际交往、社会适应等产生重要影响，从而影响残障大学生的主观幸福感。因此，来自社会、家庭和学校的接纳、理解、关爱、尊重、鼓励等主观支持，在减少残障大学生的心理压力、心理问题，以及使其产生积极心理体验方面具有重要作用，因此，他们的主观幸福感会随着主观支持的增多而提高。最后，个体是否愿意接受社会支持或者是否能够积极地寻求社会支持对社会支持获得程度有很大的影响，当其接受社会支持的意愿越高或寻求社会支持的积极性越高，可获得的社会支持就越多。随着我国残疾人事业的发展，社会、家庭和学校为残障大学生提供的客观和主观社会支持越来越多，在很大程度上可以满足残障大学生在学习和生活中的基本需要，如果残障大学生能够接受和充分利用各种来源的支持，那么他们的主观幸福感势必会因此而提升。

（二）感恩在残障大学生社会支持和主观幸福感之间的中介效应

感恩有时也被称为感戴，是个体在认识到施恩者所给予自己的恩惠或帮助基础上产生的一种感激并力图有所回报的情感特质，是知、情、意、行的有机统一，是一种积极的、具有社会道德意义的人格特质[48]。感恩有利于人获得更多的幸福，消除消极的情绪，获得更多的人际支持，提升宽容的程度，抑制破坏性的人际行为[1]。根据表 3-19 和表 3-20 的研究结果可知，残障大学生的感恩与主观幸福感、社会支持均呈显著正相关，并对主观幸福感具有显著的正向预测作用，这与对普通人的相关研究结果基本一致。有研究者对 112 名肢体残障大学生的感恩现状进行了调查，研究发现其感恩水平与家庭支持呈正相关关系[17]。感恩与主观幸福感的关系也得到了大量研究的证实，丁凤琴（2018）的元分析研究表明感恩水平越高，个体的主观幸福感水平越高，即感恩的个体主观幸福感越强[49]。综上所述，高感恩的个体能够获得更多的社会支持和更多的主观幸福感。

本研究假设残障大学生的感恩在社会支持和主观幸福感之间具有中介作用，研究结果支持了这一假设，即社会支持可以通过感恩影响主观幸福感。主观幸福感的人格理论模型假定，人格是决定人们是否幸福的重要因素，这个观点已经得到了大量研究的证实。感恩作为一种积极的人格特质，使人在得到客观或情感支持之后，会体验到积极情感，不仅对支持来源给予正向的情感上的回应，而且更加倾向于在积极情感的作用下对他人提供支持，因此更容易与社会建立积极的关系。同时，因为积极的社会关系的不断建立，高感恩的个体可能获得更加积极的自我评价，如产生高的自我价值感、生命意义感等，并且可能使他们倾向于以更多的施助行为来巩固这种积极评价和自我体验。由此可知，高感恩的个体不仅能够在获得社会支持之后产生积极的情感体验和自我体验，而且容易建立积极的社会关系，从而获得更多的社会支持。残障大学生群体在学习、生活、就业等各个方面均需要更多的社会支持，在获得支持后是否对施助者抱有感恩之心将会影响他们的情绪情感状态、自我体验和积极社会关系的形成，进而影响其主观幸福感。因此，残障大学生的感恩在社会支持和主观幸福感之间发挥着重要的调节作用，说明社会支持作为外部因素，通过感恩这一内部特征影响了主观幸福感的产生，即外部的社会支持能否使残障大学生获得主观幸福感，还受到他们感恩特征的影响，该结论也进一步证实了人格理论模型的观点。

四、研究结论与启示

研究结果表明残障大学生的社会支持和感恩对其主观幸福感的形成和提高具有重要作用，感恩在社会支持和主观幸福感中具有部分中介作用。因此，学校、家庭和社会应该增加残障大学生的社会支持力度，一方面为他们基本需要的满足提供保障，另一方面要以平等、尊重、接纳的态度看待他们，避免他们受到歧视和排斥，要多给予他们理解和关爱，鼓励他们在遇到困难和挫折的情况下，积极主动地寻求社会支持。同时，家庭和学校要重视残障大学生感恩品质的培养，学校可以通过个别咨询、团体辅导、课堂教学等多种形式提高残障大学生的感恩水平，使他们能够在获得社会支持的时候体验到积极的情绪情感，并做出回报的行为，从而建立良好的社会关系，获得更多的社会支持，也使残障大学生在回报社会、回报父母、回报他人的行动中提升自我接纳性、自我价值感和自尊等，这些对提升他们的主观幸福感均具有积极的作用。

第六节　残障大学生心理韧性的调查研究

法国大文学家巴尔扎克曾说过："苦难对于天才是一块垫脚石，对于能干的人是一笔财富，对于弱者是万丈深渊。"人的一生中不如意事十有八九，有的人在面临困境或挫折的时候，不屈服、不后退，甚至变得更加强大，有的人却垂头丧气、怨天尤人、自暴自弃。两者之间的不同在一定程度上与人的心理韧性水平有关。很多人认为，逆境或者不利处境对儿童的消极影响是绝对的，高危和压力必然会导致儿童的适应不良。但 20 世纪 50 年代至 80 年代的一些研究发现，尽管有些人儿时经历了严重的压力或逆境，长大成人后却心理功能完好，甚至还很优秀。研究者对这些意外的研究结果进一步探索发现，一些青少年在逆境和压力下产生了心理病症和行为问题，而一些青少年却没有受到高危经历的影响，在经历了严重不幸后，甚至变得更加坚强了。由此，心理韧性的研究成为心理学研究的新范式。到 20 世纪 90 年代众多的理论框架和模型相继被提出，量化工具也开始得到应用。

虽然心理韧性的研究经历了近 70 年，但其在学术界至今仍未形成一个统一的定义。目前国外对心理韧性的概念界定主要存在三种倾向：结果说、过程说、能力说。结果说认为心理韧性是个体经历高危后的积极结果；过程说认为心理韧性是压力、逆境等生活事件与保护性因素同时作用的动态过程；能力说认为心理韧性是个体应对压力、挫折、创伤等消极生活事件的能力或特质。不同学者的界定反映出了他们对于心理韧性的理解不同：结果说侧重关注个体在经历高危事件后的适应状态。过程说认为心理韧性是一个系统的、动态的适应过程，关注个体处在高压力情境中与环境的互动过程，并认为在这个过程中存在很多对个体是否能够达到良好适应的影响因素，按其影响效果可分为保护性因素和危险性因素，其中保护性因素可分为内在保护因子和外在保护因子两部分，前者是指个体本身所具有的心理能力、人格特征和生活态度，后者是指家庭、学校、社区或同辈的环境中能促进个体适应的因素。危险性因素有可能是非常明显的破坏行为或经历，如酗酒、吸烟、遭受过暴力事件等，有的可能是不太明显的、慢慢出现的，但最终是有害的因素，如工作压力、不良的健康状况、低教育水平或失业等。能力说倾向于将心理韧性理解为个人的一种能力或特质，是个体所具有的内在心理特征。这三种理解虽然侧重点不同，但最终都共同强调了心理韧性的正向机能，即在人面临创伤事件、困境或压力的时候，能够使人产生积极的应对策略，产生良好的适应，能够对个体的心理健康起到保护作用。

国外研究者总结了三大类影响心理韧性的因素：①个人能力和人格特质，如体质、智力、社交等，特质包括自尊、自我效能感、控制感、幽默感等；②家庭支持系统，包括父母的鼓励和帮助、亲密的关系、家庭内部的和谐、非责备的态度、物质支持等；③社会支持系统，包括社会经济地位、学校经历等。众多研究表明，作为一种积极的心理品质，心理韧性特征与个体的安全感[50]、社会适应[51]、心理健康[52,53] 等均有密切关系。

心理韧性的核心问题是个体在逆境中成功应对并适应环境的过程或结果。生理缺陷本身就是一种生存逆境，存在生理缺陷的残障大学生，因某些生理功能的不足而导致了相应能力受限，易产生自卑、孤独等消极情绪，且生活中还可能面临经济困难、歧视、适应困难、人际交往障碍等问题，因此他们在生活和社会参与中难免遇到比普通人更多的困境、挫折和压力。当人们身处逆境时，是否有良好的心理适应、调节能力和抗压能力，是否能够成功应对和适应环境对于他们的心理健康而言十分重要。目前关于残障大学生心理韧性的研究成果不多，但近几年关于特殊儿童心理韧性的研究逐渐增多。姜硕媛等（2015）对视障青少年的心理韧性进行了研究，结果显示：与普通青少年相比，视障青少年心理韧性水平普遍较低，并在一定程度上导致了情绪-行为问题[54]。刘璐等（2016）对视、听障碍中学生和普通中学生的心理韧性进行了对比研究，发现视、听障碍中学生的心理韧性显著低于普通中学生[55]。孙敏（2021）对特殊儿童和普通儿童的心理韧性进行了比较，发现特殊儿童的情绪控制、人际协助和心理韧性总分均显著低于普通儿童[56]。尹娜（2021）对特殊儿童心理韧性现状的研究发现，特殊儿童的心理韧性呈中等水平，并且受到自我效能感的影响[57]。姜琨等（2022）的研究发现听障大学生的心理韧性处于中等偏上水平[58]，但此研究并没有将其与普通大学生进行比较。还有研究发现心理韧性对听障大学生的适应具有正向的预测作用，在社会支持对学业自我效能感的影响中起部分中介作用[59]。心理韧性作为一种具有保护性的积极心理品质，对残障大学生的心理健康具有重要意义。本研究对视障大学生和听障大学生心理韧性的特点进行调查研究，为残障大学生的心理健康教育提供一定的参考。

一、研究对象、方法与工具

（一）研究对象

研究选取吉林省某高校视力障碍大学生、听力障碍大学生和普通大学生作为调查对象，其中视力障碍大学生 187 人，男生 122 人，女生 65 人，全盲 74 人，低视力 113 人，先天致残 110 人，后天致残 77 人；听力障碍大学生 325 人，女生 220 人，男生 105 人；普通大学生 268 人。

（二）研究方法与工具

研究采用胡月琴和甘怡群（2008）编制的《青少年心理韧性量表》对研究被试的心理韧性进行调查[60]。该量表共 27 个条目，分为个人力和支持力两个因素，前者包括目标专注、情绪控制、积极认知，后者包括家庭支持和人际协助，共 5 个维度：目标专注指树立合理的人生目标并致力于实现目标的能力；情绪控制，指拥有稳定的情绪以及能够调节负面情绪的能力；积极认知，指的是对逆境的辩证看法和乐观态度；家庭支持，指的是家人的宽容、尊重和支持性态度；人际协助指拥有良好的人际交往技能、沟通能力和向外界获取支持的能力。五个维度反映了逆境情境下，青少年的认知、情绪、行为及所处环境对帮助其抵御逆境、获得良好适应的有效性。量表为 5 点计分，非常不同意计 1 分，不同意计 2 分，不一定计 3 分，同意计 4 分，非常同意计 5 分，其中第 1、2、5、6、9、12、15、16、17、21、26、27 题为反向计分。分数越高代表心理韧性越强，该问卷的内部一致性系数为 0.85，重测信度为 0.83。

二、视力障碍大学生心理韧性的调查结果

（一）视力障碍大学生与普通大学生心理韧性的比较

表 3-22 结果显示，视障大学生与普通大学在心理韧性上有一定的差异。其中，视障大学生的目标专注和积极认知显著高于普通大学生，人际协助显著低于普通大学生，情绪控制、家庭支持和心理韧性总分与普通大学生无显著差异。

表 3-22　视障大学生与普通大学生心理韧性的差异检验（$M\pm SD$）

量表维度	视障大学生($n=187$)	普通大学生($n=268$)	t	p
目标专注	19.20 ± 3.55	17.78 ± 2.42	5.09	0.00
情绪控制	18.69 ± 4.46	18.83 ± 3.97	-0.03	0.73
积极认知	15.72 ± 2.87	14.91 ± 2.10	3.49	0.00
家庭支持	21.38 ± 4.40	22.12 ± 3.74	-1.90	0.06
人际协助	18.51 ± 4.16	20.82 ± 4.40	-5.61	0.00
总分	93.52 ± 13.50	94.46 ± 10.89	-0.81	0.42

（二）不同性别视力障碍大学生心理韧性的比较

根据表 3-23 结果可知，视障大学生的心理韧性各个维度得分及总分在性别上不存在显著的差异。

表 3-23　视障大学生心理韧性在性别上的差异检验（$M\pm SD$）

量表维度	男($n=122$)	女($n=65$)	t	p
目标专注	18.96 ± 3.49	19.68 ± 3.66	-1.32	0.19
情绪控制	18.29 ± 4.10	19.46 ± 5.01	-1.72	0.09
积极认知	15.75 ± 2.79	15.68 ± 3.05	0.16	0.88
家庭支持	21.16 ± 4.28	21.80 ± 4.63	-0.94	0.35
人际协助	18.23 ± 4.04	19.06 ± 4.37	-1.31	0.19
总分	92.39 ± 12.62	95.68 ± 14.89	-1.59	0.11

（三）不同致残时间视障大学生心理韧性的比较

表 3-24 结果显示，先天的视障大学生的心理韧性各维度得分及总分高于后天致残的视障大学生，但无显著性差异。

表 3-24 视障大学生心理韧性在致残时间上的差异分析（$M \pm SD$）

量表维度	先天（$n=110$）	后天（$n=77$）	t	p
目标专注	19.55±3.267	18.71±3.90	1.60	0.11
情绪控制	18.88±4.56	18.43±4.34	0.68	0.50
积极认知	15.85±2.643	15.53±3.177	0.75	0.45
家庭支持	21.49±4.470	21.23±4.331	0.39	0.70
人际协助	18.61±4.36	18.39±3.88	0.35	0.72
总分	94.39±13.997	92.30±12.749	1.04	0.30

（四）不同残障级别视障大学生心理韧性的比较

表 3-25 结果显示，全盲和低视力视障大学生的心理韧性各维度得分及总分无显著性差异。

表 3-25 视障大学生心理韧性在残障级别上的差异分析（$M \pm SD$）

量表维度	全盲（$n=114$）	低视力（$n=73$）	t	p
目标专注	19.15±3.902	19.25±3.32	−0.19	0.85
情绪控制	18.97±4.75	18.51±4.28	0.69	0.49
积极认知	15.69±3.04	15.74±2.77	−0.13	0.90
家庭支持	21.08±4.20	21.58±4.54	−0.76	0.44
人际协助	18.53±4.01	18.51±4.27	0.02	0.98
总分	93.42±13.518	93.60±13.55	−0.09	0.93

三、听力障碍大学生心理韧性的调查结果

（一）听力障碍大学生和普通大学生心理韧性的比较

表 3-26 的结果显示，听障大学生与普通大学生在目标专注、情绪控制两个维度上没有显著差异，但是在积极认知、家庭支持和人际协助三个维度得分和心理韧性总分上显著低于普通大学生。

表 3-26　听力障碍大学生和普通大学生的心理韧性差异（M±SD）

量表维度	听障大学生(n=325)	普通大学生(n=268)	t	p
目标专注	17.90±2.62	17.78±2.42	0.58	0.56
情绪控制	18.50±3.21	18.83±3.97	−1.09	0.27
积极认知	14.52±2.18	14.91±2.10	−2.18	0.03
家庭支持	20.86±3.44	22.12±3.74	−4.02	0.00
人际协助	18.27±3.38	20.82±4.40	−7.78	0.00
总分	90.05±9.99	94.46±10.89	−5.13	0.00

（二）不同性别听力障碍大学生心理韧性的比较

如表 3-27 所示，听力障碍大学生的心理韧性在性别上的总得分和各维度上的得分并不存在显著性差异。

表 3-27　听力障碍大学生心理韧性在性别上的差异（M±SD）

量表维度	男(n=105)	女(n=220)	t	p
目标专注	17.88±2.66	17.92±2.60	−0.13	0.89
情绪控制	18.93±3.02	18.29±3.28	1.74	0.08
积极认知	14.38±2.14	14.59±2.20	−0.80	0.42
家庭支持	20.49±3.07	21.04±3.59	−1.43	0.15
人际协助	18.41±2.93	18.20±3.57	0.55	0.58
总分	71.68±7.99	71.84±7.91	0.37	0.54

（三）不同致残时间听力障碍大学生心理韧性的比较

表 3-28 显示，听力障碍大学生的心理韧性各维度上的得分及总分在致残时间上不存在显著性差异。

表 3-28　听力障碍大学生心理韧性在致残时间上的差异（M±SD）

量表维度	先天(n=156)	后天(n=169)	t	p
目标专注	18.06±2.40	17.76±2.80	1.01	0.31
情绪控制	18.38±3.06	18.60±3.35	−0.61	0.54
积极认知	14.46±1.89	14.58±2.41	−0.51	0.60
家庭支持	20.83±3.30	20.89±3.57	−0.17	0.86
人际协助	18.28±3.39	18.26±3.37	0.04	0.97
总分	71.72±7.31	71.84±8.48	−3.86	0.06

四、讨论与分析

（一）残障大学生和普通大学生心理韧性的差异分析

调查结果显示，残障大学生与普通大学生在心理韧性上存在不同程度、不同维度上的差异：视障大学生在目标专注和积极认知上的得分显著高于普通大学生，人际协助得分显著低于普通大学生，心理韧性总分与普通大学生无显著差异；听障大学生在积极认知、家庭支持和人际协助三个维度的得分和心理韧性总分上显著低于普通大学生。从整体上看，与普通大学生相比，视障大学生的积极认知和目标专注具有一定优势，听障大学生的积极认知处于劣势，视、听障大学生的人际协助均处于劣势。这与特殊儿童心理韧性的有关研究结果相似，如孙敏（2020）的研究表明特殊儿童人际协助显著低于普通儿童[56]。

第一，在目标专注维度上，视障大学生的得分显著高于普通大学生。目标专注，指树立合理的人生目标并致力于实现目标的能力。与普通大学生相比，视障大学生由于受到生理功能的限制，其人生目标可能更少，因此目标更加明确。在目前的高等教育中，针对视障大学生开设的专业主要包括音乐、针灸推拿、康复三个大领域，因此视障大学生未来职业的目标被局限在这三个领域之中，但普通大学生的人生目标的设定不仅局限在自己所学专业范围内，而是存在更多的可能。因此，视障大学生在确立人生目标时比普通大学生更容易和更明确，为人生努力的方向更确定，普通大学生更容易出现迷茫和不知所措的现象。

第二，在积极认知维度上，听障大学生和普通大学生的比较结果与普通中学生与听障中学生的比较结果一致，即听障中学生的积极认知显著低于普通中学生[55]。在积极心理学中，积极认知是以独特的眼光看待日常生活，着眼于发现自己、他人、过往事物的优点，可让个体更有动力地去看清机会与可能性发展，发挥自我潜力，产生正面能量与促进身心健康。有研究表明，人格特征、自我情绪调节能力、父母自身的性格特征、父母的教养方式、同伴、教师都会对个体的积极认知产生影响[61]。听障大学生积极认知水平较低可能与以下原因有关：一是听力功能损伤的影响。听力功能的限制对听障个体的身心发展产生了巨大的影响，表现在为他们对世界的认知、对自我的认知，以及他们的社会关系和社会参与等方面带来消极影响，这些消极的影响必然不利于听障大学生形成乐观、希望等积极的特征，而是很可能诱发其形成抑郁、焦虑、自卑等负性情绪特征，进而影响其积极认知的形成。尤其是抑郁情绪会使个体因感到无力应对外界压力而产生心理失调和情感问题[62]，对任何事情失去兴趣，无精打采，对未来不抱有希望，这对听障大学生的积极认知无疑是一种严重的消极影响。二是听障大学生对情绪调节能力较差。已有研究表明，听障学生对情绪调节策略的总体运用能力不如健听学生，具体表现为使用策略单一、效率差。当其面对消极情绪时，仅能采取哭泣、抱怨等优先策略进行调节[63]。本研究关于听障大学生和普通大学生情绪控制能力的比较结果也显示出听力障碍大学生的情绪控制能力得分较低，但没有达到显著性水平。较差的情绪调节能力使听障学生在遭遇困难和挫折时，难以用积极的认知方式去应对压力。三是父母教养方式两极化的影响。很多残障儿童的父母对残障儿童要么拒绝排斥，对其冷漠或忽视，要么过度怜悯，过分保护和溺爱，这两种家庭教养方式都不利于残障儿童积极认知的形成和发展。

视障大学生虽然也存在生理缺陷，但在积极认知方面却较普通大学生和听障大学生表现出色，这与刘璐等（2016）关于残障中学生与普通中学生心理韧性差异的研究结果不同，该研究结果显示视障中学生的积极认知显著低于普通中学生，研究者将这一现象归因于视障学生的人格缺陷[55]。心理韧性的过程论认为，心理韧性是个体与环境两者之间交互作用的动态过程，是逆境与保护性因子相互作用的动态过程。一般认为，视力障碍属于一种由生理缺陷导致的逆境，其导致了个体心理健康水平的降低或人格的缺陷，但对于大学生群体中的视障人士而言，升学的成功成为多种保护性因子产生和发挥作用的起点，如成就感、自尊感、价值感等内在保护性因子和学校、社会资源等外在的保护性因子，这些保护性因子的产生促使视障大学生形成对自我、对生活、对社会的积极认知。同时，与听障大学生相比，视障大学生的思维品质较好，思维的灵活性、逻辑性和深刻性较强。因此他们的认知调节能力和相应的情绪调节能力较强，进而使视障大学生形成了较普通大学生和听障大学生更加积极的认知。

第三，在家庭支持维度上，普通大学生高于视、听碍大学生，并与听障大学生的差异达到显著性水平。大学生家庭支持是包括家庭成员为其成长发展提供的物质支持、非责备的态度、家庭和谐、精神鼓励等内容的总称，是大学生社会支持系统的重要组成部分[64]。首先，残障大学生获得的支持情况一方面与家庭实际提供的支持有关，另一方面与其感知到的支持有关。与普通大学生相比，残障大学生属于相对弱势的群体，在心理层面上更加需要父母的保护、理解和情感支持，可能父母已经给予了大量的支持，但仍然无法满足其心理对支持的需要。对听障大学生来讲，家庭支持的获得也受到其沟通能力和理解能力的限制，由于听力的缺陷，他们不能完全感知到父母所提供的支持。尤其是在父母为健听人士的情况下，沟通的限制和身份认同的差异难免对听障大学生感知到的家庭支持造成一定的影响，从而造成听障大学生感知到的家庭支持比实际获得的家庭支持少。其次，父母的残障观、受教育水平、经济状况等也会对残障大学生的家庭支持产生重要影响。例如，如果父母把残障孩子视为无能的人、累赘或者令他们丢脸的人，那么他们可能不会给孩子提供充分的情感支持、精神鼓励和教育投入。残障大学生接受教育所需的投入一般比普通学生多，如大多数听障学生在小学时期就开始寄宿学校的生活，部分学生还需要长期进行康复训练等，这些都需要大量的经济投入和精力上的付出，如果父母的经济状况较差，很可能无法给他们提供充足的经济支持和生活及学习方面的照顾，从而使他们感受到较少的家庭支持。

第四，在人际协助维度上，普通大学生的得分显著高于残障大学生。已有研究表明，残障大学生普遍具有人际关系敏感和人际交往障碍[65,66]，这对他们人际协助的获得造成了极大的阻碍，使他们人际交往的范围比普通大学生小得多，获得帮助或支持的来源仅限于家长、教师和数量有限的残障同伴，进而使他们可获得的人际协助的数量较少。尤其是听障大学生，只能与会手语的老师和同学交流，但是会手语的老师也是少数，导致他们求助的对象数量十分有限。同时，部分听障大学生从小在健听人群体内生活和学习，缺乏与听障人士交往的经验，不能完全融入"聋人文化"之中，这也会对他们获得人际协助产生负面的影响。同时，社会的残障观对残障大学生人际协助的获得也存在一定影响，人们对残障者的不同态度影响着自身施助和残障者求助的行为数量和表现，对残障者持接纳、尊重态度的普通人，会产生更多的助人行为，感受到被接纳、被尊重的残障者也会产生更多的求助行为，反之则出现相反的效果。此外，残障大学生自身的人格特征如自我评价、安全感和人际信任等都会对人际协助产生一定影响。

第五，在心理韧性的总分上，与普通大学生相比，残障大学生表现出较低的水平，听障大学生与普通大学生的差异显著，这一结果与李国敏（2021）的研究结果一致[67]。心理韧性是个体面对生活逆境、创伤、悲剧、威胁或其他生活重大压力时的良好适应能力，具有生理器官缺陷本身就是一种逆境和创伤，给残障者造成了普通人所没有的压力，因此更需要一些必要的保护性因子，增强其抗压能力和适应能力，如个体本身所具有的人格特征、生活态度，家庭、学校、社区或同辈的尊重、关爱和支持。但实际上，残障大学生存在着不同程度的人格问题，如自卑、依赖、自我中心等，又经常要面对来自社会、学校、家庭等方面的拒绝和歧视，这些不利因素必然会对他们的心理韧性产生负面影响，导致他们心理韧性水平较低。

（二）残障大学生心理韧性在性别上的差异分析

研究结果显示，视、听碍大学生的心理韧性总分和各维度得分在性别上的差异均不显著。这个结果与普通大学生心理韧性的性别差异研究结果不同。对普通大学生的心理韧性研究表明，女大学生的心理韧性总分以及在积极认知、家庭支持、人际协助维度上的得分均显著高于男生[68,69]。心理韧性是个体所具有的一种能力、潜能或特质，这些能力、潜能或特质均与个体的认知或情感有关，包含人格特质和自我观念。心理韧性的特征与个体的内在因素有关，也受外在环境的影响。残障大学生由于受到生理缺陷这一逆境的影响，可能心理韧性的结构与普通大学生不同，也使其面临的家庭环境、学校环境和社会环境与普通大学生具有本质上的差异，这些差异导致了残障大学生性别角色差异在心理韧性上的作用降低，尤其是听障大学生所处的聋人文化与普通文化存在明显差异，性别角色作为社会文化的重要产物之一，可能在听力障碍群体的文化中具有独特性，这个推测有待进一步研究和论证。

（三）残障大学生心理韧性在致残时间上的差异分析

调查结果显示，视、听障大学生的心理韧性总分和各维度上的得分在致残时间上并不存在显著性差异。由于先天致残和后天致残的时间跨度较大、先天残障者和后天残障者对残障的态度不同、对心理活动产生影响的多种内外因素交互作用复杂等原因，关于先天致残者和后天残障者心理特征差异的研究十分少见。从视障大学生角度讲，先天致残的学生在认知能力，如形象思维、视觉想象、形象记忆等能力上较后天致残的学生低；先天、后天视障大学生对待视力障碍的态度不同，先天致残的学生对视力障碍的接纳性更高，后天致残学生要经历一个从不信、否认拒绝到接纳，再到康复的过程，同时要经历环境适应能力、自我效能感、自尊等心理特征上的变化过程。本研究中的视障大学生介于 20 至 25 岁之间，后天视障学生的致残时间基本是在小学之前。因此，经历了如此长时间的发展，致残时间对二者心理特征的影响力已经变小，即二者在适应能力、自我效能感和自尊等方面相差无几，因此二者的心理韧性水平不存在显著性差异，该推断仍需进一步研究。从听障大学生角度讲，随着科技和医疗水平的进步，听力损伤程度对听障大学生的学习及其他心理品质的影响逐渐减少。根据中国残联"七彩梦行动计划"人工耳蜗项目的相关要求，不论是先天原因致残还是后天原因致残，只要是符合要求的聋儿都可以植入人工耳蜗并进行康复训练，来消除听力损失对生活和学习的影响。完全听不到声音的听障大学生人数很少，所以，心理韧性在致残时间上不存在显著性差异。

五、残障大学生心理韧性的研究结论

经调查和分析，本研究得出有关残障大学生心理韧性特征的如下结论：①在心理韧性总分上，视力障碍和听力障碍大学生的心理韧性与普通大学生相比具有不同的特征，视障大学生的心理韧性与普通大学生无显著差异，听障大学生的心理韧性显著低于普通大学生。②在心理韧性的各个维度上，视力障碍和听力障碍大学生与普通大学生相比存在不同情况，视障大学生的积极认知和目标专注显著高于普通大学生，听障大学生的积极认知显著低于普通大学生，视、听障大学生的人际协助均低于普通大学生。③视、听障大学生的心理韧性总分和各维度得分不存在显著的性别差异。④视、听障大学生的心理韧性总分和各维度得分在致残时间上不存在显著的差异。

心理韧性作为一种积极心理品质，与残障大学生的心理健康密切相关。上述研究结论能够为残障大学生的心理健康服务工作提供如下参考：第一，应该重视残障大学生心理韧性的培养，采取多种措施促进残障大学生心理韧性水平的提升。目前，心理学领域形成了若干针对普通青少年群体的心理韧性训练模式，对残障大学生群体具有借鉴意义。①问题解决模式。该模式通过加强个人与环境的互动，关注个体如何有效地解决问题，通过提高个体的问题解决能力，使其更加有效地解决遇到的压力情境，从而增强自我效能感，整合和提高心理韧性。主要有三个步骤：责任，即为问题及问题解决负起责任；推理，留出时间来思考问题解决的每一个步骤；复原力，即使遇到了障碍也要坚持。②认知行为模式。该模式主要通过调节对自己的处境和能力、对他人心理判断、对压力和逆境的认知，达到做出合理决策并有效控制自己行为的目的，最终实现促进复原力发展的目标。基于认知行为模式的具体干预方法或者形式包括"我是、我有、我能"的操作化策略、"六策略训练计划"和团体心理辅导等。③叙事治疗模式。该模式是咨询师通过与来访者一起回顾故事、解构故事、重构故事，使来访者从自己的故事中理解到危险性因素对自己的伤害，重新建构起自己生命的意义，获得更高的复原力。第二，加强残障大学生保护性因素的建设。残障大学生可能要比普通人面临更多无法避免的危险性因素，如家庭的嫌弃、社会的歧视、就业的困难等，不利于其心理韧性的发展。而保护性因素对心理韧性的发展具有重要作用，能够使个体调节或减少内在或外在危险性因素的不利影响，降低问题行为的发生率或提高适应性。因此，可以通过保护性因素的作用来减轻危险性因素的不利影响，这需要家庭、学校、社会的共同努力。在家庭方面，家长应该多给予残障大学生以关怀和支持，如对他们进行恰当的教育、经常与他们沟通、给予他们鼓励等；在学校方面，学校应给残障大学生创造良好的生活和学习环境，给他们提供全面的保障，如提供完善的无障碍设施、尊重和接纳的校园氛围、系统的心理服务、丰富的课内外活动等；在社会方面，应该增加残障大学生的福利政策，增加对残障的接纳度，引导大众树立正确的残障观，提供全面的医疗服务、就业保障体系及完善其他社会保障体系。第三，关注残障大学生的人际交往和社会融合能力的提升。本研究结果显示，残障大学生人际协助显著低于普通大学生，这与他们的人际交往能力和社会融合能力较低密切相关。因此，学校应通过各种形式促进残障大学生人际交往能力的提升，如开展各种残健融合的课内外活动、团体辅导活动、社会实践活动，增加残障大学生与普通人交往的机会，使其人际交往能力得到训练，促进其与社会的融合。第四，重点关注听障大学生心理韧性的提升。根据研究的结果，听障大学生心理韧性总体水平和各个维度的得分均显著低于普通大学生，说明听障大学生心理韧性存在较严重的问题。因此，学校应针对听障大学生的特点对其心理韧性进行干预。

参考文献

[1] 刘翔平. 积极心理学 [M]. 北京：中国人民大学出版社，2010.

[2] 任俊. 积极心理学思想的理论研究 [D]. 南京：南京师范大学，2006.

[3] 马晓羽. 走向多元化的积极心理学：问题与超越 [D]. 长春：吉林大学，2019.

[4] 王庭照，刘华兰. 残疾人主观幸福感研究述评 [J]. 岭南师范学院学报，2019，40（03）：11-19.

[5] 谢四平，刘韵清. 当代大学生的社会责任感 [J]. 舟山学刊，2005：57.

[6] 钱志亮. 盲童的人格特点及其教育对策 [J]. 心理发展与教育，1998（2）：56.

[7] 宋志强，曲艳. 视障大学生思想行为特征调查研究——以北京地区视障大学生为例 [J]. 黑龙江教育学院学报，2011（30）：101-103.

[8] 阿德勒. 儿童的人格教育 [M]. 彭正梅，彭莉莉，译. 上海：上海人民出版社，2011.

[9] 阿德勒. 自卑与超越 [M]. 吴杰，郭本禹，译. 北京：中国人民大学出版社，2013.

[10] 布朗 J D，布朗 M. 自我 [M]. 王伟平，陈浩莺，译. 北京：人民邮电出版社，2015.

[11] 王忠，孙立恒，李纯莲，等. 视障大学生心理健康问题分析及对策 [J]. 东北师范大学学报，2009（1）：154.

[12] 刘慧. 视障的二重性：身体社会学视角的研究 [D]. 南京：南京大学，2019：61.

[13] 张茂林，杜晓新，张伟峰. 聋人大学生与健听大学生人际关系困扰及自尊状况的比较研究 [J]. 中国特殊教育，2009（05）：8-11.

[14] 赵立韦，李晓，周春燕，等. 人口特征因素对大学生社会责任感的影响研究 [J]. 西部素质教育，2022，8（09）：162-164.

[15] 张萍. 感恩情感的形成机制及其干预 [D]. 上海：上海师范大学，2012.

[16] 王艺霖，张会平. 肢体残疾大学生的歧视知觉对焦虑的影响：感恩的中介作用 [J]. 现代特殊教育，2020（22）：30-34.

[17] 王艺霖. "互联网＋"背景下残疾大学生感恩现状及影响因素调查 [J]. 科学咨询（教育科研），2021（03）：21-22.

[18] 孙裕昌. 让每一个残疾学生充满感恩心 [J]. 现代特殊教育，2005（11）：17-18.

[19] 叶艳晖. 感恩、助人倾向与大学生人际关系困扰的关系 [J]. 心理研究，2015，8（4）：91-96.

[20] 黄瑶. 大学生感恩现状及其认知影响因素研究 [D]. 成都：四川师范大学，2009.

[21] 于晓梅. 大学生感恩心理与父母教养方式、社会支持的关系研究 [D]. 成都：四川师范大学，2012.

[22] 陈筠，王筱萌，凤林谱. 74 名社区残疾人幸福感状况及其影响因素的研究 [J]. 皖南医学院学报，2011，30（05）：403-405.

[23] 许晓楠. 聋人大学生主观幸福感研究 [D]. 大连：辽宁师范大学，2006.

[24] 陈咏媛，雷江华．听力障碍中学生幸福感的调查研究 [J]．中国特殊教育，2006（09）：59-63．

[25] 田丽丽，范丽恒，郑雪．听障中学生与普通中学生幸福感的比较研究 [J]．中国特殊教育，2006（05）：24-27．

[26] 刘月．视障者的社交媒体使用和主观幸福感现状及其关系研究 [D]．长春：吉林大学，2021．

[27] 陈欣，杜岸政，蒋艳菊，等．聋人大学生社会支持对主观幸福感的影响：乐观的中介作用 [J]．中国特殊教育，2019（02）：24-29．

[28] 郎瑞．残疾人心理幸福感及其相关因素研究 [D]．重庆：重庆师范大学，2019．

[29] 娄亚欣，金成吉，张自云．大学生身体自我效能与生活满意度之间关系：锻炼态度的中介作用 [J]．福建体育科技，2022，41（03）：38-41．

[30] 马红霞．听障大学生生活满意度的现状及影响因素 [J]．现代特殊教育，2020（14）：40-46．

[31] 张兴贵．青少年学生人格与主观幸福感的关系 [D]．广州：华南师范大学，2003：4．

[32] 彭聃龄．普通心理学 [M]．北京：北京师范大学出版社．2007．

[33] 蒋艺．女大学生人际交往能力对心理健康的影响：积极情绪的中介作用 [D]．南充：西华师范大学，2018．

[34] 张雯，郑日昌．大学生主观幸福感及其影响因素 [J]．中国心理卫生杂志，2004（01）：61-62＋44．

[35] 杨清．大学生压力与主观幸福感：心理资本的中介作用及社会支持的调节作用 [D]．成都：四川师范大学，2016．

[36] 谢新敏．城乡视角下大学生主观幸福感差异及其影响因素研究 [D]．南昌：江西财经大学，2020．

[37] 田岚冰．高等教育公平感对当代大学生主观幸福感的影响研究 [D]．成都：西南交通大学，2014．

[38] 程虹娟，张春和，龚永辉．大学生社会支持的研究综述 [J]．成都理工大学学报（社会科学版），2004（01）：89．

[39] 肖水源，杨德森．社会支持对身心健康的影响 [J]．中国心理卫生杂志，1987（04）：183-187．

[40] 宋佳萌，范会勇．社会支持与主观幸福感关系的元分析 [J]．心理科学进展，2013，21（08）：1357-1370．

[41] 张羽，邢占军．社会支持与主观幸福感关系研究综述 [J]．心理科学，2007，30（6）：1436-1438．

[42] 刘莎，门瑞雪，范志光．自我污名对听障大学生幸福感的影响：自我效能感和自尊的链式中介作用 [J]．现代特殊教育，2020（20）：37-41．

[43] 贺青霞，陈建文，刘春梅，等．残疾人大学生领悟社会支持对主观幸福感的影响：自我同情的中介作用 [J]．心理学探新，2021，41（02）：143-148．

[44] 杨洪猛．大学生社会支持、自我和谐与主观幸福感的关系研究 [J]．教育理论与实践，2020，40（21）：30-33．

[45] 王宁霞．大学生的社会支持、自我价值对主观幸福感的影响研究 [J]．教育现代化，2018，5（34）：291-292．

[46] 曲海英，衣晓青，赵梦迪．残疾大学生自尊、人格对身体意象的影响研究 [J]．中国卫生事业管理，2017，34（11）：861-865．

[47] 姜瑞玥，刘晓瑜．听障大学生自尊的调查研究 [J]．绥化学院学报，2015，35（01）：59-62．

[48] 何安明，刘华山．感恩的内涵、价值及其教育艺术探析 [J]．黑龙江高教研究，2012，30（04）：92-95．

[49] 丁凤琴，赵虎英．感恩的个体主观幸福感更强？——一项元分析 [J]．心理科学进展，2018，26（10）：1749-1764．

[50] 陆紫欣．社会支持、心理韧性对中职生安全感的影响及干预研究 [D]．淮北：淮北师范大学，2022．

[51] 王亮．高一新生一般自我效能感、心理韧性与社会适应的关系及教育对策研究 [D]．汉中：陕西理工大学，2022．

[52] 金哲洙，李淼洁，沈松哲．师范生心理韧性的特点及与其心理健康的关系 [J]．现代教育科学，2019（01）：67-72．

[53] 王永，王曲云．心理韧性对大学生心理健康的影响——应对方式的中介作用 [J]．成都师范学院学报，2016，32（04）：101-106．

[54] 姜硕媛，李建军，王焰，等．视力障碍儿童的心理韧性与情绪-行为问题的关系 [J]．中国特殊教育，2015（02）：22-26．

[55] 刘璐，宋子明，闫国利，等．视力残疾学生、听力残疾学生、普通中学生心理韧性的比较研究 [J]．中国特殊教育，2016（09）：43-47＋59．

[56] 孙敏．特殊儿童与普通儿童心理韧性的对比研究 [J]．心理月刊，2020，15（20）：45-47．

[57] 尹娜．特殊儿童心理韧性现状及其干预研究 [D]．重庆：重庆师范大学，2021．

[58] 姜琨，兰泽波，孙晓铜，等．听障大学生社会支持对学业自我效能感的影响：心理韧性的中介作用 [J]．心理与行为研究，2022，20（01）：96-100．

[59] 闫广芬，姜琨，兰泽波，等．听障大学生社会支持对适应的影响：心理韧性的中介作用 [J]．心理与行为研究，2021，19（02）：252-257．

[60] 胡月琴，甘怡群．青少年心理韧性量表的编制和效度验证 [J]．心理学报，2008（08）：902-912．

［61］姜子云.儿童积极思维的认知及其影响因素［D］.南京：南京师范大学，2016.

［62］李彩娜，董竹，王瑶瑶，等.大学生抑郁与自我中心：情绪调节自我效能的中介［J］.中国特殊教育，2015（10）：55-62.

［63］周姊毓.聋校初中生情绪调节策略特点研究［D］.大连：辽宁师范大学，2012.

［64］陈江华，张静.心理学视域下经济困难学生家庭支持系统调查研究——以中国传媒大学为例［J］.北京教育（德育），2016（06）：40-42.

［65］李华平.论普通高校残疾大学生心理特点及教育对策［J］.教育科学，2006（02）：94-96.

［66］甘开鹏，刘洪.残疾大学生的心理问题及其调适［J］.湖南第一师范学报，2007（01）：14-15.

［67］李国敏.听障大学生坚韧性人格的现状调查及教育对策研究——基于积极心理学的视角［J］.现代特殊教育，2021（18）：14-19.

［68］杨小丹.关于大学生心理韧性的特点与现状的研究［J］.湖北师范学院学报（哲学社会科学版），2016，36（06）：134-137.

［69］周敏.大学生心理韧性、核心自我评价与抑郁、焦虑情绪的关系研究［D］.长沙：中南大学，2014.

第四章
残障大学生心理健康水平和心理健康服务需求的调查

第一节 残障大学生心理健康水平的调查

2021年，教育部、卫生部和共青团中央提出进一步加强和改进大学生心理健康教育的总体要求，即遵循思想政治教育和大学生心理发展规律，开展心理健康教育，做好心理咨询工作，提高心理调节能力，培养良好心理品质，促进大学生思想道德素质、科学文化素质和身心健康素质协调发展。为符合社会进步的时代要求，高校必须加强大学生心理健康教育。回顾我国权威心理学文献，有大量关于普通人心理健康的研究，而对残障大学生心理健康水平的研究相对较少，并且以往对残障大学生心理健康的调查多数采用的是SCL-90等普通人适用的心理健康量表，可能对调查结果的可信性产生一定影响。本书采用李祚山等人编制的《残障人心理健康量表》，对残障大学生的心理健康水平进行调查分析，为残障大学生心理健康服务的相关研究和实践提供参考。

一、调查对象与方法

（一）调查对象

研究以视、听障大学生作为调查对象，通过问卷星发放问卷，共回收问卷817 份。

听障大学生的有效问卷共 508 份。其中，听力障碍一级学生 404 人，所占比例约 79.5%；听力障碍二级学生 78 人，所占比例约 15.4%；听力障碍三级学生 18 人，所占比例约 3.6%；听力障碍四级学生 8 人，所占比例约 1.6%。先天致残学生 247 人，所占比例约 48.7%；后天致残学生 261 人，所占比例约 51.4%。男生 194 人，所占比例约 38.1%；女生 314 人，所占比例约 61.8%。大学一年级学生 183 人，所占比例约 36.0%；大学二年级学生 132 人，所占比例约 26.0%；大学三年级学生 97 人，所占比例约 19.1%；大学四年级学生 96 人，所占比例约 18.9%。学生生源地为乡镇的 321 人，所占比例约 63.2%；学生生源地为城市的 187 人，所占比例约 36.8%。

视障大学生的有效问卷为 309 份。其中，视力障碍程度为盲的 114 人，所占比例约 36.9%；视力障碍程度为低视力的 195 人，所占比例约 63.1%；先天致残学生 198 人，所占比例约 64.1%；后天致残学生 111 人，所占比例约 35.9%。男生 187 人，所占比例约 60.5%；女生 122 人，所占比例约 39.5%。大学一年级学生 120 人，所占比例约 38.8%；大学二年级学生 110，所占比例约 35.6%；大学三年级学生 35 人，所占比例约 11.3%；大学四年级学生 44 人，所占比例约 14.2%。学生生源地为乡镇的 184 人，所占比例约 59.5%；学生生源地为城市的 125 人，所占比例约 40.5%。

（二）调查方法

调查采用随机抽样的方法，运用李祚山等人编制的《残障人心理健康量表》[1]，对视、听障大学生的心理健康状况进行调查，该量表包括人际和谐与社会适应（13 个题目）、积极自我概念（8 个题目）、幸福感体验（6 个题目）、爱情婚姻满意度（5 个题目）和乐于工作（3 个题目）五个维度，由于调查对象为大学生群体，研究将原量表中的第四个维度改为爱情友情满意度，其中有关于"配偶"的题目改为同学或配偶，第五个维度改为乐于学习，其中有关于"工作"

的题目改为学习，修订后的量表内部一致性系数为 0.96，各维度与问卷总系数在 0.62～0.94 之间。量表采用李克特 5 点计分法，完全不符合计 1 分，不太符合计 2 分，一般计 3 分，比较符合计 4 分，完全符合计 5 分，得分越高，心理健康水平就越高。

二、听力障碍大学生心理健康水平的调查结果

（一）听力障碍大学生心理健康总体状况

根据表 4-1 的调查结果，听力障碍大学生心理健康状况与总体残疾人心理健康常模相比较处于中等水平（总体残疾人心理健康常模中中等水平对应的数值范围是 125～139）。

表 4-1　听力障碍大学生心理健康的描述性统计（$n=508$）

量表维度	最小值	最大值	M	SD
人际和谐与社会适应	18	65	46.31	8.28
积极自我概念	12	40	30.09	5.18
幸福感体验	6	30	22.00	4.35
爱情友情满意度	8	25	19.71	3.39
乐于学习	3	15	11.14	2.34
总分	48	173	129.26	21.10

（二）不同性别的听力障碍大学生心理健康的比较分析

听力障碍大学生在心理健康方面的性别差异如表 4-2 所示，从表中可以看出，本研究所获得的数据按照性别进行独立样本 t 检验的结果显示，在听力障碍大学生中，不同性别听力障碍大学生在人际和谐与社会适应、积极自我概念、幸福感体验、爱情友情满意度、乐于学习上的得分和总分均不存在显著性差异（$p>0.05$）。

表 4-2　听力障碍大学生心理健康各维度在性别上的差异（$M\pm SD$）

量表维度	男（$n=194$）	女（$n=314$）	t	p
人际和谐与社会适应	46.48±8.49	46.19±8.16	0.38	0.70
积极自我概念	29.87±5.37	30.23±5.06	−0.76	0.45
幸福感体验	21.87±4.48	22.08±4.30	−0.53	0.60
爱情友情满意度	19.36±3.63	19.93±3.22	−1.87	0.06

续表

量表维度	男（n＝194）	女（n＝314）	t	p
乐于学习	11.22±2.35	11.10±2.33	0.55	0.58
总分	128.80±21.95	129.54±20.59	−0.39	0.70

（三）不同年级的听力障碍大学生心理健康的比较分析

听力障碍大学生在心理健康方面的年级差异如表 4-3 所示，从表中可以看出，将本研究所获得的数据按年级进行单因素方差分析后的结果显示，不同年级的听力障碍大学生在人际和谐与社会适应、积极自我概念、幸福感体验、爱情友情满意度、乐于学习上的得分和总分上均不存在显著性差异（p＞0.05）。

表 4-3　听力障碍大学生心理健康各维度在年级上的差异

量表维度	年级	n	M±SD	F	p
人际关系与社会适应	大一	183	45.59±8.14	1.08	0.35
	大二	132	46.46±7.77		
	大三	97	47.44±8.82		
	大四	96	46.30±8.65		
积极自我概念	大一	183	29.88±5.11	0.51	0.67
	大二	132	30.11±4.97		
	大三	97	30.65±5.11		
	大四	96	29.92±5.68		
幸福感体验	大一	183	21.59±4.28	1.93	0.12
	大二	132	22.07±4.25		
	大三	97	22.88±4.16		
	大四	96	21.81±4.74		
爱情友情满意度	大一	183	19.64±3.32	1.60	0.19
	大二	132	19.52±3.17		
	大三	97	20.37±3.53		
	大四	96	19.45±3.61		
乐于学习	大一	183	10.89±2.35	1.85	1.14
	大二	132	11.26±2.23		
	大三	97	11.55±2.34		
	大四	96	11.07±2.41		

续表

量表维度	年级	n	M±SD	F	p
总分	大一	183	127.59±20.52	1.38	0.25
	大二	132	129.42±20.40		
	大三	97	132.89±21.41		
	大四	96	128.55±21.10		

（四）不同听力障碍级别大学生心理健康的比较分析

听力障碍大学生在心理健康方面的听力障碍级别差异如表 4-4 所示，从表中可以看出，将本研究所获得的数据按听力障碍级别进行单因素方差分析后的结果显示，不同听力障碍级别的大学生在人际和谐与社会适应、幸福感体验、爱情友情满意度、乐于学习上的得分和总分并不存在显著性差异（$p > 0.05$），其积极自我概念的得分存在显著性差异（$p < 0.05$）。

表 4-4　听力障碍大学生心理健康各维度在听力障碍级别上的差异

量表维度	残疾等级	n	M±SD	F	p
人际和谐与社会适应	一级	404	45.97±7.93	1.77	0.15
	二级	78	48.23±9.44		
	三级	18	46.39±9.60		
	四级	8	44.50±10.48		
积极自我概念	一级	404	29.80±5.02	3.21	0.02
	二级	78	31.69±5.58		
	三级	18	30.39±5.33		
	四级	8	28.50±6.61		
幸福感体验	一级	404	21.91±4.24	0.71	0.54
	二级	78	22.55±4.56		
	三级	18	22.22±5.69		
	四级	8	20.75±5.00		
爱情友情满意度	一级	404	19.66±3.31	0.55	0.64
	二级	78	20.10±3.67		
	三级	18	19.56±3.39		
	四级	8	18.88±4.45		

续表

量表维度	残疾等级	n	M±SD	F	p
乐于学习	一级	404	11.02±2.29		
	二级	78	11.74±2.47	2.22	0.09
	三级	18	11.39±2.55		
	四级	8	10.75±2.49		
总分	一级	404	128.37±20.17		
	二级	78	134.32±23.77	1.96	0.12
	三级	18	129.94±24.72		
	四级	8	123.38±27.49		

（五）不同致残时间的听力障碍大学生心理健康的比较分析

听力障碍大学生在心理健康方面的致残时间差异如表 4-5 所示，从表中可以看出，将本研究所获得的数据按致残时间进行独立样本 t 检验分析后的结果显示，不同致残时间的听力障碍大学生在人际和谐与社会适应、积极自我概念、幸福感体验、爱情友情满意度、乐于学习上的得分和总分均不存在显著性差异（$p > 0.05$）。

表 4-5 听力障碍大学生心理健康各维度在致残时间上的差异（$M±SD$）

量表维度	先天	后天	t	p
人际和谐与社会适应	45.71±8.02	46.87±8.49	−1.57	0.12
积极自我概念	29.72±5.22	30.45±5.13	−1.60	0.11
幸福感体验	22.00±4.35	22.00±4.36	−0.01	0.99
爱情友情满意度	19.56±3.46	19.85±3.32	−0.97	0.33
乐于学习	11.02±2.39	11.26±2.29	−1.16	0.25
总分	128.02±21.07	130.43±21.10	−1.30	0.20

（六）不同生源地的听力障碍大学生心理健康的比较分析

听力障碍大学生在心理健康方面的生源地差异如表 4-6 所示，从表中可以看出，将本研究所获得的数据按照生源地的不同进行独立样本 t 检验分析后的结果显示，不同生源地的听力障碍大学生在人际和谐与社会适应、爱情友情满意度上的得分均不存在显著性差异（$p > 0.05$），在积极自我概念、幸福感体验、乐于学习上的得分和总分存在显著差异（$p < 0.05$）。

表 4-6　听力障碍大学生心理健康各维度在生源地上的差异（M±SD）

量表维度	乡镇	城市	t	p
人际和谐与社会适应	45.82±7.84	47.14±8.93	−1.75	0.08
积极自我概念	29.69±5.13	30.79±5.22	−2.31	0.02
幸福感体验	21.69±4.38	22.53±4.26	−2.09	0.03
爱情友情满意度	19.50±3.42	20.07±3.31	−1.82	0.70
乐于学习	10.92±2.33	11.53±2.30	−2.90	0.00
总分	127.62±20.46	132.06±21.93	−2.30	0.02

三、视力障碍大学生心理健康水平的调查结果

（一）视力障碍大学生心理健康总体状况

如表 4-7 所示，视力障碍大学生心理健康状况总平均分为 131.17，与总体残疾人心理健康常模相比较处于中等水平（总体残疾人心理健康常模中等水平对应的数值范围是 125～139）。

表 4-7　视力障碍大学生心理健康的描述性统计（n＝309）

量表维度	最小值	最大值	M	SD
人际和谐与社会适应	17	65	47.10	9.65
积极自我概念	309	40	33.37	5.71
幸福感体验	6	30	22.14	4.95
爱情友情满意度	5	25	20.56	3.56
乐于学习	3	15	11.46	2.54
总分	42	170	131.17	23.14

（二）不同性别的视力障碍大学生心理健康的比较分析

视力障碍大学生在心理健康方面的性别差异如表 4-8 所示，从表中可以看出，将本研究所获得的数据按照性别进行独立样本 t 检验分析后的结果显示，不同性别的听力障碍大学生在人际和谐与社会适应、积极自我概念、幸福感体验、爱情友情满意度、乐于学习上的得分和总分均不存在显著性差异（p＞0.05）。

表 4-8　视力障碍大学生心理健康各维度在性别上的差异（$M \pm SD$）

量表维度	男（$n=187$）	女（$n=122$）	t	p
人际和谐与社会适应	47.40±10.14	46.63±8.85	0.70	0.48
积极自我概念	33.51±5.75	33.15±5.67	0.55	0.58
幸福感体验	22.13±5.16	22.16±4.62	−0.06	0.95
爱情友情满意度	20.68±3.60	20.39±3.52	0.71	0.48
乐于学习	11.56±2.60	11.30±2.43	0.86	0.38
总分	131.80±23.96	130.20±21.89	0.60	0.55

（三）不同年级的视力障碍大学生心理健康的比较分析

视力障碍大学生在心理健康方面的年级差异如表 4-9 所示，从表中可以看出，将本研究所获得的数据按年级进行单因素方差分析后的结果显示，不同年级的听力障碍大学生在积极自我概念、幸福感体验、爱情友情满意度上的得分均不存在显著性差异（$p>0.05$），在人际和谐与社会适应和乐于学习上的得分存在显著差异（$p<0.05$）。在人际和谐与社会适应维度上，大一学生的得分显著高于大二学生，大四学生的得分显著高于大二、大三学生。在乐于学习维度上，大一学生的得分显著高于大二学生，大四学生的得分显著高于大二学生。

表 4-9　视力障碍大学生心理健康各维度在年级上的差异

量表维度	年级	n	$M \pm SD$	F	p
人际和谐与社会适应	大一	120	48.46±10.42		
	大二	110	45.40±8.60		
	大三	35	44.91±8.82	3.42	0.02
	大四	44	49.36±9.76		
积极自我概念	大一	120	33.72±6.28		
	大二	110	32.83±5.53		
	大三	35	34.25±4.92	0.96	0.41
	大四	44	33.37±5.71		
幸福感体验	大一	120	22.98±5.51		
	大二	110	21.49±4.26		
	大三	35	21.08±4.64	2.37	0.07
	大四	44	22.14±4.95		

量表维度	年级	n	M±SD	F	p
爱情友情满意度	大一	120	20.77±4.00		
	大二	110	20.28±3.24	1.48	0.22
	大三	35	19.83±3.68		
	大四	44	21.30±2.87		
乐于学习	大一	120	11.90±2.63		
	大二	110	10.95±2.32	3.36	0.02
	大三	35	11.06±2.60		
	大四	44	11.84±2.54		
总分	大一	120	134.18±25.87		
	大二	110	127.62±20.26	2.59	0.05
	大三	35	126.46±21.34		
	大四	44	135.55±22.12		

（四）不同视力障碍级别大学生心理健康的比较分析

视力障碍大学生在心理健康方面的视力障碍级别差异如表 4-10 所示，从表中可以看出，将本研究所获得的数据按视力障碍级别进行独立样本 t 检验分析和单因素方差分析后的结果显示，不同视力障碍级别的大学生在人际和谐与社会适应、积极自我概念、爱情友情满意度和乐于学习上的得分及总分并不存在显著性差异（$p > 0.05$），在幸福感体验上的得分存在显著差异（$p < 0.05$）。在幸福感体验维度上，低视力学生的得分显著高于盲生。

表 4-10　视力障碍大学生心理健康各维度在视力障碍级别上的差异 （$M±SD$）

量表维度	盲（n=114）	低视力（n=195）	t	p
人际和谐与社会适应	44.78±9.36	48.45±9.57	−3.28	0.00
积极自我概念	33.69±5.37	33.18±5.90	0.76	0.45
幸福感体验	21.25±4.86	22.66±4.94	−2.43	0.02
爱情友情满意度	20.36±3.40	20.68±3.69	−0.77	0.44
乐于学习	11.28±2.52	11.56±2.55	−0.95	0.34
总分	128.10±21.95	132.96±23.69	−1.79	0.08

（五）不同致残时间的视力障碍大学生心理健康的比较分析

视力障碍大学生在心理健康方面的致残时间差异如表 4-11 所示，从表中可以看出，将本研究所获得的数据按致残时间进行独立样本 t 检验分析后的结果显示，不同致残时间听力障碍大学生在人际和谐与社会适应、积极自我概念、幸福感体验、爱情友情满意度、乐于学习上的得分和总分均不存在显著性差异（$p >$ 0.05）。

表 4-11　视力障碍大学生心理健康各维度在致残时间上的差异（$M \pm SD$）

量表维度	先天（$n = 198$）	后天（$n = 111$）	t	p
人际和谐与社会适应	47.63±8.93	46.14±10.79	1.23	0.22
积极自我概念	33.24±5.41	33.59±6.23	−0.52	0.06
幸福感体验	22.34±4.48	21.78±5.68	0.89	0.37
爱情友情满意度	20.65±3.40	20.40±3.85	0.58	0.56
乐于学习	11.55±2.39	11.30±2.78	0.84	0.40
总分	131.95±21.58	129.76±25.74	0.80	0.42

（六）不同生源地的视力障碍大学生心理健康的比较分析

视力障碍大学生在心理健康方面的生源地差异如表 4-12 所示，从表中可以看出，将本研究所获得的数据按照生源地的不同进行独立样本 t 检验分析后的结果显示，不同致残时间听力障碍大学生在爱情友情满意度上的得分不存在显著性差异（$p > 0.05$），在人际和谐与社会适应、积极自我概念、幸福感体验、乐于学习上的得分和总分均存在显著性差异（$p < 0.05$）。城镇大学生在人际和谐与社会适应、积极自我概念、幸福感体验、乐于学习上的得分和总分均显著高于乡镇大学生。

表 4-12　视力障碍大学生心理健康各维度在生源地上的差异（$M \pm SD$）

量表维度	乡镇（$n = 184$）	城镇（$n = 125$）	t	p
人际和谐与社会适应	45.81±9.53	48.99±9.54	−2.88	0.00
积极自我概念	32.57±5.64	34.55±5.62	−3.04	0.00
幸福感体验	21.52±5.10	23.06±4.58	−2.72	0.00
爱情友情满意度	20.25±3.48	21.02±3.65	−1.88	0.06
乐于学习	11.19±2.54	11.85±2.48	−2.28	0.02
总分	127.95±22.77	135.90±22.96	−3.00	0.00

四、残障大学生心理健康水平的调查结论

① 视力和听力障碍大学生的心理健康总体水平与残疾人心理健康常模相比处于中间水平。

② 听力障碍大学生的心理健康水平在听力障碍级别和生源地上存在显著差异，在性别、年级、致残时间上无显著差异；视力障碍大学生的心理健康水平在年级、生源地和视力障碍级别上存在显著差异，在性别、致残时间上无显著差异。

第二节　残障大学生心理健康服务需求的调查

一、调查目的

对残障大学生心理健康需求进行调查，全面了解残障大学生对于心理健康服务方面的需求，为建立健全残障大学生心理健康服务体系、开展有针对性的心理健康服务提供依据。

二、调查对象与工具

（一）调查对象

本调查依据方便取样的原则，选取视力和听力障碍的残障大学生为调查对象，回收有效问卷为 887 份。本次调查中，男性 413 人，占 46.56%；女性 474 人，占 53.44%。其中视力障碍 314 人，占 35.4%；听力障碍 573 人，占 64.6%。

（二）调查工具

研究采用自编《残障大学生心理健康教育需要调查问卷》，该问卷参考了李祚山编写的《残疾人心理健康服务需求调查表》，共包括 15 个封闭式问题，从残障大学生对心理健康服务的认识、接纳和意愿，心理健康服务的目标，心理健康

服务需要的内容，心理健康服务的形式，及其所在学校心理健康服务的开展情况
5 个方面进行调查。

三、调查结果与分析

（一）残障大学生对心理健康服务的认识、接纳和意愿

该维度通过 11 个问题调查了解残障大学生对心理健康服务的认识、接纳以及意愿。在认识程度方面，80.38％的残障大学生认为心理健康教育很重要，70.46％的残障大学生认为心理健康服务可以帮助残障大学生缓解或解决心理问题，69.79％的残障大学生认为心理健康服务可以帮助残障大学生掌握一定的心理调适方法，65.73％的残障大学生认为心理健康服务可以帮助残障大学生融入和适应社会。结果表明，残障大学生对心理健康服务是有一定认识的，绝大多数的残障大学生都认为心理健康服务是很重要的。大多数的残障大学生都认为心理健康服务在缓解或解决其心理问题、使其掌握一定的心理调适方法以及融入和适应社会方面有积极作用。

在接纳程度方面，85.91％的残障大学生认为提供心理健康服务是必要的。在日常生活学习中，如果产生一些心理困扰，56.6％的残障大学生认为可能有必要找相关人员进行心理服务，36.19％的残障大学生认为完全有必要找相关人员进行心理服务，65.28％的残障大学生希望学校提供专门的心理健康服务，85.57％的残障大学生希望学校设立专门的残障大学生心理健康服务部门。结果表明，绝大多数人对心理健康服务的接纳程度是很高的，希望学校能够为残障大学生设立专门的心理健康服务部门且提供专门的心理健康服务。

在需求意愿方面，56.14％的残障大学生希望接受专门的心理健康服务，5.19％的残疾大学生不希望接受专门的心理健康服务，38.67％的残障大学生持无所谓的态度；67.53％的残障大学生希望了解心理健康知识，2.71％的残障大学生不希望了解心理健康知识，29.76％的残障大学生持无所谓的态度；58.06％的残障大学生希望参加与心理健康有关的活动，5.41％的残障大学生不希望参加与心理健康有关的活动，36.53％的残障大学生持无所谓的态度。结果表明，大部分的残障大学生还是很愿意心理健康服务以及相关活动的，少部分残障大学生表示对此没有相关需求意愿。

（二）残障大学生心理健康服务的目标

在残障大学生心理健康服务目标方面，88.05％的残障大学生认为心理健康服务可以解决心理困扰和问题，80.62％的残障大学生认为心理健康服务可以预防心理问题，70.57％的残障大学生认为心理健康服务可以治疗心理疾病，81.74％的残障大学生认为心理健康服务可以提升心理健康水平，84.1％的残障大学生认为心理健康服务可以培养良好的心理品质，75.99％的残障大学生认为心理健康服务可以丰富心理健康知识。结果表明，绝大多数的残障大学生对心理健康服务持积极的态度，对心理健康服务的目标需求十分明确。

（三）残障大学生心理健康服务需要的内容

由于残障大学生生理和心理问题的特殊性，在残障大学生心理健康服务需要的内容方面，本研究共调查了 10 项内容，具体情况见表 4-13。

表 4-13　残障大学生心理健康服务内容调查具体情况

心理健康服务内容	人数	比例
促进自我认识、提升自我接纳性	765	86.25％
促进人际交往、提升交往能力	774	87.26％
提升情绪调节能力	740	83.43％
提升适应能力	700	78.92％
提升自信心	714	80.50％
提升生涯规划能力	636	71.70％
提供就业心理辅导	626	70.57％
提供恋爱心理辅导	554	62.46％
提升幸福感	580	65.39％
培养积极的人格品质	648	73.06％

表 4-13 的结果表明，促进自我认识、提升自我接纳性，促进人际交往、提升交往能力，提升情绪调节能力，以及提升自信心这 4 个方面是受访者特别需要的心理服务内容，选择比例均在 80％以上。提升适应能力、提升生涯规划能力、提供就业心理辅导以及培养积极的人格品质这 4 个方面也是受访者十分需要的心理服务内容，选择比例均在 70％以上。此外提供恋爱心理辅导和提升幸福感的选择比例分别为 62.46％和 65.39％。

（四）残障大学生心理健康服务的形式

残障大学生心理健康服务的形式主要包括心理健康教育课、心理健康热线以及网络心理服务等。由表 4-14 可知，残障大学生选择比较多的心理健康服务形式是一对一心理辅导或心理咨询、心理健康教育课。除此之外，选择比例在 50％以上的有心理健康热线、网络心理服务、心理专题讲座、团体心理辅导活动、残障同伴互助活动以及残健互助活动。心理健康宣传资料的选择比例为 47.8％。由此可见，残障大学生认可心理健康服务的积极意义，并且希望能获得多种途径的心理健康服务，在选择比例上一对一心理辅导或心理咨询排到了首位，主要是因为这种形式的私密性、针对性更强，能够更有效地解决个体的问题。

表 4-14　残障大学生心理健康服务形式调查具体情况

心理健康服务形式	人数	比例
心理健康教育课	619	69.79％
心理健康热线	471	53.10％
网络心理服务	520	58.62％
心理专题讲座	497	56.03％
心理健康宣传资料	424	47.80％
一对一心理辅导或心理咨询	628	70.80％
团体心理辅导活动	499	56.26％
残障同伴互助活动	523	58.96％
残健互助活动	476	53.66％

（五）残障大学生所在学校心理健康服务的开展情况

在对于残障大学生所在学校通常多长时间开展一次有关残疾人心理健康服务活动的调查中，22.55％的残障大学生选择了一个月一次，18.49％的残障大学生选择了三个月一次，22.21％的残障大学生选择了半年一次，14.09％的残障大学生选择了一年一次，22.66％的残障大学生选择了从未有过。结果表明，目前残障大学生学校开展心理健康服务活动的时间间隔较长。此外，仍有 22.66％的残障大学生从未在校接受过心理健康服务，这说明残障大学生心理健康服务活动的覆盖程度还有待提升。

第五章
残障大学生心理健康服务体系的建构与实践探索

自党的十八大以来，心理健康服务体系建设日渐得到重视，并逐步上升到社会治理的层面，原国家卫生计生委、中宣部、中央综治办、民政部等 22 个部门于 2016 年 12 月联合印发、2017 年 1 月公开颁布的《关于加强心理健康服务的指导意见》（国卫疾控发〔2016〕77 号）明确提出"心理健康是影响经济社会发展的重大公共卫生问题和社会问题""加强心理健康服务，开展社会心理疏导……是社会主义核心价值观内化于心、外化于行的重要途径，是全面推进依法治国、促进社会和谐稳定的必然要求"。由此可知，心理健康服务的目标不只是提升心理健康水平，更是要促进社会和谐稳定。残障大学生作为残障人士群体的精英、社会主义建设的重要力量，其心理健康状态对我国社会的稳定发展具有重要的影响，必然成为心理健康服务的重要群体。研究以中共中央、国务院 2021 年 7 月印发的《关于新时代加强和改进思想政治工作的意见》所提出的"健全社会心理服务体系和疏导机制、危机干预机制，建立社会思想动态调查与分析研判机制，培育自尊自信、理性平和、积极向上的社会心态"为指导，从服务目标、服务原则、服务内容等方面构建残障大学生心理健康服务体系，为残障大学生提供多层次、全方位、全过程的心理健康服务提供参考和指导。

第一节　残障大学生心理健康服务体系的构建——"一二四五一模式"

在本研究中，残障大学生心理健康服务的对象主要是具有视、听障碍的大学生群体，相较于普通大学生，残障大学生的心理特征既具有一般性，即具有与普通大学生相似的心理特点、心理问题及对心理服务的需求，又具有特殊性，即他们在生理特征、心理特征、社会生活处境、心理服务需要等方面与普通大学生存在很大的差异。因此，在服务体系的设计方面可以以普通大学生心理健康服务的相关经验作为参考，但更要以残障大学生这一群体的实际特点和实际存在的问题作为出发点，构建专门服务于残障大学生的心理健康服务体系。研究把残障大学生心理健康服务体系的整体设计概括为"一二四五一模式"，即一个目标、两个方向、四个原则、五个体系、一个平台。

一、残障大学生心理健康服务的目标和落实方向

（一）残障大学生心理健康服务的目标及内涵解析

根据我国关于心理健康服务的要求、高等特殊教育的培养目标和残障大学生心理特点，将残障大学生心理健康服务的总目标规定为：维护并提升残障大学生的心理健康水平，促进残障大学生心理的健康发展，提高其精神生活的质量，使其融入主流社会，适应现代生活。首先，残障大学生由于自身的身体或心理的缺陷，在认识探索外部世界的过程中会体验到更多的挫折感，从而让其本来不健全的身心不能得到应有的补偿性的发展，其在融入主流社会的过程中也面临着很多困境，从而产生巨大的心理压力，这使得他们成为心理问题和心理障碍的高发群体。根据本书第二章对已有研究的综合分析可知，多数残障大学生存在着不同程度的心理健康问题，如自卑、紧张、焦虑、社交障碍等，对这些消极心理特征进行干预，提升他们的心理健康水平，同时预防其心理问题的发生，维护其心理健康状态，必然是残障大学生心理健康服务的重要目标。其次，残障大学生群体与

普通残障人士群体不同，他们具有很多心理或人格优势，这些心理优势甚至超出了常人的水平，因此，心理健康的服务不仅要对他们的心理问题进行干预，而且要结合他们的自身特征，发掘其心理优势，并利用其心理优势，促进他们心理朝向健康的方向成长，使之成为自尊自信、理性平和、积极向上的社会成员。最后，与普通高等教育的育人目标不同的是，高等特殊教育更加注重对残障大学生融入并适应主流社会能力的培养，这也是残障大学生个人发展的主要目标。因此，残障大学生的心理健康服务必然要把提升残障大学生的融合能力和社会适应能力，使他们能够融入并适应现代社会生活作为重要的目标，以促进高等特殊教育育人目标的实现及残障大学生个人发展目标的实现。

（二）残障大学生心理健康服务目标的落实方向

为更好地实现残障大学生心理健康服务的目标，根据残障大学生的心理特点、心理学的相关理论，将残障大学生心理健康服务的总体目标划分为干预性服务和发展性服务两大方向：一是以消极心理学为理论基础的干预性服务，即面向存在心理问题、心理障碍的残障大学生的心理干预和面向全体残障大学生的心理问题预防；二是以积极心理学为理论基础的发展性服务，即面向全体残障大学生开展的开发潜能、促进积极心理品质发展的发展性心理健康服务。具体包括：①为存在心理问题、心理障碍、人格缺陷的残障大学生提供的干预。残障大学生的心理问题检出率较高，尤其在情绪情感、人际交往、社会适应、自我认识等方面的心理问题较为普遍，部分学生还存在心理障碍和人格障碍，对其心理健康产生了很大影响，因此，运用医学和心理学方法对这部分学生进行心理干预必须作为心理健康服务的基本目标。②对残障大学生心理问题和心理障碍的预防。残障大学生作为特殊群体，属于心理问题的高发人群，因此对这一群体进行心理问题的预防，减少其心理问题的发生率必然是心理健康服务的重要目标。③面向全体残障大学生，开发其潜能，培养其积极的心理品质，促进其健康人格的发展。补偿缺陷、开发潜能一直是各级各类特殊教育的重要教育原则，要根据不同残障类型和不同残障程度学生的特点进行积极心理品质的挖掘和培养，如感恩、心理韧性、乐观、正义等积极心理品质或积极的人格特质对预防、维护和提升心理健康具有十分重要的价值。因此，挖掘残障大学生积极心理品质或在残障大学生已有的积极心理品质的基础上通过多种形式促进其积极心理品质的提高，是提升残障大学生心理健康水平的重要目标。④促进残障大学生适应能力和融合能力的发展。残疾人适应能力指的是残疾人在日常生活中，能够根据周围环境、事物的变化，及时调整自己的身心状态，并且能够使这种状态与周围环境保持一致，克服因变化所产生困难的能力[1]。这种能力有利于他们更好地生活、学习和工作。残障大学生与普通大学生不同，由于生理缺陷的影响，他们在学习、人际交往、职业选择、生活自理、环境适应等方面难免遇到更多的困难，需要他们及时、合理地调节自己的身心状态，以维护身心健康。因此，提高残障大学生的适应能力对维护他们的心理健康具有重要作用。融合能力是残障学生与健全学生共同学习和生活的能力，包括学习能力、心理调节能力、沟通能力等综合能力[2]。使学生融入社会并适应现代生活是我国高等融合教育人才培养的重要目标之一，融合能力的高低对残障大学生当下的学校生活和未来的社会生活状况都具有重要的影响，同时这也是影响残障大学生心理健康的重要因素，促进残障大学生融合能力的发展有利于维护其心理健康水平，并有利于残障大学生更好地适应未来的社会生活。

二、残障大学生心理健康服务的原则

（一）差异性原则

众所周知，人与人之间存在普遍的个体差异，但残障个体之间的差异性要显著大于普通个体之间的差异性。本研究中的残障大学生指视力和听力存在障碍的两类大学生，由于生理缺陷及多种因素的共同影响，他们在身心特征上既存在着明显的群体差异，又存在着群体内部的个体差异。首先，在群体层面上，视力障碍和听力障碍两个群体在认知能力、生活自理能力、人际沟通能力、学习能力和适应能力等各个方面都存在很大的差异，如视障大学生在生活自理能力上较差，听障大学生在人际沟通中存在更多的困难，视障大学生对无障碍环境的要求更高，对环境的适应能力较差等；两类大学生在心理特征上也存在明显的不同，表现在心理健康水平、人格特征、心理问题的类型和程度、心理健康服务的需求等方面，听障大学生甚至还有群体内独特的文化——聋人文化。其次，在群体内部层面上，两个群体各自包含多种级别的残障程度，视障分为全盲和低视力，包括四个残障级别，听障分为四个残障级别。残障程度的差异代表了视障和听障大学生在感官功能上的差异，也能够在一定程度上显示出残障大学生在认知能力、人格特征、心理健康水平、心理问题程度等各方面的不同特征，如全盲学生的认知能力、环境适应能力低于低视力学生。因此，学校心理健康服务工作必须尊重残障大学生的个体差异，包括心理活动的组织、心理健康教育课、心理辅导等工作都要建立在学生的需要和特点的基础上，按照不同类别和不同残障级别进行有针对性的心理健康服务。在残障大学生人数较少的普通高校，甚至应该做到"一人一案"，即在残障学生入学到就业的整个学校教育过程中为其制定合适的心理健康服务方案。在人数较多的高等特殊教育学校，应对残障大学生分类分级，为其提供精准的心理健康服务，以满足不同残障大学生对心理健康服务的需求，并保障心理健康服务的有效性。

（二）融合性原则

融合性原则是指残障大学生心理健康服务要以提升其融合能力为目标，并在条件允许的情况下，以残健融合的形式开展各项心理健康服务工作。首先，我国高等特殊教育从最初的隔离教育到如今融合教育理念的普及，融合教育已成为我国高等特殊教育的主要方向和未来发展的趋势。让更多的残疾青年能有机会和健全同龄人一起接受高等教育，通过受教育权的行使丰富知识储备、提高自身素质、提升融合能力，成为社会主义的接班人和建设者，成为实现中华民族伟大复兴的力量之一。其中，提升融合能力是实现这一教育目标的关键，也是高等特殊教育区别于普通高等教育的重要内容之一。因此，残障大学生的心理健康服务工作始终要坚持和贯彻融合性原则，在服务目标、服务内容、服务形式等方面的计划和实施上均要以融合性原则为基本准则。其次，良好的融合能力既是残障大学生心理健康水平的标准，也是影响残障大学生心理健康的重要因素。残障大学生的融合能力是一种综合性能力，包括与普通大学生一起学习和生活的能力、心理调节能力、沟通能力等，这些能力均对其心理健康存在重要的影响。因此，无论从高等特殊教育目标的角度还是从影响残障大学生心理健康因素的角度，提升残障大学生的融合能力都既是心理健康服务的基本准则，又是服务的有效方式。

（三）补救和发展相结合原则

以精神分析、行为主义为理论基础的传统心理健康服务主要带有病理性倾向，以消极、被动地补救与治疗为特征。残障大学生是心理问题和心理障碍的高发群体，以心理咨询和心理治疗为手段的补救方式进行干预是为其提供心理健康服务的重要内容，对实现残障大学生心理健康服务的目标具有重要意义。但过于关注残障大学生的抑郁、焦虑、自卑等消极心理特征的矫正，是对残障大学生心理特征和心理健康服务的片面性理解。根据本书第三章的研究结果可知，残障大学生和普通大学生一样，除了部分学生具有不同程度的心理问题或心理障碍，大部分学生仍具有一定的心理潜能和积极心理品质，如责任感、感恩、心理韧性、勇气、爱等。因此，心理健康服务在重视对残障大学生进行心理问题或心理障碍的补救性干预的同时，也应把发掘与培养其心理潜能和积极心理品质作为心理健康服务工作的重要内容，引导残障大学生朝向健康的方向发展，提升其适应能力。只有将补救和发展有机结合，使二者相辅相成，才能充分发挥心理健康服务的作用，实现提升残障大学生心理健康水平、促进其心理健康发展的目标。

（四）家、校、社协同原则

家庭、学校和社会是影响残障大学生心理健康的三个重要方面，根据现代系统论，任何系统只有通过互相联系形成整体结构，才能发挥功能，没有整体联系，没有形成整体结构，是不可能使系统发挥整体功能的，系统中的各个元素（子系统）也是密不可分的，子系统之间的相互关系决定了系统的整体水平，因此，残障大学生的心理健康服务需要家庭、学校和社会的协同合作，只有这样才能充分发挥心理健康服务的效能。首先，家庭对残障孩子的态度、父母的教养方式、家庭的精神氛围等对残障大学生的心理健康和人格发展都具有重要影响。家庭是残障大学生重要的精神支持力量，当他们遇到挫折、感受到压力、出现心理问题时可能第一时间向家人求助，家人的安慰是否恰当、建议是否合理，家人是否能够准确地共情等都可能对缓解他们的心理问题带来不同影响。因此，对残障大学生的心理健康服务离不开家庭的支持和协助，学校要加强与家庭的沟通，并向家庭成员宣传心理健康教育的知识，引导和鼓励他们关注残障大学生的心理健康问题，用正确的方法关爱残障大学生的心理健康，与学校密切合作，发挥家庭的心理保健功能，共同为残障大学生的心理健康营造良好的氛围，共同面对和解决残障大学生的心理问题。同时，残障大学生的家庭成员可能也承受着巨大的心理压力，存在不同程度的心理问题，学校也应该为残障大学生的家庭成员提供适当的心理健康指导，间接地为残障大学生营造良好的家庭氛围。其次，社会的残障观、社会对残障大学生的接纳性、无障碍设施的完善程度、社会对残障大学生就业的支持程度以及对残障大学生生活的救济和补助制度等对他们的心理健康均有重要影响。学校一方面要与社区紧密合作，共同为残障大学生创设良好的生活环境，另一方面要与医院和心理咨询机构合作，为残障大学生心理问题的干预和预防提供方法和技术上的支持。最后，学校要发动广泛力量，向社会成员普及正确的残障观，减少社会成员对残障人士的偏见，改善社会对残障大学生排斥和拒绝的态度。残障大学生心理健康服务是一项十分复杂的工作，只有学校、家庭和社会协同合作，才能有效解决残障大学生心理问题，有效促进其心理的健康发展。

（五）无障碍原则

根据不同类型残障大学生的特殊需求对其提供无障碍的心理健康服务，保证残障大学生能够快捷、方便、顺利地接受各种心理健康服务。如针对视障学生的需要，在心理健康教育中心周围设置盲道或语音引导装置，使视障大学生能够顺利找到中心的相关部门；针对听障大学生的需要，设置语音识别和文字转换装置，使听障大学生与提供心理健康服务的工作人员能够进行无障碍交流。提供残障大学生心理健康服务的部门和相关工作人员，应尽量通过各种方式为残障大学生建设无障碍环境，保障心理健康服务的顺利开展，但目前，除了特殊高等教育院校外，多数招收残障学生的普通高校在无障碍心理健康服务方面均有待完善，因此无障碍服务应该成为未来残障大学生心理健康服务工作的重点。

三、残障大学生心理健康服务体系的构成

从目前我国残障大学生心理健康服务的总体情况上看，大多数特殊高等教育学校和普通高等学校虽然十分重视对残障大学生的心理健康服务，但仍存在很多问题，如很多工作处于零散的状态，缺乏系统性；部分学校仅参照普通大学生的心理健康服务工作模式，缺乏针对性和专业性；部分学校只片面地关注残障大学生的心理问题或心理障碍，忽视其心理的积极方面，心理健康服务工作缺乏全面性。这些现象均不利于促进残障大学生心理健康的发展，限制了心理健康服务工作的效果。因此，构建系统、专业、全面的残障大学生心理健康服务体系具有十分重要的意义。根据残障大学生心理健康服务的需求、心理健康服务的目标和原则，本研究认为残障大学生心理健康服务体系应由以下部分构成。

（一）心理健康教育课程体系

1. 心理健康教育课程体系的目标

心理健康教育课程是心理健康教育的课程化，即以课程为手段对残障大学生实施心理健康教育。开设心理健康教育课程的主要目标是向全体残障大学生普及

心理健康知识，帮助残障大学生系统地学习和掌握有关心理健康的基础知识和基本理论，使其掌握维护心理健康的方法，并能在学习和生活中有效地将这些理论与方法应用于心理健康的维护中。

2. 心理健康教育课程体系的设计

心理健康教育课程是残障大学生心理健康服务的重要组成部分，鉴于残障大学生心理特点的复杂性及其心理健康服务需求的多样性，在心理健康教育课程的开设上要避免单一和走形式，要保证课程类型多样、课时充足、内容恰当。在课程类型的设置上，可开设全体残障大学生的必修课和供有特殊需要学生选择的选修课。选修课可以根据学生的不同残障类型分别开设满足视障学生和听障学生不同需要的课程，也可以根据不同年级学生的需要开设不同内容的心理健康教育课，如大一开设学校适应、学习心理指导、自我认识等课程，大二开设人际交往、恋爱心理、积极心理品质培养等课程，大三和大四可以开设生涯规划课、就业心理、社会融合等课程。课程实施形式除了课堂教学以外，还可以适当穿插专题讲座、团体心理活动、心理情景剧、生命故事等形式。在课时的设置上，要根据课程的作用、地位和残障大学生的实际特点设置充足的课时量。残障大学生的心理问题在类型和程度上可能和普通大学生有所不同，人格、心境等心理特征与普通学生也存在很大差异，因此，心理健康教育课程的设置应该考虑残障大学生的实际特点和需要，应该在重点和突出的问题上加大力度，如残障大学生在自我认识、就业心理、人际交往等方面都存在特殊性，要根据他们的实际需要设计课程目标、确定课程内容和授课形式。另外，视障大学生和听障大学生在认识能力、心理特征及心理问题的类型上均存在差异性，因此，心理健康教育课程的内容、教学活动设计和教学方法上应该具有针对性。

心理健康教育课程主要是让学生了解心理健康的基本知识和理论，掌握心理健康维护的方法，在课程实施时要把理论知识和残障大学生的实际问题相结合，如视障大学生和听障大学生都存在学校适应问题，但问题的类型可能不同，视障大学生的适应问题更多的是对环境适应困难，而听障大学生可能存在由于沟通不畅而形成的人际适应困难。开设积极心理健康课程，针对视障和听障大学生的不同特点、不同年级的需要开设序列化的积极心理健康校本课程，较系统地进行积极心理健康教育，培养学生的积极心理品质。

心理健康教育讲座是心理专家、心理健康教育教师或辅导员对学生实施心理健康教育、促进学生心理健康成长的重要途径，是心理健康教育课的形式之一。心理健康讲座的目标是以专题的形式向残障大学生普及心理健康基本知识、传授心理调节的方法等，提升其维护心理健康的技能，以此达到使其预防心理问题、提升心理健康水平的作用。讲座内容可以涵盖残障大学生心理健康的各个方面，如学习、情感、自我认识、人际交往、社会适应、创业就业等。其优势是使众多有同样心理困惑或有同样心理需求的残障大学生同时受益，是一种人力、物力投入小而收效大的心理健康教育形式，其不足是以专家或教师为主体，单向传授，学生的参与性较低。

（二）预防体系

心理问题和心理障碍的预防是残障大学生心理健康服务的重要目标，早教育、早预防、早发现是减少心理问题和心理障碍发生率的重要措施，是残障大学生心理健康服务的核心工作。因此，构建完善有效的预防体系是保障残障大学生心理健康服务有效性的基本要求，此项工作一方面要完成对心理问题和心理障碍的筛查，另一方面要面向残障大学生群体开展实质性的预防工作，具体包括如下内容。

1. 心理健康筛查

各个高校几乎在新生入学之初都会开展心理健康筛查工作，筛查的方法普遍为量表法，最常见的心理健康量表包括《症状自评量表（SCL-90）》《中国大学生心理健康量表（CCSMHS）》。筛查的项目主要包括躯体化、焦虑、抑郁、自卑、偏执、强迫、社交退缩、社交攻击、性心理障碍、依赖、冲动、精神病倾向。严格地讲，残障大学生在生活环境、心理特征及群体文化等方面与普通大学生存在不同程度的差异，应该运用针对残障大学生群体的专业性量表对其进行心理健康的筛查，但目前我国还没有针对残障大学生群体的心理健康量表，李祚山等编制了《残疾人心理健康量表》，并建立了20～30岁年龄范围残疾人的心理健康量表常模，可供残障大学生心理健康筛查参考使用。经过心理健康筛查后，对不同心理健康水平的残障学生开展分类别的心理健康服务：①将有心理障碍或心理问题的残障学生转入干预体系进行进一步的心理治疗、心理咨询或心理辅导。②把心理健康水平较低但不存在心理问题的学生作为重点预防对象，根据具体情况对其进一步开展心理辅导。③对心理健康水平较高的残障大学生作定期的心理辅导，维护其健康的心理状态。

2. 生活环境建设

社会、学校和家庭是影响残障大学生心理健康的三大重要环境，营造良好的生活环境对残障大学生心理问题的预防具有重要意义。首先，社会的残障观，社会对残障者的接纳度，对残障者在生活、就业等方面的支持度都会对残障大学生的心理健康产生影响。因此，高校应该把营造良好的社会环境作为心理健康服务的重要工作，通过恰当的形式使全社会消除对残障群体的偏见与歧视，共同关注残障大学生的心理健康，调动社会力量为残障大学生提供社会支持，减少残障大学生在融入社会、人际交往、就业等方面的困难和压力。其次，学校是影响残障大学生心理健康的重要环境因素，包括物理因素、文化因素和教师因素。在人行道、电梯、食堂、卫生间、教室、图书馆等场所为残障大学生提供完善的无障碍设施，确保残障大学生的生命安全和学习、生活的便利，能够减少他们在环境适应、学习、生活等方面的困难和心理压力；营造和谐、融洽、接纳、尊重的校园氛围，促进残障大学生与普通大学生的沟通和交流，使残障大学生生活在风尚良好、平等友爱的校园之中；倡导教师进行特殊教育专业培训，了解残障大学生的心理特点，在教学过程中关注残障大学生的心理需要，运用科学合理的教学手段为残障大学生提供优质的课堂教学，减轻学生的学习压力，对残障大学生持接纳、尊重态度，并对其思想和观念给予正确的指导。最后，家庭对个体的心理发展具有重要影响，很多大学生心理问题的产生主要源于家庭的不良氛围和不正确的教养方式。学校要积极与家长沟通，对家长进行家庭教育指导，使家长为残障大学生建立接纳、尊重、和谐的家庭环境，满足残障大学生的基本情感需要，使他们在家庭中拥有积极的情感体验，从而预防其心理问题或心理障碍的产生。

3. 发展性心理辅导

心理辅导是指由受过专门训练的辅导者运用心理学的理论和技术，给来访者以帮助、启发和教育，使来访者改变其认知、情感和态度，解决其在生活、学习、工作等方面出现的问题，促进来访者人格的发展和社会适应能力的改善。发展性的心理辅导包括促进自我认识、增强自我接纳和自信、促进自我发展、促进积极心理品质的发展、达到自我统合和自我实现等，辅导的对象是心理健康或有一定心理发展困难的残障大学生，并非存在心理问题或心理障碍的残障大学生，起到促进其心理发展和预防心理问题的作用。在辅导形式上，包括个别辅导、团体辅导，二者既有区别又有相同点。从区别的角度看，二者在理论基础、辅导技术上不同，个别心理辅导更适合心理困扰较大的个人，而团体辅导在针对人际关系和自我认识方面的心理调适更有优势；个别辅导是一对一的人际沟通，是一种有深度的心理互动，团体辅导能够为成员提供更多的互动机会，能满足成员社会性的心理需要，使他们可以得到多个角度的交流回馈，而且团体辅导注重助人氛围的营造，形成"人人助我，我助人人"的心理氛围，团体成员不仅能够得到他人的接纳、援助，并且对别人也能够给予帮助，这种合作的、参与的关系既利于成员之间增进亲近感，促进互相教育，也能增强成员的自我价值感和成就感，并有利于其发展潜能[3]。从相同点来看，二者都是为了帮助来访者增强自我认识、自我接纳和自信，促进自我发展，达到自我统合和自我实现，都强调提供接纳的、自由宽容的气氛，使其自由表达自己的感情和经验，培养自我发现的能力，学会自我选择和自我决定。

团体辅导和个别辅导各有优势和不足，团体辅导在增强自我认知、自我接纳和自信，提高人际交往技能，培养积极心理品质等方面较有优势，尤其是残健融合式团体心理辅导，对于残障大学生的人际沟通能力、融合能力、自我和谐、自我接纳、社会适应等方面的提升具有明显效果；个别辅导在解决一些复杂的、保密的心理困扰时更有优势，如性行为，也适用于人际交往存在障碍的残障大学生。两种辅导形式相互配合，相辅相成地开展，则会达到更好的预防效果。

4. 心理健康活动

我国著名心理学家林崇德教授曾对心理健康教育提出建议，心理健康教育应当注重效果，要通过实用的活动和适当的方式进行。心理健康活动是理论与实践的紧密结合，彰显心理健康服务工作的实效性、操作性和创造性。研究表明，心理健康活动对提高大学生的心理素质、改善大学生的心理健康状况具有重要意义[4]。依据残障大学生的心理健康服务目标，心理健康活动设计为以下类型：①与节日融合的心理健康活动。如在"感恩节"通过活动向残障大学生宣扬"感恩"的积极观念，并鼓励他们向父母、老师、同学、朋友表达感恩；在"残疾人日"通过活动促进残障大学生的自我认识、宣传正确的残障观，帮助残障大学生树立正确的三观；在"精神卫生日"宣传心理健康基本知识，使残障大学生正确认识心理健康，并树立精神卫生的意识；在"大学生心理健康月"开展残障大学生心理健康系列活动，如残障大学生趣味运动会，很多视障大学生都有参加运动会的强烈愿望，可以在系列活动中设计相对安全的、视障大学生可以胜任的趣味运动会，对他们克服自卑、提升自信、宣泄不良情绪、愉悦身心等具有重要意义。②心理主题大赛。以班级为单位或以残健融合小组为单位，开展心理健康知识竞赛，不仅能提升学生的心理健康知识水平，还能提升班级凝聚力和融合力。③校园心理情景剧表演。校园心理情景剧是我国高校近年来出现的新生事物，它立足于中国本土文化和国情，吸纳包括话剧、小品、心理剧、音乐剧等艺术表现形式，在心理教育实践中探索出一种本土化的"行动表达演出艺术"。它以大学生生活为题材，把学生心理问题进行归类，通过戏剧的方法和夸张的艺术表现形式进行演绎，从而达到心理健康教育的目的。校园心理情景剧一般由学生自编自导，加上专业心理教师的指导，使学生在剧本创作、排练和演出的过程中，能对心理知识、心理规律等有直观的学习和领悟[5]。其优点是取材于大学生的学习和生活，更贴近学生生活与实际情况，紧紧追随学生的心理动态，反映大学生群体遇到的心理冲突、烦恼和困惑等，更容易引起学生的共鸣和思考[6]。残障大学生心理健康服务可以运用校园心理情景剧表演，以残健融合或同类残障群体为主体，让残障大学生将普遍存在的学习和生活中的困扰、烦恼展现出来，对表演者自身和观众起到心理健康教育的作用。④心理拓展训练。心理拓展训练类似一个充满真诚的、富有挑战性且相对安全的心理实验场，以它"先行后知"的体验式学习方式，让学生在创设的特定环境和气氛中，不断克服自身的恐惧、自卑等消极心理，通过自己的努力克服困难，获得成功。其在训练过程中会产生兴奋、激动的心理体验，对提高自我情绪调节能力，保持平和心态，勇于挑战和战胜自我，塑造果断、冷静、坚韧不拔的良好意志均具有较好的效果。

（三）心理干预体系

1. 心理干预的目标

心理干预是在心理学理论指导下有计划、按步骤地对一定对象的心理活动、个性特征或心理问题施加影响，使之朝向预期目标变化的过程，一些研究者把对残障人士的心理干预也称为心理康复。如前所述，为存在心理问题、心理障碍的残障大学生提供干预服务是残障大学生心理健康服务的基本任务，其主要目标是明确残障大学生心理问题或心理障碍的类型和程度，缓解和解决残障大学生的心理危机和心理问题，为具有严重心理障碍的残障大学生提供转介服务，对其进行心理治疗。

2. 心理干预的服务内容

(1) 心理危机预警与评估

心理危机干预的鼻祖卡普兰（G. Caplan）于 1964 年首次提出心理危机的概念，他认为当个体运用惯常处理危机的方式以及支持系统去应对新的困境无效并且用个人能力也不足以解决时，个体就会暂时性地陷入心理失衡状态，这种状态就是心理危机。严重的心理危机会导致残障大学生产生重度的心理问题或心理障碍，甚至导致自杀倾向和行为，采用心理咨询或心理治疗对心理危机进行及时的干预则十分重要❶。预警是危机干预工作的关键环节，直接关系到心理干预的及时性和效果。目前，我国各高校的心理危机预警主要包括入学的心理健康普查，建立心理档案，构建"学校-学院-班级心理保健员-宿舍信息员"四级危机预警网络，这些做法可以为残障大学生心理危机预警提供参考，但由于残障大学生自身的特点而增加了心理危机预警的难度。如在心理健康普查中，十分缺乏针对残障大学生心理特点或文化特征的工具，多数学校采用的都是适合普通大学生的问卷或量表，由此会导致普查的信度和效度问题，因此在心理普查中获得真实有效的数据较难。再如，由于听障大学生受到语言表达能力的限制，缺乏手语训练的辅导员、班级心理保健员和宿舍信息员与其沟通时存在一定困难，获得及时、准确的信息较难。所以，为了保证对残障大学生心理危机进行及时有效的预警，应采用更加多元化和动态化的预警措施，如充分发挥网络大数据的作用，整合学生宿舍出入信息、消费信息、奖惩情况、就业情况以及网络舆情的特点、规律和趋势，通过大数据形成学生独一无二的"心理画像"，立体、全方位地把握学生的思想走向和心理动态，丰富预警信息的多样性并提升其有效性；通过辅导员谈心谈话、集中问卷调查、个别访谈等形式，全面搜集和科学评估关于学生在个人、家庭、学校和社会中的心理危机"危险性因素"和"保护性因素"，提前预测学生的危机风险，帮助学生有效回避或应对心理危机[7]，或者充分利用网络平台，及时获取学生心理状态变化的信息等。在心理危机预警之后，对于存在心理危机或潜在心理危机的残障大学生要进行科学的心理评估，以确定心理干预的具体方式和方法。

心理评估是指根据心理测验或其他方法所搜集的资料、信息，按照一定的标准，对这些资料、信息作价值判断的过程，即对个体心理和行为所进行的评价，

---

❶ 张译心. 轨道列车司机的心理危机预警指标建构及特点研究［D］. 西南大学，2023.

包括对个体信息的收集，对心理障碍及其影响因素的确定，对心理或行为问题的诊断，对个体行为的详细描述、解释和评价等[8]。对残障大学生进行全面客观的心理评估是心理干预的前提，是对其进行精准、有效的心理健康服务的基础。

心理评估一般包括以下步骤：①明确心理评估的目的。②全面收集与个体有关的资料、信息。一般要通过直接或间接的方式尽可能地了解残障大学生的基本背景资料，如身心健康史、与遗传有关的家族病史、家庭环境、重大生活事件等。资料收集越充分，对以后的诊断、评估越有益。其中心理测验是较为常见和较客观的方式。目前，对残疾人心理健康进行评估的工具主要有以下几种：《症状自评量表（SCL-90）》《心理健康诊断量表（MHT）》《抑郁自评量表（SDS）》《焦虑自评量表（SAS）》《流调中心抑郁量表简版（CES-D）》《中文健康问卷（CHQ）》《艾森克人格问卷（EPQ）》等。症状自评量表（SCL-90）的使用率最高，但专门针对残障大学生的相应问卷十分匮乏，这也是残障大学生心理健康服务未来要解决的重要问题。③综合分析资料、信息。首先，要对资料的真实性进行评估。只有保证资料尽可能地真实，才能避免在其他环节中出现不必要的失误。其次，要对资料进行分析和综合。分析和综合过程没有固定的模式，但应遵循两个原则：一是整体性原则，即把残障大学生放到其生活环境中考察，从多方面因素入手，在整体上把握和探讨其心理问题形成的原因；二是具体化原则，即在分析综合过程中要找到外显的表层问题和内隐的深层问题，尽可能地从质和量两方面作具体分析，为干预目标的建立和干预技术的选择提供基础。④诊断与评估。通过对资料的综合与分析，干预者可以初步判断残障大学生心理问题的大致类型，是属于行为方面的、情感方面的，还是认知方面的。当然，也有可能是以某方面问题为主，伴随有其他问题。确定问题类型后，还要分析问题是社会心理因素造成的，还是器质性因素造成的。如残障大学生人际交往问题，可以从残障种类和程度、生活事件、家庭环境、学校环境、个人的特征等方面分析引发其人际交往问题的原因，只有找到真正的原因，才能对学生的问题做出准确的判断和解释，也才能有针对性地向其提供解决问题的方法及建议。在对残障大学生进行有效的心理评估之后，根据其心理问题的严重程度开展恰当的干预，对于有严重心理障碍的学生，需要转介到医院或精神卫生机构进行心理治疗，对于存在不同程度心理问题的学生可以对其开展不同形式的心理咨询。

（2）基于消极心理学的心理干预

对存在心理危机、心理问题或轻度心理障碍的残障大学生的心理干预主要以心理咨询为主，包括障碍性咨询和发展性咨询。前者指为各种有障碍性心理问题的咨询对象提供心理援助、支持、干预、治疗，以消除咨询对象的心理障碍，促进其心理朝着健康方向发展。这里所指的轻度障碍性心理问题，包括各种轻度的神经症（如抑郁症、焦虑症、强迫症、恐惧症、神经衰弱、疑病症等）、一般性的情绪危机。发展性咨询指根据个体身心发展的一般规律和特点，帮助不同年龄阶段的个体尽可能地圆满完成各自的心理发展课题，妥善地解决心理矛盾，更好地认识自己和社会，促进个性的发展和人格的完善。障碍性咨询和发展性咨询均以一对一个别咨询的形式开展，由心理咨询师或具有心理咨询资格的辅导员承担。残障大学生的心理特征既具有普通大学生的一般性，也具有其特殊性，其心理咨询的目标、方法和过程等也与普通大学生的相关工作存在一定差异，要根据学生不同的残障类型和残障程度开展心理干预。

团体心理咨询是心理咨询的另一种重要形式，团体心理咨询是在团体情境下进行的一种心理咨询形式，是借助团体的力量和各种心理咨询的技术，使成员通过团体内人际互动来观察、学习、体验，从而认识自我、探讨自我、接纳自我，调整并改善与他人的关系，学习新的态度与行为等方式，以发展良好适应的助人过程[9]，是针对有共同心理问题的多个个体而开展的咨询活动。团体心理咨询对残障大学生的心理健康服务具有十分重要的价值：首先，残障大学生由于视觉或听觉器官缺陷的影响，人际交往的范围受到了一定的限制，人际互动的机会较少，因此对他人的思想和行为的观察和学习机会也较少，团体心理咨询可以为残障大学生提供人际互动的机会，有助于他们了解更多与自己有同样心理问题的同伴的认知和行为特征，引起具有相似心理问题成员的心理共鸣。其次，团体心理咨询不仅能够揭示矛盾冲突和功能失调的性质，而且提供了矫正性影响作用，有利于残障大学生心理问题的自我矫正。最后，团体心理咨询能够运用艺术治疗、心理剧、叙事疗法等多种整合型技术，达到快速、有效地解决残障大学生心理问题的目的。

残障大学生心理危机的预警和干预要协调配合，尽量做到早发现、早干预，并在干预后继续提供个案化的跟踪服务，如形成跟踪反馈机制，定期对被预警和干预的残障大学生进行多种形式的心理健康服务，如心理健康课、心理健康讲座、团体心理辅导等。

（3）基于积极心理学的心理干预

积极心理学不是专注于物理病理反应的治愈（试图消除应激或创伤的消极反应），而是强调应激或创伤后个体经验的优势与积极因素，以"优"化"劣"，即强调关注人的积极品质，肯定人的能力与价值，为人们营造积极的生活环境。根据不同类型和年龄段的残障大学生的生理、心理发展特点，运用有关积极心理学的方法和手段，对其进行系统的心理干预，是残障大学生心理健康服务的新思路和新途径。目前，高校的积极心理干预主要包括积极心理品质的提升和营造积极环境两个方面，前者试图通过积极心理品质的培养来化解残障大学生的消极认知和消极情绪，从而在一定程度上提升其心理健康水平；后者通过学校、教师的关注与肯定等，激发残障大学生自身的优秀品质与积极力量，借以化解消除其负面的行为与情感，达到提升其心理健康水平的目的。残障大学生虽然被视为生理功能缺陷者、弱者、特殊群体、心理问题的高发群体，但不能否认他们同样存在积极的心理品质，如感恩、乐观、坚韧等。因此，残障大学生的心理干预应该充分发掘、培养和利用残障大学生的积极心理品质，为他们营造良好的校园生活环境，用积极的品质和温暖、接纳、包容、充满爱的环境改善其心理健康状况。

积极心理干预主要以积极心理学为理论基础，通过心理健康教育课、团体心理辅导、个别咨询或辅导、校内外课余活动、课程思政、积极的校园文化建设等途径增加残障大学生的幸福感，使其优化情绪智力，培养乐观与希望、感恩、责任感等积极心理品质，帮助学生形成真实积极的情绪体验和自我成长的内部动力，从而缓解或消除心理问题，这是一种标本兼治的干预理念和方法。

（4）转介服务

对于患有严重心理障碍或精神疾病的残障大学生，需要将其转介到医疗机构的精神科进行心理治疗，治疗者由精神科医生担任，医生多有处方权，可以使用药物进行治疗，如严重的抑郁症或焦虑症常需要药物进行治疗，单纯的心理咨询无法有效缓解症状。因此，当残障大学生被诊断为有严重心理障碍或精神疾病时，学校负责帮助其联系相应的医院精神科或专业的心理治疗机构，协助其进行心理治疗。

（四）学校、家庭、社会、医疗部门协同的实施体系

根据生态系统理论，学校、家庭、社会是影响残障大学生心理特征及心理健康水平的重要环境，也应该成为残障大学生心理健康服务的实施主体。残障大学生的心理健康服务是一项复杂的工作，由单一的实施主体完成很难达到最佳的服务效果，因此，需要构建"学校-家庭-社会-医疗部门"四位一体的心理健康服务实施体系，充分发挥各实施主体的优势，为残障大学生心理健康服务的有效开展提供支持。

第一，学校是残障大学生心理健康服务实施的核心主体，不仅要确立残障大

学生心理健康服务的整体设计，有效完成心理健康课、心理危机预警、心理评估、心理干预等服务内容，为残障大学生心理健康服务的质量提供保障，而且要起到协调组织作用，充分调动"生态圈"各层次之间的联动力量，共同为残障大学生的心理健康发展提供服务。首先，积极与家长进行信息互通，利用互联网向家长普及心理危机及心理素养知识，提升家长心理健康教育的责任意识，协助、指导家长通过科学的家庭教育维护和提升残障大学生的心理健康水平，必要时，还应对存在心理问题或心理障碍的家长提供心理健康服务；其次，构建"校医共建"模式，通过与当地医院的精神科或专业的精神治疗医院合作，打通"便捷就医渠道"，提升心理健康服务的效率和效果；最后，学校积极与当地社区、残疾人联合会等社会组织合作，通过公益活动、知识宣传、经济支持、就业支持等方式加强社会对残障大学生心理健康服务的支持。

第二，家庭对残障大学生心理特征的形成和心理健康水平具有十分重要的影响，残障大学生心理健康服务的有效开展离不开家庭的支持。目前，残障大学生的家长存在缺乏心理健康及心理健康教育常识、对学生心理健康关注不足、缺乏家校合作意识、缺乏与学校的沟通交流等问题。因此，家长在心理健康服务上应该努力做到以下几个基本方面：首先，家长应该具有正确的教养方式、对待残障的态度和基本的心理健康教育意识，能够为残障学生营造温馨和谐的家庭环境，积极识别出孩子是否存在心理问题，这对残障大学生心理健康服务具有巨大的正向作用。其次，家长应积极与学校保持信息互通，如实反映在家庭中孩子的情绪、认知等特征。最后，家长应该积极协助学校，发挥家庭教育的功能，给残障大学生提供情感、学习、经济等各方面的支持，加强对残障大学生的理解和关爱，及时了解与满足其心理需要，促进其心理的健康发展。

第三，社会医疗机构是残障大学生心理治疗的实施主体，应与高校积极合作，为残障大学生的心理治疗提供便捷通道或派医生定期到学校坐诊，为残障大学生提供心理治疗、心理健康知识讲座，为相关教师提供培训等服务。

第四，提供社会支持是预防和缓解残障大学生心理问题的重要方式，除了学校和家庭这两个重要方面以外，政府、社区、残疾人联合会、企业等社会组织对残障大学生提供的支持对残障大学生心理健康服务也具有重要意义。一方面，这些社会组织可以引导人们树立正确的残障观，促进人们对残障人士的接纳和尊重，避免或减少排斥和歧视，为残障大学生营造良好的社会生活环境，为其提供精神支持。另一方面，社会组织可以为残障大学生的教育、就业等提供物质支持，包括经济、岗位、婚恋、无障碍环境支持等，有利于缓解残障大学生在上述各方面的心理压力，促进其心理健康的发展。

（五）残障大学生心理健康服务的保障体系

1. 行政管理保障

残障大学生心理健康服务是一项十分复杂的工作，只有学校相关部门协同合作才能保障服务的效率和效果。首先，学校应成立残障大学生心理健康服务领导小组，形成完善的管理和评价机制，做好整体规划，全面统筹、规划、安排、协调全校的残障大学生心理服务工作和心理危机应对预案，保证各个部门之间的工作紧密衔接，平稳、高效地运行。其次，学校应组织相应部门成立残障大学生心理健康服务工作小组，学生工作部、保卫处、校医院、心理健康教育中心、教务处、宣传部、后勤服务中心相关负责人担任小组成员。最后，学校应成立对外联系小组，专门负责与社区、医疗机构、当地残疾人联合会等社会组织进行对接。

2. 师资队伍的培训与发展保障

通常而言，残障大学生心理健康服务的具体担任者（如辅导员、心理咨询师、心理健康教育课程教师等）应该是具有特殊教育和心理咨询学习或工作背景的辅导员或心理咨询师等，但目前大多数学校的辅导员、心理咨询师、心理健康教育课程教师要么缺乏特殊教育的学习和工作经历，缺乏系统的特殊教育理论知识，对残障大学生的认知、人格等特点的了解也缺乏系统性，要么缺乏系统的心理咨询知识和经验，无法运用心理学的理论和方法为残障大学生提供有效的心理健康服务。因此，学校必须保障心理健康服务师资队伍的专业性，应定期组织相关辅导员、心理健康教育课程教师、心理咨询师及其他有关人员进行特殊教育和心理咨询的培训，最好能做到针对不同残障类型和不同问题类型进行方向化培训，如培训针对视障学生或听障学生的心理健康服务人员，培训从事解决各种残障类型大学生就业问题、人际关系问题或学习问题等相似问题的心理健康服务人员，以保证心理健康服务者的专业性和具有较高的服务能力，确保残障大学生心理健康服务的科学性和有效性。

3. 经费保障

残障大学生心理健康服务是一项重要且需要长期开展的工作，而经费是开展相关工作的基础性保障，包括各种场所的建设经费、心理健康活动经费、激励措施经费及其他的一些机动支出等，主要分为三个方面：一是建设心理服务中心的先期投入，主要是场所的建设、环境的营造、相关设备的采购等；二是确保日常运行的维护投入，如人员工资、支付给第三方机构的费用等；三是确保专项业务开展的重点投入，如专职工作人员培训费用、重点人员的心理疾病治疗费用、专项基金等。

四、残障大学生无障碍心理健康服务的建设

为残障大学生提供全面的、高质量的心理健康服务是高等院校重要的教育任务，但环境的制约、时空的限制、服务形式的单一等各方面的障碍常常使残障大学生对于心理健康服务的需要无法得到满足，如视障大学生难以在科室众多的心理健康教育中心找到相应的心理咨询室，听障大学生难以与不会手语的心理健康服务人员沟通。为此，残障大学生心理健康无障碍服务的建设变得尤为重要。

（一）建立无障碍网络服务平台

视障大学生和听障大学生虽然在出行或与人沟通方面存在诸多困难，但在网络的应用方面与普通大学生不存在本质性的差异，视障学生通过读屏软件可以方便快捷地获得需要的信息，听障大学生可以通过文字获得相应信息，避免与人交流的阻碍。因此，网络是为残障大学生提供无障碍心理健康服务的有效途径，能消除其心理健康服务的各方面限制，随时随地满足学生对心理健康知识、心理咨询、交流互动等方面的需求，尤其在解决视障大学生出行不便的问题上具有突出优势。同时，网络平台的沟通方式以文字输入输出为主，能够解决听力障碍大学生的沟通障碍问题。网络平台可以包含更丰富的服务内容，以最快捷的方式向残障大学生提供更加丰富的服务。网络平台私密性强，能满足残障大学生心理健康服务的保密性需求。

残障大学生心理健康网络服务平台的设计需要以残障大学生心理健康服务的目标、内容和原则为依据，与其他心理健康服务的形式相配合，发挥互联网方便、快捷的优势，使残障大学生心理健康服务能够有效地开展。因此，残障大学生心理健康网络服务平台的服务内容应包括以下几个模块。

第一，心理健康知识。该模块在心理健康教育课程的基础上，通过网络平台为残障大学生提供更加丰富的心理健康知识，包括人际交往的技巧、就业技巧、心理效应、心理学小视频、心理电影、案例分享等心理健康维护的方法，方便学

生进行自主的心理健康教育，以达到帮助学生增强维护心理健康的意识、提高自我调节能力、自主化解心理问题、心理健康成长的目的。

第二，心理测评。该模块为残障大学生提供一些科学的心理测评量表，帮助残障大学生更好地认识自我，及时发现自己存在的问题，测评的结果会记录在心理健康档案之中。

第三，心理咨询。该模块主要面向有心理困惑和需要帮助的残障学生，包括线上预约、线上咨询，咨询的问题和相关材料会记录在心理健康档案之中。同时在该模块设置与心理服务机构或心理医院联系的链接，学生可以对心理咨询的机构进行自主选择。

第四，自助压力缓解。这一模块主要包括减压小游戏、减压小视频等，为学生营造放松的环境，从而减轻过大压力对其心理健康的负面影响。

第五，心理健康论坛。这一模块主要是促进学生之间及师生之间的交流，学生可以把自己日常生活和学习中比较私密、不好说和不便说的心理困惑表达出来，促进学生敞开心扉，通过匿名交流，互相解决心理困惑。

第六，心理健康档案。此模块收集学生所有关于心理方面的信息，从入学到毕业全过程，其中包含学生所有的心理测评信息、学生线上的交流与咨询情况等。此模块有利于学校心理健康服务相关部门对学生心理状况的整体把握，有利于学生心理健康服务有针对性地展开。

（二）完善无障碍心理健康服务设施

残障大学生由于自身的缺陷，在寻求或接受心理健康服务时往往会受到物理环境、沟通方式等多方面的阻碍，由此对其心理健康服务的顺利进行造成不便。因此，无障碍设施的完善程度对残障大学生能否顺利接受心理健康服务具有重要的影响。特殊高等教育学校以及招收残障大学生的普通高校应加强对无障碍心理健康服务设施的建设。

1. 无障碍环境设施的建设

针对视障大学生的需求，在校园的主要道路设置盲道，尤其是在通往心理健康服务相关办公地点的途径上设置充足的盲道，使视障大学生能够顺利找到心理健康教育中心、心理咨询室等；在校园公共场所设置盲文指示牌，方便视障大学生通过摸读获得其需要的信息；在心理健康服务部门设置语音提示设施，使视障大学生能根据语音的提示快速到达相应位置；针对听障大学生的需求，在校园内增设指向心理健康服务部门的指示牌，使听障大学生无需找人问路，便能够直接快速地找到目的地。

2. 无障碍信息获取设施的建设

对于视障大学生而言，视觉的缺陷限制了他们对文字、图形的识别或书写能力，在对其进行心理健康服务的过程中，涉及阅读和书写方面的服务内容无疑会具有一定阻碍。因此，在心理健康服务部门应配备盲文点字显示器、阳光读屏软件等，部分文字材料应配备盲文版；针对听障大学生的需要，在心理健康服务部门设置语音转换装置，及时将语音转换为文字，保证与听障大学生沟通的顺畅。

第二节　残障大学生心理健康服务的实践——以长春大学特殊教育学院为例

1987 年，长春大学招收第一届视力障碍大学生，经过不断地发展，截至 2024 年 6 月共培养出残障大学生约 4786 人，在校学生 1081 人。在近 40 年的发展中，长春大学一直将残障大学生的心理健康服务作为学生服务工作的重点，并开展了大量的心理健康服务实践工作，积累了大量宝贵的经验。本课题依托长春大学特殊教育学院，在理论研究的基础上积极开展实践研究，以下内容为实践研究的部分案例。

一、残健融合的团体心理辅导实践——对视障大学生自我和谐的干预

团体心理辅导在高校心理健康服务工作中发挥着重要的作用，尤其在人际关系训练、提升自我认识、新生环境适应、生涯规划、积极心理品质培养等领域取得了较好的效果。视力障碍大学生虽然存在视觉功能的局限，但其思维能力和语言表达能力与视力正常的人相差无几，可以通过团体心理辅导的形式实施心理问题的预防和干预。

自我和谐是指自我内部的协调一致以及自我与经验之间的协调，是心理健康的重要标志。相关研究表明，与听力语言残疾和肢体残疾者相比，视力残疾者对残疾的态度较消极[10]，自我的接纳性较低[11]，自我概念存在矛盾性[12]，存在自我污名现象[13]，这些消极的自我特征不可避免地会对他们的自我和谐带来负面影响，进而影响其心理健康水平。因此，提升视障大学生的自我和谐水平对于改善其心理健康状况具有重要价值。本实践尝试采用残健融合的团体辅导形式，即把视障大学生和明眼大学生融合为一个团体进行干预。这种融合的意义不是简单地将视障大学生和明眼大学生聚集在一个团体中，而是通过两个群体成员在思想上的互动和交流，使视障大学生一方面获得明眼大学生关于自我认识、自我评价和自我接纳等方面的群体参照，另一方面获得明眼大学生的积极关注和真诚反馈，从而有助于其自我和谐水平的提升，这种群体间的影响是单一视障大学生团体辅导无法达到的。

（一）研究对象、方法与工具

1. 研究对象的选取

研究以公开招募和访谈筛选的形式选取长春某大学特殊教育学院大一视障学生 32 名，分别作为实验组被试和对照组被试。同时招募 16 名对视障者没有歧视，并有与其交往意愿的特殊教育专业大一明眼学生作为志愿者与实验组被试共同参加团体辅导。

2. 研究方法与工具

研究运用实验法、问卷调查法和访谈法，采用实验组、对照组前测与后测研究设计考察团体辅导对视障大学生自我和谐的干预效果。研究工具包括：《自我和谐量表》，该量表包括三个分量表，即"自我与经验的不和谐""自我的灵活性""自我的刻板性"，共 35 个项目，三个分量表的同质性分别为 0.85、0.81、0.64。量表采用 5 级评分，被试根据自身情况对每个句子进行 5 点评分，总分由"自我的灵活性"量表反向计分之后，与自我的刻板性、自我与经验的不和谐得分相加得出。三个维度总分越低，表明自我和谐水平越高，反之，则自我和谐水平越低。《团体满意度量表》，该量表用于团体辅导之后，反映成员对团体的感受与意见。量表包含 10 道题目，前 9 题是对团体满意程度及自我成长体验的 1～10 级的评分，最高分 90 分，分数越高代表对团体越满意，第 10 题是对团体改进的建议。

3. 干预过程

（1）前测

在团体活动开始之前，对参与研究的 32 名视障大学生进行前测，按照自我和谐总分由高到低的顺序将被试分为实验组（16 人）和对照组（16 人），两组自我和谐总分无显著差异。

（2）团体干预实施

对实验组被试进行封闭式、结构式团体辅导，自 2020 年 10 月至 2020 年 12 月，共包括 7 次活动，每周 1 次，每次约 100 分钟。辅导活动由 1 名主带领者负责方案设计和活动实施，由 1 名协助带领者负责准备辅导活动的材料和工具。

团体辅导的总体目标是提升视障大学生的自我和谐水平，具体目标包括：①帮助被试改善对视觉障碍的消极认知和态度。②促进被试的自我认识，提高其自信和自我接纳水平。③引导被试树立正确的人生观、价值观，学会感恩。④提升团体凝聚力，促进被试与明眼大学生的交往与合作。

具体活动方案为：第一次活动是有缘来相聚，以建立正向的团体气氛、促进成员之间相互认识为目标。主要活动包括创意分组（每组都包括视障和明眼两种学生）、名字的故事、猜猜我是谁、名字滚雪球、建立团体合约书、小组成员分享感受。第二次活动是相亲相爱一家人，以建立正向的团体气氛、增强两类学生的互动合作与团体凝聚力、促进视障学生对自我的特征进行初步探索为目标。活动包括这就是我（用独特的方式进行自我展示）、最强团队（创立小组，包括取名字，设定小组目标、小组口号和组歌）、分享活动体验。第三次活动是他人眼中的我，以建立正向的团体气氛、增加两类学生的互动与合作、增强视障学生的自信心、帮助视障学生从他人的角度了解自己为目标。活动包括同舟共济、戴高帽、他人眼中的我、分享活动体验。第四次活动是我的自画像，以增进两类学生之间的交往与合作，促进视障学生对自己的人格特征、生命意义、过去经验、家庭关系的探索为目标。活动包括沙漠拾宝、我的自画像、活动体验分享。第五次活动是生命中的珍爱，以促进学生对价值观、人生责任、过去经验的探索为目标，激发其对父母的感恩之情。活动包括我是雕塑师、丧失练习、活动收获分享。第六次活动是我的生命我做主，引导学生回顾过去、审视现在和畅想未来，引导视障学生在时间维度上认识自我。活动包括大家一起来、我的生命线、分享活动体验。第七次活动是朋友再见，以回顾团体历程、激发对小组成员的感恩、处理离别情绪为目标。活动包括音乐冥想、互送祝福、分享团体感悟、团体满意度评价和自我和谐量表的后测。

（3）后测、访谈和追踪测量

在团体辅导干预结束后，立即使用《自我和谐量表》对实验组和对照组被试进行测量，并使用《团体满意度量表》对实验组被试进行团体满意度测评，随后对实验组被试进行结构式访谈，4个月后对实验组和对照组被试进行自我和谐追踪测量。

4. 统计分析

用 SPSS23.0 建立数据并进行统计分析，统计描述主要是平均数，推断统计主要是单因素方差分析和 t 检验。

（二）研究结果

1. 实验组和对照组被试自我和谐总分在三次测量中的变化

从自我和谐总分变化上看，实验组被试的总分经过团体辅导干预后显著下降，在追踪测量时，其水平基本恢复到前测水平，但总分仍低于对照组；对照组被试的自我和谐总分在三次测量中显示出上升趋势，尤其是在追踪测量中自我和谐总分大幅度提高（图 5-1）。

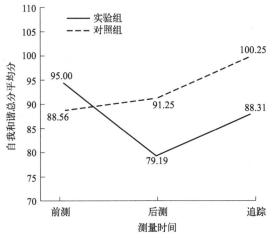

图 5-1 两组被试自我和谐总分在三次测量中的变化

2. 测量时间在实验组和对照组被试自我和谐三个维度及总分上的主效应分析

对实验组和对照组视障学生三次测量得分的方差分析结果显示，测量时间在实验组自我和谐总分与自我的灵活性和自我的刻板性两个维度上的主效应显著；在对照组自我和谐总分、自我与经验的不和谐和自我的刻板性上的主效应均不显著（表 5-1）。

表 5-1　两组被试三次测量结果的单因素方差分析　（$M\pm$SD）

项目	自我的灵活性（反向分）	自我与经验的不和谐	自我的刻板性	自我和谐总分
实验组（$n=16$）				
前测	31.00±7.00	45.44±11.79	18.56±4.77	95.00±15.84
后测	23.63±4.21	40.00±9.27	15.56±3.39	79.19±13.28
追踪测量	26.19±4.60	45.47±10.69	18.12±4.65	88.31±17.70
F	7.70	1.25	2.39	4.75
p	0.01	0.29	0.10	0.01
对照组（$n=16$）				
前测	25.68±5.25	45.06±10.67	17.81±5.07	88.56±14.51
后测	25.56±7.39	44.06±11.11	18.63±4.44	91.25±15.08
追踪测量	38.00±5.72	42.40±7.29	18.20±3.23	100.25±11.09
F	17.35	0.13	0.27	2.86
p	0.00	0.87	0.76	0.07

3. 实验组和对照组被试在干预前后自我和谐三个维度得分及总分的比较

在团体干预前，实验组和对照组自我和谐总分及自我与经验的不和谐、自我的刻板性得分均无显著差异（$t_1=1.20$，$p_1=0.24$；$t_2=-0.09$，$p_2=0.93$；$t_3=0.43$，$p_3=0.67$），实验组自我的灵活性得分显著高于对照组（$t=2.43$，$p=0.02$）；在团体干预后，实验组被试的自我和谐总分和自我的灵活性及自我的刻板性两个维度得分均显著低于对照组（$t_1=-2.40$，$p_1=0.02$；$t_2=-2.32$，$p_2=0.03$；$t_3=-2.19$，$p_3=0.04$）；4 个月后的追踪测量结果表明，实验组的自我与经验的不和谐、自我的刻板性得分和自我和谐总分与对照组无显著差异（$t_1=-0.94$，$p_1=0.36$；$t_2=-0.58$，$p_2=0.96$；$t_3=-1.34$，$p_3=0.19$），自我的灵活性得分显著低于对照组（$t=-4.70$，$p=0.00$）（表 5-2）。

表 5-2　两组被试在干预前后自我和谐三个维度及总分的 *t* 检验　(*M*±SD)

项目	干预前		干预后		追踪测量	
	实验组 (*n*=16)	对照组 (*n*=16)	实验组 (*n*=16)	对照组 (*n*=16)	实验组 (*n*=16)	对照组 (*n*=16)
自我的灵活性 （反向分）	31.00± 7.00	25.68± 5.25	23.63± 4.21	25.56± 7.39	26.19± 4.60	38.00± 5.72
自我与经验的 不和谐	45.44± 11.79	45.06± 10.67	40.00± 9.27	44.06± 11.11	45.47± 10.69	42.40± 7.29
自我的刻板性	18.56± 4.77	17.81± 5.07	15.56± 3.39	18.63± 4.44	18.12± 4.65	18.20± 3.23
自我和谐总分	95.00± 15.84	88.56± 14.51	79.19± 13.28	91.25± 15.08	90.94± 17.70	98.07± 11.09

4. 团体辅导满意度结果

对视障学生在《团体满意度量表》的评分结果进行简单统计，全体成员的团体满意度平均分为 85.92 分，全部成员表示喜欢此次团体心理辅导，认为这个团体很有意义，能够在团体中坦诚地表达自己，相互信任，乐于分享自己的经验，对自己越来越了解，参加团体使自己越来越有自信，喜欢领导者的带领方式。

5. 团体辅导干预后对实验组被试的访谈结果

根据实验组被试的访谈记录，将团体辅导的影响进行归类，结果表明，团体辅导对实验组被试产生了两大方面的影响：一是对自我认识的影响，表现在更加了解自己、增强了自信、提高了自我接纳水平、更加了解自己在他人心中的形象、变得乐观开朗；二是对人际交往的影响，表现在增加了对明眼大学生的了解、促进了与明眼大学生的人际交往、自身社交焦虑得到了缓解。

（三）结论与讨论

上述研究结果说明团体辅导对提升视障大学生自我和谐水平具有一定的干预效果，这与明眼大学生自我和谐团体辅导的研究结果一致[14]，尤其对自我的灵活性影响较大。此结论可能与以下几个因素有关。

1. 团体辅导活动设计的有效性

7 次团体辅导活动的重点在于使视障大学生促进自我认识、增强自信心、提升自我接纳水平、促进自我和谐水平的提升。如我的自画像、戴高帽、沙漠拾宝、我是雕塑师、丧失练习等活动，对帮助视障大学生改善对视觉缺陷的消极态度、提升自信心、提高自我接纳水平起到了较好的效果。在每一次团体活动结束时的分享和团体后的访谈结果都显示出了团体辅导的目标达成度较好，这可能是团体辅导取得良好效果的关键所在。

2. 残健融合的团体形式有利于被试自我和谐水平的提升

残健融合的团体辅导扩大了被试的群际接触，对被试自我和谐水平的提升发挥了重要作用。第一，与明眼大学生的交流使他们获得了自我特点的新线索[15]，促进了他们多角度的自我认识。第二，群际接触有助于提高明眼大学生对视障大学生的喜爱程度，从而形成对视障大学生的积极评价，对视障大学生的自我评价产生正向影响[16]。第三，在与明眼学生交流中，被试直接获得了外群体自我认识、人生观、世界观、价值观、生命意义等的相关信息，有助于他们获得关于自我特征的社会参照，并能够不断学习新的行为方式和新的关于自我的态度，有利于改善他们自我的灵活性和自我刻板性，进而有利于自我和谐水平的提高。

3. 良好的团体氛围提升了团体辅导的有效性

团体辅导作为一系列的过程本身就是一种干预，其最大的特点和价值就在于团体中团体成员之间的人际互动氛围。研究采用残健融合的团体辅导形式，同时满足了两类大学生的交往需要，这为良好团体氛围的产生奠定了基础。另外，为了更好地营造团体干预过程中的人际互动氛围，每次团体都包含以促进两类成员互相合作、增强团体凝聚力为目标的活动，如最强团队、同舟共济、戴高帽、我是雕塑师等。而且在活动中，两类学生均表现出了接纳他人、耐心倾听他人观点、积极表达自己的思想、及时给他人鼓励和支持等行为，这对团体辅导的有效性产生了积极的影响。

4. 影响团体辅导效果持久性的因素

影响团体干预效果持久性的原因可能与实验情境有关。在团体辅导中，视障大学生处在一种接纳的、开放的、尊重的环境之中，并且在与明眼大学生的交流中受到了积极的关注，这与视障大学生实际的生活环境大相径庭。视障大学生虽然在普通高校接受教育，但其社会生活范围局限在视障群体之中，很少有机会与明眼大学生交流。从前文总结的关于视障大学生群体心理特征的研究结果可知，这一群体整体的心理问题较为严重，自我接纳水平较低，该群体特征会对被试的自我认识和评价产生消极影响[18]，进而影响其自我和谐，使团体干预的效果受到抑制。

二、"三全育人"视域下残障大学生心理健康服务实践——心理育人

"三全育人"即全员育人、全程育人、全方位育人，是对高校培养什么样的人、如何培养人和为谁培养人等有关育人的基本问题的科学回答，是党和国家对高校思想政治工作的基本要求。2017 年 10 月，在党的十九大上，习近平总书记提出中国特色社会主义进入了新时代的重要论断，这开启了新时代高校"三全育人"的新步伐。随后，教育部印发的《高校思想政治工作质量提升工程实施纲要》中进一步提出了高校"三全育人"的十大育人体系，即课程育人、科研育人、实践育人、文化育人、网络育人、心理育人、管理育人、服务育人、资助育人、组织育人。残障大学生心理健康服务属于心理育人的范畴，是残障大学生思想政治工作的重要组成部分，在"三全育人"视域下开展心理健康服务对实现残障大学生的心理健康服务目标、实现心理育人具有重要意义。长春大学坚持育心与育德相结合，把学生的心理健康教育作为重要的工作内容之一，颁布了《长春大学育人工程建设实施方案》，着重推进大学生心理健康教育工作。学校建立了专门的大学生心理健康教育工作领导小组和大学生心理危机干预工作领导小组，加强了对心理健康教育工作的组织领导。2019 年长春大学颁发了《中共长春大学委员会关于推进"三全育人"综合改革建设工作的通知》，由心理健康教育中心全面推进"三全育人"综合改革建设，在心理育人机制上不断改革，加大了心理健康知识的宣传力度，完善了心理健康教育线上平台建设，构建了"校-院-班-舍"四级心理健康教育工作网络，运用医教结合模式，围绕心理咨询、课程教学、团体辅导、心理测试、危机干预五大服务内容，为学生提供全方位的心理健康服务。疫情防控期间以"云"咨询的方式开展"防疫心理支持"系列服务，为全校师生提供持续、有温度的心理服务。

长春大学特殊教育学院为我国残疾人高等特殊教育的龙头，办学最早、规模最大，在残疾人教育、培养、就业等方面有近 40 年的经验积累，学院党委始终坚持社会主义办学方向，忠实履行高校的基本职能，牢牢把握学院办学定位和残障大学生的特点和需求，在立德树人方面发挥了特殊作用，在人才培养、科学研究、社会服务、文化传承等方面硕果累累，是吉林省高校"三全育人"综合改革

试点单位，在"三全育人"工作方面开展了大量的实践工作，积累了宝贵的经验。

（一）组织领导

成立特殊教育学院育人工程领导小组，结合学院特点，加强顶层设计，搭建平台和载体，充分发挥特殊教育学院委员会和党政联席会议的作用，把握人才培养方向和各项工作政治观，科学民主决策，全面领导学院育人工程的各项工作任务，切实保证育人工程有效落实和实施。

（二）心理育人实践

1. 全员育人

在"三全育人"基本理念的指导下，特殊教育学院积极组织全体教师和辅导员等相关工作人员参与到心理育人工作之中，教师通过"课程思政"提升残障大学生的心理素质和培养其健康的人格，辅导员和班主任利用心理健康工作坊"光音加油站"，建立心理危机预警机制，开展"一对一"心理健康教育咨询服务，利用学院微信平台，大力宣传心理健康教育，邀请心理治疗师和心理咨询师到学院为残障大学生开展心理健康知识讲座，并培育朋辈互助团体，把学生干部和寝室长等纳入育人队伍之中，形成了教师、辅导员、心理咨询师、朋辈团体、家长及社会其他人员共同参与的心理育人队伍，让学生在全员参与的心理健康服务体系中预防和缓解心理问题、增强心理素质。

2. 全过程育人

特殊教育学院重视在入学、过渡、毕业的全过程中始终关注残障大学生心理素质和健全人格的培养，并开创了"四型"党组织育人工作模式，即建设"学习、服务型"思政载体，构筑"创新、实践型"育人平台，培育"担当、励志型"师生团队，打造"引领、融合型"党建品牌。同时，开创了"四育心法"，即"亲情哺育、启蒙教育、素质培育、成才抚育，回报社会"，在不同的阶段，对学生实施不同的育人策略。在学生入学时期，对学生重点进行亲情哺育和启蒙教育，用"爱心"构筑和残障大学生心心相通的基石，一方面能弥补部分残障大学生亲情的缺失，满足他们对爱和归属感的需要，另一方面能培养残障大学生的感恩之心，引导他们用爱回报社会，用"耐心"帮助残障大学生树立正确的人生观、解决生活中的难题、疏导心理上的困惑；在过渡阶段重点对学生进行素质培育，用"真心"打造参与、平等、互助的平台，根据残障大学生的特点，为学生搭建多种平台，如文体实践平台、志愿服务平台等，用激励式教育让他们发现自己的优势，使其提升综合素质、增强自信，鼓励残障学生无私奉献、立志成才、报效祖国，提升他们的社会责任感；在毕业阶段对残障学生进行成才抚育，用"细心"指导残障大学生就业创业，一方面搭建特色招聘会平台、全纳式教育平台、创业就业平台，为学生提供就业途径，另一方面指导学生进行职业生涯规划，为其提供就业心理辅导，缓解残障大学生的就业压力。

"四型"育人工作模式和"四育心法"的有效实施，实现了"从课堂到课后""从学习到生活""从入学到毕业""从学业到就业"的全程性心理健康服务，对预防和缓解残障大学生心理问题、培养积极心理品质发挥了重要作用。

3. 全方位育人

在全员育人和全过程育人的支持下，以全方位心理健康服务为落脚点，形成了校内、校外，课上、课下，线上、线下并行的服务机制，在学生的学习、实践和生活的各个方面全面开展心理健康服务。首先，建立"院-班-舍"三级心理健康服务网络，为残障大学生在学习、人际交往、情绪管理等方面的心理问题提供干预。同时，建立家长信息互通机制，在对存在心理问题的学生进行心理干预前、干预中和干预后均与家长沟通，针对学生的学习状况、生活状况与家长进行真实有效的交流，与学生实习单位的负责人积极沟通，协助实习单位采取相应策略减少残障大学生的心理压力，促进他们尽快适应实习环境。其次，完善心理健康教育课程，专门开设残障大学生心理健康教育课程，由具有国家心理咨询资格和残障大学生教学及管理经验的人员担任教师，课程主要内容包括残障大学生自我意识与培养、人格发展、学习心理、情绪管理、人际交往、大学生恋爱与性心理、大学生压力管理、挫折应对与生命教育，使残障大学生获得心理健康的基本知识、心理问题预防及自我调适的方法；在专业课教学中积极开展课程思政，将专业课与心理育人的元素相结合，促进残障大学生健康人格的形成和发展。同时，有效利用第二课堂开展心理健康活动，如举办心理健康讲座、心理剧比赛、团体心理辅导活动、寝室文化节等，让学生接触到更为丰富和专业的心理知识，提升残障大学生心理健康意识，并增强其对积极心理品质的认同感。最后，学院组织建设"光音加油站"，将其作为残障大学生心理健康服务的线下平台，设有心理咨询室，为残障大学生提供心理咨询和心理辅导。同时，利用学院微信平台，推送心理健康知识，开展心理健康教育宣传，疫情防控期间，学校和学院两级联合为学生提供线上心理健康指导，通过线上微信公众号和心理自助手册，在帮助学生对疫情防控形成正确的认知、消除焦虑情绪等方面起到了较好的指导作用，为预防和解决学生的心理问题提供了有效的服务。计划开发残障大学生心理健康服务小程序，实现线上心理危机预警、心理辅导、心理咨询等，提升残障大学生心理健康服务的便捷性和有效性。

三、残障大学生心理健康服务平台建设与实践——"光音加油站"

残障大学生心理健康服务不仅需要完善的组织领导和专业的师资队伍，更加需要专门性的服务平台，使心理健康服务有效地开展起来。"光音加油站"始建于2015年，是长春大学特殊教育学院专门为视力障碍和听力障碍大学生提供的全面服务平台，包括学习指导、生活指导、就业指导等，其中心理健康服务是其重要的服务内容。众所周知，残障大学生是心理问题的多发群体，其心理问题较普通人复杂，仅通过定期的心理咨询或心理治疗很难达到预期的效果，更加需要辅导员对其进行日常性的疏导。多年来，"光音加油站"在特殊教育学院领导和辅导员的共同努力下，为数百名残障大学生提供了近千次的心理辅导，在心理危机预警、心理干预和心理干预的后续巩固方面发挥了十分重要的作用。

1. 建立院-班-舍三级帮扶体系

"光音加油站"隶属于特殊教育学院，成立于2015年，其成员包括所有特殊教育学院的辅导员和学生心理委员，主要工作是对残障大学生的各种心理问题进行筛查和定期对残障大学生进行心理疏导，心理委员向辅导员反馈学生情况，辅导员和相关心理工作人员根据心理委员的反馈和学生的预约定期开展心理辅导工作。

2. 残障大学生心理状况的观察与反馈

由于辅导员是与残障大学生联系最多、最紧密的人，可以通过残障大学生学业状况的反馈、同伴关系的观察、家庭关系的了解、日常交流、班级心理委员和宿舍长的反馈等方式对学生的心理健康状况进行细致的了解，从而及时发现学生心理状态的异常现象，并及时反馈给家长和学校心理健康教育中心，共同商讨决定对心理问题学生的后续干预措施。

3. 轻度心理问题的疏导

特殊教育学院的辅导员大多数具有丰富的工作经验，经历了专业的培训，对残障大学生的心理特点和行为习惯十分了解，并且具有手语沟通的能力，能够对学生在情绪不良、人际关系、自我认识、学业不良、生涯规划、家庭关系等方面的轻度心理问题进行疏导，帮助学生消除不良情绪和消极行为，提升学生的心理健康水平。

4. 建设心理健康数字资源和心理健康服务网络平台

通过数字资源和网络平台吸纳网络资源，利用网络的优势，建立新媒体思维，全方位开展心理健康教育服务，扩大受众面，充分发挥心理健康教育的作用。利用学校官网，开辟心理专栏，定期推出微视频、微课、心理健康问答等，普及心理健康知识。同时，注重发挥朋辈影响的作用，推出朋辈励志故事、朋辈心语、朋辈互动等，提升网络平台的吸引力和接受度。

四、课程思政心理育人实践——视障大学生融合教育课程

随着中国特殊高等教育的发展，越来越多的残障青年有机会进入高校接受高等教育，并成为中国特色社会主义建设的重要力量之一。长春大学生特殊教育学院自 1987 年开始招收视障学生，实现了我国残障大学生零的突破，自 2020 年以融合教育的形式开始招收视障学生。多年来，长春大学特殊教育学院培养了大批视障大学生，并帮助他们走向各种工作岗位。在培养过程中，不仅重视学生知识的累积和能力的提升，更加重视学生的思想品德教育，把立德树人作为教育的根本任务，为国家培养了一批又一批德才兼备的人才。

（一）课程思政心理育人的背景和目标

残障大学生的心理健康一直是长春大学特殊教育学院重点关注的工作内容，学院领导、辅导员在通过多种形式为残障大学生提供心理健康服务的同时，也在不断探索新的方式和途径。自全国高校思想政治工作会议上提出"要用好课堂教

学这个主渠道""使各类课程与思想政治理论课同向同行，形成协同效应"❶，特殊教育学院积极开展"课程思政"工作，优化课程设置，梳理各门专业课程所蕴含的思想政治教育元素和所承载的思想政治教育功能，将思想政治教育元素，包括思想政治教育的理论知识、价值理念以及精神追求等融入各门课程中去，推进思想政治教育与知识体系教育的有机统一，其中，大力促进心理育人是特殊教育学院课程思政的重要内容之一。通过课程思政，在各专业课的课堂教学中积极挖掘和总结与心理健康有关的思政元素，以帮助残障大学生解决心理困扰，缓解心理问题，培养积极心理品质，形成健康完善的人格和理性平和、积极向上的良好心态及健全的人格作为心理育人的重要目标，通过春风化雨、润物无声的形式为残障大学生提供心理健康服务，与心理咨询、心理活动、心理健康教育课程等形成协同效应，为提升残障大学生心理健康服务的全面性和有效性发挥了重要作用。

（二）课程思政心理育人实践——以"视力障碍儿童心理与教育"课程为例

1. 课程介绍与学情分析

"视力障碍儿童心理与教育"是特殊教育学院特殊教育专业的专业核心必修课程，也是针灸推拿和康复专业视障大学生的辅修课程，即普通大学生和视障大学生的融合教育课程，每年有 10～30 名视障大学生与普通大学生一起学习该课程，该课程是以融合教育的形式，通过课程思政为视障大学生开展心理健康服务的良好平台。辅修"视力障碍儿童心理与教育"的视障大学生均是针灸推拿专业和康复专业的大二或大三学生，他们对心理学和教育学具有一定的兴趣或准备考教师资格证从事特殊教育职业。

2. 心理育人元素与课程思政设计

"视力障碍儿童心理与教育"课程的内容主要包括两个大方面：一是视力障碍儿童的心理发展特点及规律、常见的心理问题及影响视障儿童心理发展各因素的分析；二是视力障碍儿童教育的目标、内容、原则、方法。前者以掌握视力障

---

❶ 全国高校思想政治工作会议 12 月 7 日至 8 日在北京召开．新华社，2016-12-08［2024-07-26］．https：//www.gov.cn/xinwen/2016-12/08/content_5145253.htm♯2.

碍儿童心理特征及其与普通儿童的差异，理解影响视力障碍儿童心理发展的原因为目标，同时要引导学生全面认识视力障碍儿童的心理特点，使他们意识到视力障碍儿童在认知能力、人格特征上既有不足又有优势，既有需要克服的障碍，又有可发展的潜能，他们的全面发展和健康成长需要家庭、学校和社会的共同努力，以培育学生对特殊儿童的关怀与尊重等情感；后者以理解视力障碍儿童的教育目的、教育任务、基本组织形式和教育的内容，理解视力障碍儿童的教学原则和教学方法为目标，同时使学生认识到特殊教育要把视力障碍儿童培养成德智体美劳全面发展的社会主义建设者和接班人，帮助他们实现人生的价值，从而引导学生为成为一名有理想信念、有道德情操、有扎实学识、有仁爱之心的新时代"四有"好老师而努力学习。

　　根据"视力障碍儿童心理与教育"课程的性质、内容和目标以及课程思政的育人目标，帮助学生培养良好的师德师风，培养职业道德感、职业责任感；培养社会责任感、国家认同感；培养健全人格，促进心理健康。大量研究显示，视障学生普遍具有存在自卑心理、自我接纳性低等特点。因此，课程把提升视障学生自我接纳性、培养其健康人格作为课程思政的重要目标。课程以视障儿童的励志故事、特殊教育教师的感人事迹和优秀视障人士的生命故事为素材，通过讲授法、任务驱动法、对分课堂教学模式，把视障儿童的心理发展特点及规律、视障儿童的发展潜能、视障儿童教育目标的教学内容与接纳自我、自尊、自强、自立的人格品质等思政元素以润物无声的方式相结合，帮助视力障碍大学生客观地认识自身的优势与不足，改善他们对视力障碍的消极认识，鼓励他们发挥自己的优势，努力学习，成为一名德智体美劳全面发展，能够适应现代社会并为社会作出贡献的社会主义建设者。另外，本课程为融合教育课程，充分利用残健融合小组的学习形式促进视障大学生与普通大学生的交往与合作，使视障大学生通过普通大学生的反馈进一步形成积极的自我认识。根据群际接触理论，普通大学生和视障大学生作为两个群体，他们之间的相互交流和合作有助于提高普通大学生对视障大学生的积极态度或喜爱程度，形成对视障大学生的积极评价，从而对视障大学生的自我评价产生正向影响，有利于提升视障大学生的自我接纳性。

　　本课程的主要专业知识分为三大部分：第一部分是视障儿童的心理发展特点及规律，主要包括视障儿童的认知发展、人格发展、情感和意志力发展的特点及规律，以及视障儿童常见的心理问题；第二部分是视障儿童的教育和教学，主要包括针对视障儿童的教育目标、教学组织形式、教学原则和方法；第三部分是学习和实践，采用教师说课的方法。这三个部分深刻蕴含了教师的职业道德感、职业责任感、心理健康、社会责任感、家国情怀、爱岗敬业六个思政育人元素。具体融合点见图 5-2。

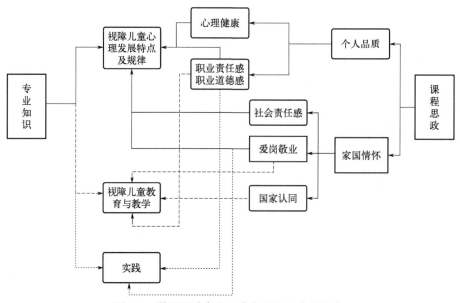

图 5-2　课程思政育人元素与教学内容的融合

课程思政的素材包括：中央广播电视台的纪录片《良师》、优秀视障教育教师事迹、毕业生和实习学生录制的视障相关视频、视障儿童案例（视障大学生经历分享与视频）、长春大学抗疫一线教师的事迹、新时代"四有"好老师、习近平总书记教育讲话和关于视障人士生活的视频。其中，视障儿童案例（视障大学生经历分享与视频）、关于视障人士生活的视频两个部分的素材以榜样分享、积极暗示等方式对视障大学生的心理健康产生正向的影响。

3. 课程思政育人效果

本课程的课程思政效果包括三方面的评价，即学生的课堂表现、思想收获、考核成绩，通过这三方面的评价，体现出课程思政建设取得了一定的效果。首先，从学生的课堂表现来看，学生更加关注和关爱视障儿童，对视障教育教师产生了崇敬之情，在成为一名有道德感和责任感的特教教师这一动机的激励下，在成为"四有"好老师的目标指引下，学生们积极配合本学期的教学工作，认真完成任务，积极参加各种教学活动，同时很多学生表现出高度的责任感，积极加入抗疫工作之中，做到抗疫和学习两不误。其次，从学生的思想收获来看，通过学生完成的作业可以看出本课程使学生对特殊教育教师职业的认识有所提升，对"四有"好老师的内涵有了进一步的理解。视障大学生的自我接纳性有所提升，对健全学生的认识和态度有所改变，与健全学生的人际交往意愿有所提升。

参考文献

[1] 陈玉珠. 残疾人适应性量表的编制及研究 [D]. 南昌：江西师范大学，2014.

[2] 徐明，庄天舒. 全纳教育实践中视障大学生融合能力提升研究 [J]. 长春大学学报，2016，26（01）：120-124.

[3] 樊富珉，何瑾. 团体心理辅导 [M]. 上海：华东师范大学出版社，2013.

[4] 王丽丽. 以适应力为核心的高职心理健康活动课程构建 [J]. 山西经济管理干部学院学报，2016，24（02）：103-106.

[5] 俞林鑫. 校园心理情景剧实践中存在的问题及对策 [J]. 黑龙江教育（高教研究与评估），2013（06）：87-88.

[6] 曲佳. 心理情景剧在大学生心理社会化教学中的实践与探索 [J]. 北京教育（德育），2015（02）：66-68.

[7] 罗灵娜. 新时代高校心理危机干预的困境和对策 [J]. 龙岩学院学报，2022，40（06）：111-116

[8] 心策. 心理测量与心理评估——访中国心理学会心理测量专业委员会秘书长方平教授 [J]. 中小学心理健康教育，2002（02）：10-12.

[9] 樊富珉. 我国团体心理咨询的发展：回顾与展望 [J]. 清华大学学报（哲学社会科学版），2005（6）：62.

[10] 兰继军，刘彤彤. 残疾人的残疾态度、心理健康与主观幸福感的关系研究 [J]. 残疾人研究，2018（2）：89-91.

[11] 寇蕴. 视力残疾大学生自我接纳与应对方式提升的探索 [J]. 北京教育（德育），2020，4：51-53.

[12] 宋鸿雁. 视障儿童和正常儿童自我概念和个性的比较研究 [D]. 西安：陕西师范大学，2000.

[13] KONG Lingling，GAO Zheng. The relation between self-stigma and loneliness in visually impaired college students：Self-acceptance as mediator [J]. Disability and Health Journal，2021（14）：1-7.

[14] 郑应霞. 基于团体辅导的大学生自我和谐构建及思考 [J]. 湖北工程学院学报，2016，36（2）：80-83.

[15] 布朗 J D，布朗 M. 自我 [M]. 王伟平，陈浩莺，译. 北京：人民邮电出版社，2015.

[16] 关文军，孔祥渊，胡梦娟. 残疾污名的研究进展与展望 [J]. 残疾人研究，2020（1）：41-51.

[17] 党健宁，李彩娜. 群体类别对自我刻板化的影响 [C] //中国心理学会. 心理学与创新能力提升——第十六届全国心理学学术会议论文集. 西安：陕西师范大学心理学院，2013：1217-1218.

附录

附录1 大学生社会责任心理量表

亲爱的同学：

您好！请您在下面每个问题的选项中选择一项最符合自己实际情况的选项，感谢您的支持！

1. 我乐于参加社会志愿者工作。
1 完全不符合　2 比较不符合　3 不确定　4 比较符合　5 完全符合

2. 社会中的每一个人都应该承担社会责任。
1 完全不符合　2 比较不符合　3 不确定　4 比较符合　5 完全符合

3. 在活动中我喜欢要承担责任的角色。
1 完全不符合　2 比较不符合　3 不确定　4 比较符合　5 完全符合

4. 承担一定的社会责任，使我感到自己不是一个平庸的人。
1 完全不符合　2 比较不符合　3 不确定　4 比较符合　5 完全符合

5. 我经常提醒自己要保护环境。
1 完全不符合　2 比较不符合　3 不确定　4 比较符合　5 完全符合

6. 承担一些社会责任并不是我的本意。
1 完全不符合　2 比较不符合　3 不确定　4 比较符合　5 完全符合

7. 即使不做班干部，我也会为同学服务。

1 完全不符合　2 比较不符合　3 不确定　4 比较符合　5 完全符合

8. 我不是这个社会的主人，很多不良现象我只能视而不见。

1 完全不符合　2 比较不符合　3 不确定　4 比较符合　5 完全符合

9. 我会经常关心家里发生的事情。

1 完全不符合　2 比较不符合　3 不确定　4 比较符合　5 完全符合

10. 为了班级荣誉，我会认真执行学校、班级的规定。

1 完全不符合　2 比较不符合　3 不确定　4 比较符合　5 完全符合

11. 无论做什么，我都遵守秩序，不插队。

1 完全不符合　2 比较不符合　3 不确定　4 比较符合　5 完全符合

12. 我很少去考虑世界和平这样的事。

1 完全不符合　2 比较不符合　3 不确定　4 比较符合　5 完全符合

13. 我讨厌那些不负责任的人。

1 完全不符合　2 比较不符合　3 不确定　4 比较符合　5 完全符合

14. 作为社会中的一员，我应该为社会作出贡献。

1 完全不符合　2 比较不符合　3 不确定　4 比较符合　5 完全符合

15. 我承担责任是对自己的行为负责。

1 完全不符合　2 比较不符合　3 不确定　4 比较符合　5 完全符合

16. 我经常注意节约用水、用电。

1 完全不符合　2 比较不符合　3 不确定　4 比较符合　5 完全符合

17. 有时我不去帮助别人，是因为周围人太多。

1 完全不符合　2 比较不符合　3 不确定　4 比较符合　5 完全符合

18. 我经常主动给老幼、孕妇让座。

1 完全不符合　2 比较不符合　3 不确定　4 比较符合　5 完全符合

19. 社会也不是我个人的，我可以不关心它的发展。

1 完全不符合　2 比较不符合　3 不确定　4 比较符合　5 完全符合

20. 我是一个比较顾家的人。

1 完全不符合　2 比较不符合　3 不确定　4 比较符合　5 完全符合

21. 集体的荣誉与我有紧密联系。

1 完全不符合　2 比较不符合　3 不确定　4 比较符合　5 完全符合

22. 在公共场合，我从不大声喧哗影响到他人。

1 完全不符合　2 比较不符合　3 不确定　4 比较符合　5 完全符合

23. 我总觉得见义勇为的举动都不关我的事。

1 完全不符合　2 比较不符合　3 不确定　4 比较符合　5 完全符合

24. 对于逃避社会责任的人，我感到很厌恶。

1 完全不符合　2 比较不符合　3 不确定　4 比较符合　5 完全符合

25. 我喜欢被人认为是有责任感的人。

1 完全不符合　2 比较不符合　3 不确定　4 比较符合　5 完全符合

26. 欺骗他人让我感到不安。

1 完全不符合　2 比较不符合　3 不确定　4 比较符合　5 完全符合

27. 承担一定的社会责任是我人生价值观的要求。

1 完全不符合　2 比较不符合　3 不确定　4 比较符合　5 完全符合

28. 当失信于人时，我会找个借口搪塞一下。

1 完全不符合　2 比较不符合　3 不确定　4 比较符合　5 完全符合

29. 发生灾难时，我都会捐钱捐物支援。

1 完全不符合　2 比较不符合　3 不确定　4 比较符合　5 完全符合

30. 我觉得能力不足，无力承担社会责任。

1 完全不符合　2 比较不符合　3 不确定　4 比较符合　5 完全符合

31. 赡养父母是天经地义的事。

1 完全不符合　2 比较不符合　3 不确定　4 比较符合　5 完全符合

32. 我会为了班级荣誉主动贡献自己的力量。

1 完全不符合　2 比较不符合　3 不确定　4 比较符合　5 完全符合

33. 在路上行走时，我总是遵守交通规则。

1 完全不符合　2 比较不符合　3 不确定　4 比较符合　5 完全符合

34. 我认为学校组织学生上街扫地是无聊的举措。

1 完全不符合　2 比较不符合　3 不确定　4 比较符合　5 完全符合

35. 那些乱丢垃圾的人让我很反感。

1 完全不符合　2 比较不符合　3 不确定　4 比较符合　5 完全符合

36. 我从来没有欺骗过我的朋友。

1 完全不符合　2 比较不符合　3 不确定　4 比较符合　5 完全符合

37. 承担社会责任可以证明我是一个有价值的人。

1 完全不符合　2 比较不符合　3 不确定　4 比较符合　5 完全符合

38. 在没有人注意的时候，我会随地吐痰。

1 完全不符合　2 比较不符合　3 不确定　4 比较符合　5 完全符合

39. 我觉得人生的意义就是为社会的和谐作贡献。

1 完全不符合　2 比较不符合　3 不确定　4 比较符合　5 完全符合

40. 我会为了班级的学习环境主动维持纪律。

1 完全不符合　2 比较不符合　3 不确定　4 比较符合　5 完全符合

41. 坐车的时候，我会主动给有需要的人让座。

1 完全不符合　2 比较不符合　3 不确定　4 比较符合　5 完全符合

42. 我会积极参加各种活动，为班级争光。

1 完全不符合　2 比较不符合　3 不确定　4 比较符合　5 完全符合

43. 我从来没有抄袭过同学的作业。

1 完全不符合　2 比较不符合　3 不确定　4 比较符合　5 完全符合

44. 参加那些社会服务工作让我很沮丧。

1 完全不符合　2 比较不符合　3 不确定　4 比较符合　5 完全符合

45. 承担社会责任，对我来说是天经地义的事情。

1 完全不符合　2 比较不符合　3 不确定　4 比较符合　5 完全符合

46. 在生活中，我经常主动帮助他人。

1 完全不符合　2 比较不符合　3 不确定　4 比较符合　5 完全符合

47. 我经常要求自己把工作做到尽善尽美。

1 完全不符合　2 比较不符合　3 不确定　4 比较符合　5 完全符合

48. 那些为了国家和民族而奉献生命的人一直是我的榜样。

1 完全不符合　2 比较不符合　3 不确定　4 比较符合　5 完全符合

49. 我一直以主人翁的心态要求自己为社会做贡献。

1 完全不符合　2 比较不符合　3 不确定　4 比较符合　5 完全符合

50. 我觉得做每一件事情都要对自己负责。

1 完全不符合　2 比较不符合　3 不确定　4 比较符合　5 完全符合

51. 我会注意自己的言行是否影响到学校的声誉。

1 完全不符合　2 比较不符合　3 不确定　4 比较符合　5 完全符合

52. 我对一些社会问题很不满，但又觉得这些不关我的事。

1 完全不符合　2 比较不符合　3 不确定　4 比较符合　5 完全符合

53. 我会承担属于自己的社会责任。

1 完全不符合　2 比较不符合　3 不确定　4 比较符合　5 完全符合

54. 我不喜欢与没有责任感的人为伍。

1 完全不符合　2 比较不符合　3 不确定　4 比较符合　5 完全符合

55. 我觉得自己应该不断地完善自我。

1 完全不符合　2 比较不符合　3 不确定　4 比较符合　5 完全符合

56. 有人遇到困难，我愿意提供帮助。

1 完全不符合　2 比较不符合　3 不确定　4 比较符合　5 完全符合

57. 我不会做出有损家庭荣誉的事。

1 完全不符合　2 比较不符合　3 不确定　4 比较符合　5 完全符合

58. 我不大热衷参加班集体活动。

1 完全不符合　2 比较不符合　3 不确定　4 比较符合　5 完全符合

59. 在我心中，为国奉献是很虚无的东西。

1 完全不符合　2 比较不符合　3 不确定　4 比较符合　5 完全符合

60. 为社会作出贡献的时候，我感到开心。

1 完全不符合　2 比较不符合　3 不确定　4 比较符合　5 完全符合

61. 尽自己的责任总让我有成就感。

1 完全不符合　2 比较不符合　3 不确定　4 比较符合　5 完全符合

62. 我觉得我应该让家里人生活得更加好。

1 完全不符合　2 比较不符合　3 不确定　4 比较符合　5 完全符合

63. 我有责任维护集体的荣誉。

1 完全不符合　2 比较不符合　3 不确定　4 比较符合　5 完全符合

64. 在公共场合，我总会要求自己遵守秩序。

1 完全不符合　2 比较不符合　3 不确定　4 比较符合　5 完全符合

65. 当有人求助时，我会尽力帮助他（她）们。

1 完全不符合　2 比较不符合　3 不确定　4 比较符合　5 完全符合

66. 为班集体争了光，我会感到光荣。

1 完全不符合　2 比较不符合　3 不确定　4 比较符合　5 完全符合

附录 2　大学生感戴量表（GRAT）

亲爱的同学：

您好！请根据实际情况和这些句子的符合程度进行选择。您的答案没有对错之分，希望您认真作答，不要有任何顾虑，也请不要参考他人意见，问卷为不记名填写，我们承诺对您的个人信息严格保密。对您的合作我们深表感谢！

维度 1　剥夺感的缺失

1. 我觉得生活对我不公平。

1非常不同意　2不同意　3不一定　4同意　5非常同意

2. 看起来其他人从生活中得到的益处确实比我多。

1非常不同意　2不同意　3不一定　4同意　5非常同意

3. 我好像从来没有得到过像别人那样的机会。

1非常不同意　2不同意　3不一定　4同意　5非常同意

4. 生活对我来说就已经够美好了。

1非常不同意　2不同意　3不一定　4同意　5非常同意

5. 似乎从来都是"狼多肉少"，我也从来没得到过我的那一份。

1非常不同意　2不同意　3不一定　4同意　5非常同意

6. 仿佛人们常常试图阻碍我进步。

1非常不同意　2不同意　3不一定　4同意　5非常同意

7. 我觉得生活中有许多美好的事物是我应该得到的，但我并没有得到。

1非常不同意　2不同意　3不一定　4同意　5非常同意

8. 过生日的时候，我收到的礼物都不如别人的好，也不如别人的多。

1非常不同意　2不同意　3不一定　4同意　5非常同意

9. 我相信我是一个非常幸运的人。

1非常不同意　2不同意　3不一定　4同意　5非常同意

10. 由于我生活中经历的一些事情，我真的感觉这个世界是欠我的。

1 非常不同意　2 不同意　3 不一定　4 同意　5 非常同意

11. 我觉得我人生道路上遇到的坏事情已经超过了我应承受的。

1 非常不同意　2 不同意　3 不一定　4 同意　5 非常同意

12. 虽然我认为我比大多数人道德高尚，但在生活中我并没有得到应得的回报。

1 非常不同意　2 不同意　3 不一定　4 同意　5 非常同意

13. 我觉得生活使我伤痕累累。

1 非常不同意　2 不同意　3 不一定　4 同意　5 非常同意

14. 我感觉上天、荣誉、命运都不青睐于我。

1 非常不同意　2 不同意　3 不一定　4 同意　5 非常同意

15. 由于某些原因，我似乎从来不具有别人所拥有的优势。

1 非常不同意　2 不同意　3 不一定　4 同意　5 非常同意

维度 2　对社会的感激

16. 如果没有许多人的帮助，我就不会取得今天的成就。

1 非常不同意　2 不同意　3 不一定　4 同意　5 非常同意

17. 我常常想："活着是多大的恩惠啊。"

1 非常不同意　2 不同意　3 不一定　4 同意　5 非常同意

18. 在生活中，曾经有很多人给了我宝贵的建议，这对我的成功来说是至关重要的。

1 非常不同意　2 不同意　3 不一定　4 同意　5 非常同意

19. 虽然基本上我能够掌控自己的人生，但我还是禁不住想起那些在我人生道路上一直支持和帮助我的人。

1 非常不同意　2 不同意　3 不一定　4 同意　5 非常同意

20. 我由衷地感激父母对我的养育之恩。

1 非常不同意　2 不同意　3 不一定　4 同意　5 非常同意

21. 有时我想："为什么我如此之幸运降生在我现在所处的家庭和文化中?"

1 非常不同意　2 不同意　3 不一定　4 同意　5 非常同意

22. 我认为常常停下来，"列举所受的恩惠"，这是非常重要的。

1 非常不同意　2 不同意　3 不一定　4 同意　5 非常同意

23. 在生活中，我深深感激他人为我所做的一切。

1 非常不同意　2 不同意　3 不一定　4 同意　5 非常同意

24. 生活中简单的幸福就是最大的幸福。

1 非常不同意　2 不同意　3 不一定　4 同意　5 非常同意

25. 我认为对活着的每一天都心存感激是很重要的。

1 非常不同意　2 不同意　3 不一定　4 同意　5 非常同意

26. 我真的很感激我的朋友和家人。

1 非常不同意　2 不同意　3 不一定　4 同意　5 非常同意

维度 3　对自然事物的感激

27. 我常常会惊叹于落叶的美丽。

1 非常不同意　2 不同意　3 不一定　4 同意　5 非常同意

28. 我时常会为自然美景所折服。

1 非常不同意　2 不同意　3 不一定　4 同意　5 非常同意

29. 我真正喜欢一些美好的事物，部分是因为对它们心存感激。

1 非常不同意　2 不同意　3 不一定　4 同意　5 非常同意

30. 我认为"驻足闻花香"是很有必要的。

1 非常不同意　2 不同意　3 不一定　4 同意　5 非常同意

31. 我喜欢雪花飘落在脸颊的凉意。

1 非常不同意　2 不同意　3 不一定　4 同意　5 非常同意

32. 每年春天，我真的很喜欢微风拂面的感觉。

1 非常不同意　2 不同意　3 不一定　4 同意　5 非常同意

附录 3 主观幸福感量表

亲爱的同学:

您好!欢迎参加本次调查,请仔细阅读每个问题,并把您的答案填到相应位置,回答没有对错之分,每个问题只能选择一个答案,请按照您的实际情况回答,谢谢合作!

一、以下有您赞成或反对的五个句子,句子后面的数字 1～7 表示您对该句子的态度(1 表示强烈反对,2 表示反对,3 表示有点反对,4 表示既不赞成也不反对,5 表示有点赞成,6 表示赞成,7 表示极力赞成),请在符合您实际情况的数字上打√。

1. 我的生活在大多数方面都接近于我的理想。

1 强烈反对   2 反对   3 有点反对   4 既不赞成也不反对   5 有点赞成
6 赞成   7 极力赞成

2. 我的生活条件很好。

1 强烈反对   2 反对   3 有点反对   4 既不赞成也不反对   5 有点赞成
6 赞成   7 极力赞成

3. 我对我的生活满意。

1 强烈反对   2 反对   3 有点反对   4 既不赞成也不反对   5 有点赞成
6 赞成   7 极力赞成

4. 到现在为止,我已经得到了在生活中我想要得到的重要的东西。

1 强烈反对   2 反对   3 有点反对   4 既不赞成也不反对   5 有点赞成
6 赞成   7 极力赞成

5. 如果我可以再活一次,我基本上不会作任何改变。

1 强烈反对   2 反对   3 有点反对   4 既不赞成也不反对   5 有点赞成
6 赞成   7 极力赞成

二、以下列举了一些情绪词语,词语后面的数字 1～9 表示您在过去的一个星期里感受到这些情绪的频率(如 1 表示根本没有过该情绪,5 表示一半时间里都是该情绪，9 表示所有时间里都是该情绪），请在符合您实际情况的数字上打√。

1. 愉快

1根本没有　2多数没有　3没有　4偶尔有　5一半的时间有　6部分时间有
7有　8大多数时间有　9所有时间有

2. 不愉快

1根本没有　2多数没有　3没有　4偶尔有　5一半的时间有　6部分时间有
7有　8大多数时间有　9所有时间有

3. 幸福

1根本没有　2多数没有　3没有　4偶尔有　5一半的时间有　6部分时间有
7有　8大多数时间有　9所有时间有

4. 振奋

1根本没有　2多数没有　3没有　4偶尔有　5一半的时间有　6部分时间有
7有　8大多数时间有　9所有时间有

5. 难过

1根本没有　2多数没有　3没有　4偶尔有　5一半的时间有　6部分时间有
7有　8大多数时间有　9所有时间有

6. 生气

1根本没有　2多数没有　3没有　4偶尔有　5一半的时间有　6部分时间有
7有　8大多数时间有　9所有时间有

7. 自豪

1根本没有　2多数没有　3没有　4偶尔有　5一半的时间有　6部分时间有
7有　8大多数时间有　9所有时间有

8. 感激

1根本没有　2多数没有　3没有　4偶尔有　5一半的时间有　6部分时间有
7有　8大多数时间有　9所有时间有

9. 爱

1根本没有　2多数没有　3没有　4偶尔有　5一半的时间有　6部分时间有
7有　8大多数时间有　9所有时间有

10. 负罪感

1根本没有　2多数没有　3没有　4偶尔有　5一半的时间有　6部分时间有
7有　8大多数时间有　9所有时间有

11. 羞愧

1 根本没有　2 多数没有　3 没有　4 偶尔有　5 一半的时间有　6 部分时间有 7 有　8 大多数时间有　9 所有时间有

12. 担心

1 根本没有　2 多数没有　3 没有　4 偶尔有　5 一半的时间有　6 部分时间有 7 有　8 大多数时间有　9 所有时间有

13. 压力

1 根本没有　2 多数没有　3 没有　4 偶尔有　5 一半的时间有　6 部分时间有 7 有　8 大多数时间有　9 所有时间有

14. 忌妒

1 根本没有　2 多数没有　3 没有　4 偶尔有　5 一半的时间有　6 部分时间有 7 有　8 大多数时间有　9 所有时间有

附录 4　社会支持评定量表

亲爱的同学：

您好！欢迎参加本次调查，请仔细阅读每个问题，并且把您的答案填到相应位置，回答没有正确错误之分，请按照您的实际情况回答，谢谢合作！

1. 您有多少关系密切，可以给您支持和帮助的朋友：

A. 一个也没有　B. 1~2个　C. 3~5个　D. 6个或6个以上

2. 近一年来您的居住情况：

A. 远离家人，且独居一室　B. 住处经常变动，多数时间与陌生人住在一起
C. 和同学或朋友住在一起　D. 和家人住在一起

3. 您与同学：

A. 相互之间从不关心，只是点头之交　B. 遇到困难，同学可能对您稍微关心　C. 有些同学很关心您　D. 大多数同学都很关心您

4. 您与老师：

A. 相互之间从不关心，只是点头之交　B. 遇到困难，老师可能对您稍微关心　C. 有些老师很关心您　D. 大多数老师都很关心您

5. 您从父母得到的支持和照顾：

A. 无　B. 极少　C. 一般　D. 全力支持

6. 您从兄弟姐妹得到的支持和照顾：

A. 无　B. 极少　C. 一般　D. 全力支持

7. 您从其他成员（如爷爷、奶奶、堂兄弟姐妹）得到的支持和照顾：

A. 无　B. 极少　C. 一般　D. 全力支持

8. 过去，在您遇到急难情况时，曾经得到的经济支持和解决实际问题的帮助的来源有：（可多选）

A. 无任何来源　B. 父母　C. 其他家人　D. 同学朋友　E. 亲戚　F. 学校　G. 老师　H. 党团工会等党官方或半官方组织　I. 宗教、社会团体等非官方组织　J. 其他

9. 过去，在您遇到急难情况时，曾经得到的安慰和关心的来源有：（可多选）

A. 无任何来源　B. 父母　C. 其他家人　D. 同学朋友　E. 亲戚　F. 学校　G. 老师　H. 党团工会等党官方或半官方组织　I. 宗教、社会团体等非官方组织　J. 其他

10. 您遇到麻烦时的倾诉方式：

A. 从不向任何人诉述　B. 只向关系极为密切的一到两个人诉述　C. 如果朋友主动询问，您会说出来　D. 主动诉述自己的烦恼，以获得支持和理解

11. 您遇到烦恼时的求助方式：

A. 只靠自己，不接受别人帮助　B. 很少请求别人帮助　C. 有时请求别人帮助　D. 有困难时，经常向家人、朋友、同学、组织求援

12. 对于团体活动（如党团组织、工会、学生会等组织活动），您的参加情况是：

A. 从不参加　B. 偶尔参加　C. 经常参加　D. 主动参加并积极活动

附录 5　青少年心理韧性量表

亲爱的同学：

您好！请您根据自己在面临这些挫折和逆境时的实际情况和这些句子的符合程度，在相应的数字上画圈。您的答案没有对错之分，希望您认真作答，不要有任何顾虑，也请不要参考他人意见，问卷为不记名填写，我们承诺对您的个人信息严格保密。对您的合作我们深表感谢！

1. 失败总是让我感到气馁。
1 非常不同意　　2 不同意　　3 不一定　　4 同意　　5 非常同意

2. 我很难控制自己的不愉快情绪。
1 非常不同意　　2 不同意　　3 不一定　　4 同意　　5 非常同意

3. 我的生活有明确的目标。
1 非常不同意　　2 不同意　　3 不一定　　4 同意　　5 非常同意

4. 经历挫折后我一般会更加成熟有经验。
1 非常不同意　　2 不同意　　3 不一定　　4 同意　　5 非常同意

5. 失败和挫折会让我怀疑自己的能力。
1 非常不同意　　2 不同意　　3 不一定　　4 同意　　5 非常同意

6. 当我遇到不愉快的事情时，总找不到合适的倾诉对象。
1 非常不同意　　2 不同意　　3 不一定　　4 同意　　5 非常同意

7. 我有一个同龄朋友，可以把我的困难讲给他/她听。
1 非常不同意　　2 不同意　　3 不一定　　4 同意　　5 非常同意

8. 父母很尊重我的意见。
1 非常不同意　　2 不同意　　3 不一定　　4 同意　　5 非常同意

9. 当我遇到困难需要帮助时，我不知道该去找谁。
1 非常不同意　　2 不同意　　3 不一定　　4 同意　　5 非常同意

10. 我觉得与结果相比，事情的过程更能够帮助人成长。

1 非常不同意　2 不同意　3 不一定　4 同意　5 非常同意

11. 面临困难，我一般会定一个计划和解决方案。

1 非常不同意　2 不同意　3 不一定　4 同意　5 非常同意

12. 我习惯把事情憋在心里而不是向人倾诉。

1 非常不同意　2 不同意　3 不一定　4 同意　5 非常同意

13. 我认为逆境对人有激励作用。

1 非常不同意　2 不同意　3 不一定　4 同意　5 非常同意

14. 逆境有时候是对成长的一种帮助。

1 非常不同意　2 不同意　3 不一定　4 同意　5 非常同意

15. 父母总是喜欢干涉我的想法。

1 非常不同意　2 不同意　3 不一定　4 同意　5 非常同意

16. 在家里，我说什么总是没人听。

1 非常不同意　2 不同意　3 不一定　4 同意　5 非常同意

17. 父母对我缺乏信心和精神上的支持。

1 非常不同意　2 不同意　3 不一定　4 同意　5 非常同意

18. 我有困难的时候会主动找别人倾诉。

1 非常不同意　2 不同意　3 不一定　4 同意　5 非常同意

19. 父母从来不苛责我。

1 非常不同意　2 不同意　3 不一定　4 同意　5 非常同意

20. 面对困难时，我会集中自己的全部精力。

1 非常不同意　2 不同意　3 不一定　4 同意　5 非常同意

21. 我一般要过很久才能忘记不愉快的事情。

1 非常不同意　2 不同意　3 不一定　4 同意　5 非常同意

22. 父母总是鼓励我全力以赴。

1 非常不同意　2 不同意　3 不一定　4 同意　5 非常同意

23. 我能够很好地在短时间内调整情绪。

1 非常不同意　2 不同意　3 不一定　4 同意　5 非常同意

24. 我会为自己设定目标，以推动自己前进。

1 非常不同意　2 不同意　3 不一定　4 同意　5 非常同意

25. 我觉得任何事情都有其积极的一面。

1 非常不同意　2 不同意　3 不一定　4 同意　5 非常同意

26. 我心情不好也不愿意跟别人说。

1 非常不同意　2 不同意　3 不一定　4 同意　5 非常同意

27. 我情绪波动很大，容易大起大落。

1 非常不同意　2 不同意　3 不一定　4 同意　5 非常同意

附录6 残障人心理健康量表

亲爱的同学：

您好！请您在理解题意的情况下，根据您的实际感觉从下面五个选项中选择最适合您的一项。所得数据仅作科学研究之用，我们会对您的作答结果严格保密，请您放心作答。答案没有对错之分，请您务必按实际情况填写。非常感谢您的支持与合作！

1. 我感觉到自己和其他健全人一样是一个有价值的人。
1完全不符合　2不太符合　3一般　4比较符合　5完全符合

2. 我总希望自己成为一个对社会有用的人。
1完全不符合　2不太符合　3一般　4比较符合　5完全符合

3. 我觉得应尽量少依赖别人。
1完全不符合　2不太符合　3一般　4比较符合　5完全符合

4. 我感到大家都愿意接近我。
1完全不符合　2不太符合　3一般　4比较符合　5完全符合

5. 我觉得自己每天都很快乐。
1完全不符合　2不太符合　3一般　4比较符合　5完全符合

6. 我对自己的生活处境感觉比较满意。
1完全不符合　2不太符合　3一般　4比较符合　5完全符合

7. 我感觉我有许多好的品质。
1完全不符合　2不太符合　3一般　4比较符合　5完全符合

8. 我总希望能发挥自己的潜力。
1完全不符合　2不太符合　3一般　4比较符合　5完全符合

9. 我能化解我与家人之间的矛盾冲突。
1完全不符合　2不太符合　3一般　4比较符合　5完全符合

10. 我对人热情大方。
1完全不符合　2不太符合　3一般　4比较符合　5完全符合

11. 我的生活丰富多彩，非常充实。

1 完全不符合　2 不太符合　3 一般　4 比较符合　5 完全符合

12. 我感觉在一个新的环境中我也能很快适应。

1 完全不符合　2 不太符合　3 一般　4 比较符合　5 完全符合

13. 我对自己持肯定的态度。

1 完全不符合　2 不太符合　3 一般　4 比较符合　5 完全符合

14. 我觉得自己不比别人差。

1 完全不符合　2 不太符合　3 一般　4 比较符合　5 完全符合

15. 我总希望能够自食其力。

1 完全不符合　2 不太符合　3 一般　4 比较符合　5 完全符合

16. 和家人在一起，我能感受到快乐。

1 完全不符合　2 不太符合　3 一般　4 比较符合　5 完全符合

17. 我能用幽默的方式化解各种尴尬。

1 完全不符合　2 不太符合　3 一般　4 比较符合　5 完全符合

18. 我对事业、家庭和前途充满希望。

1 完全不符合　2 不太符合　3 一般　4 比较符合　5 完全符合

19. 即使对那些不理解残疾人的人，我也愿意同他们交往。

1 完全不符合　2 不太符合　3 一般　4 比较符合　5 完全符合

20. 我总是想很快把事情做完。

1 完全不符合　2 不太符合　3 一般　4 比较符合　5 完全符合

21. 在讨论某一问题时，我感觉到同学或配偶是理解我的。

1 完全不符合　2 不太符合　3 一般　4 比较符合　5 完全符合

22. 我认为世上没有做不成的事情。

1 完全不符合　2 不太符合　3 一般　4 比较符合　5 完全符合

23. 我和其他健全人一样幸福。

1 完全不符合　2 不太符合　3 一般　4 比较符合　5 完全符合

24. 我能从学习中获得满足感。

1 完全不符合　2 不太符合　3 一般　4 比较符合　5 完全符合

25. 我希望自己能赢得更多的尊重。

1 完全不符合　2 不太符合　3 一般　4 比较符合　5 完全符合

26. 为了家庭的幸福，我会不懈努力。

1 完全不符合　2 不太符合　3 一般　4 比较符合　5 完全符合

27. 我满意和同学一起度过的时间。

1 完全不符合　2 不太符合　3 一般　4 比较符合　5 完全符合

28. 每到一个新的地方，我很容易同别人接近。

1 完全不符合　2 不太符合　3 一般　4 比较符合　5 完全符合

29. 我在亲戚、朋友中还是比较有威信的。

1 完全不符合　2 不太符合　3 一般　4 比较符合　5 完全符合

30. 我是一个勇于承担责任的人。

1 完全不符合　2 不太符合　3 一般　4 比较符合　5 完全符合

31. 我很喜欢参加社交活动。

1 完全不符合　2 不太符合　3 一般　4 比较符合　5 完全符合

32. 现在是我一直以来最幸福的时光。

1 完全不符合　2 不太符合　3 一般　4 比较符合　5 完全符合

33. 我感觉到社会给我们提供了很多机遇。

1 完全不符合　2 不太符合　3 一般　4 比较符合　5 完全符合

34. 我能从学习中得到我自己所需要的东西。

1 完全不符合　2 不太符合　3 一般　4 比较符合　5 完全符合

35. 在学习中，我达到了自己的目标。

1 完全不符合　2 不太符合　3 一般　4 比较符合　5 完全符合

附录 7 残障大学生心理健康教育需要调查问卷

亲爱的同学：

您好！下面 14 道题是为了了解您对于残障大学生心理健康教育的看法，有多选和单选，选项数量不一致，请您根据您的实际情况耐心作答，谢谢！

1. 您认为心理健康对残障大学生来说重要吗？

1 很重要　2 不知道　3 不重要

2. 您认为为残障大学生提供心理健康教育有必要吗？

1 不必要　2 必要　3 十分必要

3. 在日常生活学习中，如果产生一些心理困扰，您觉得有必要找相关人员进行辅导吗？

1 完全有必要　2 可能有必要　3 毫无必要

4. 您及您的同学是否希望接受专业的心理健康教育？

1 非常希望　2 比较希望　3 无所谓　4 比较不希望　5 非常不希望

5. 您及您的同学是否希望学校为大家提供专门的心理辅导？

1 非常希望　2 比较希望　3 无所谓　4 比较不希望　5 非常不希望

6. 为残障大学生提供心理健康教育，可以帮助残障大学生了解或者知晓心理健康知识。

1 完全同意　2 比较同意　3 无所谓　4 比较不同意　5 完全不同意

7. 为残障大学生提供心理健康教育，可以帮助残障大学生减少因残疾而引起的自卑感或者耻辱感。

1 完全同意　2 比较同意　3 无所谓　4 比较不同意　5 完全不同意

8. 为残障大学生提供心理健康教育，可以帮助残障大学生掌握一定的心理调适方法，增强自信。

1 完全同意　2 比较同意　3 无所谓　4 比较不同意　5 完全不同意

9. 您认为大学生心理健康教育的内容应该有哪些？（可以多选）

1 促进自我认识　2 促进人际交往　3 提升情绪调节能力　4 提升适应能力

5 提升学习能力　6 职业生涯规划和就业指导　7 恋爱指导　8 培养良好的心理品质　9 其他

10. 您希望以哪种方式获得心理健康教育？（可以多选）

1 心理热线　2 网络心理服务　3 心理专题讲座　4 心理宣传手册/资料 5 专业心理咨询　6 集体活动　7 同伴互助活动　8 残健互助活动

11. 您希望学校设立专门的残障大学生心理健康服务部门吗？

1 是　2 否　3 不清楚

12. 您是否寻求过心理帮助？

1 寻求过　2 考虑过但没有找到相关服务部门　3 考虑过但没有行动　4 没有

13. 您的学校通常多长时间开展一次有关残障大学生心理健康教育的活动？

1 一个月一次　2 三个月一次　3 半年一次　4 一年一次　5 从未有过

14. 您认为开展残障大学生心理健康教育工作的制约因素有哪些？（可多选）

1 没有专门的部门　2 学校重视不够　3 专业的心理健康教育教师不足　4 缺乏宣传　5 心理健康教育形式单一　6 过分强调心理问题，而忽视了良好心理品质的培养

附录 8 自我和谐量表（SCCS）

　　下面是一些个人对自我看法的陈述，填答时，请您看清楚每句话的意思，然后选择一个数字（1代表该句话完全不符合您的情况；2代表比较不符合您的情况；3代表不确定；4代表比较符合您的情况；5代表完全符合您的情况），以代表该句话与您现在对自己的看法相符合的程度。每个人对自己的看法都有其独特性，因此答案是没有对错的，您只要如实回答就可以了。

　　　　　　　　　　　　　　　　　　　　　　　　完全不符合　　完全符合

1. 我周围的人往往觉得我对自己的看法有些矛盾。

　　　　　　　　　　　　　　　　　　　　　　1　　2　　3　　4　　5

2. 有时我会对自己在某方面的表现不满意。

　　　　　　　　　　　　　　　　　　　　　　1　　2　　3　　4　　5

3. 每当遇到困难，我总是首先分析造成困难的原因。

　　　　　　　　　　　　　　　　　　　　　　1　　2　　3　　4　　5

4. 我很难恰当地表达我对别人的情感反应。

　　　　　　　　　　　　　　　　　　　　　　1　　2　　3　　4　　5

5. 我对很多事情都有自己的观点，但我并不要求别人也与我一样。

　　　　　　　　　　　　　　　　　　　　　　1　　2　　3　　4　　5

6. 我一旦形成对事情的看法，就不会再改变。

　　　　　　　　　　　　　　　　　　　　　　1　　2　　3　　4　　5

7. 我经常对自己的行为不满意。

　　　　　　　　　　　　　　　　　　　　　　1　　2　　3　　4　　5

8. 尽管有时得做一些不愿做的事，但我基本上是按自己的愿望办事的。

　　　　　　　　　　　　　　　　　　　　　　1　　2　　3　　4　　5

9. 一件事情好就是好，不好就是不好，没有什么可以含糊的。

　　　　　　　　　　　　　　　　　　　　　　1　　2　　3　　4　　5

10. 如果我在某件事上不顺利，我往往就会怀疑自己的能力。

                                1   2   3   4   5

11. 我至少有几个知心的朋友。

                                1   2   3   4   5

12. 我觉得我所做的很多事情都是不该做的。

                                1   2   3   4   5

13. 不论别人怎么说，我的观点决不改变。

                                1   2   3   4   5

14. 别人常常会误解我对他们的好意。

                                1   2   3   4   5

15. 很多情况下我不得不对自己的能力表示怀疑。

                                1   2   3   4   5

16. 我朋友中有些是与我截然不同的人，这并不影响我们的关系。

                                1   2   3   4   5

17. 与别人交往过多容易暴露自己的隐私。

                                1   2   3   4   5

18. 我很了解自己对周围人的情感。

                                1   2   3   4   5

19. 我觉得自己目前的处境与我的要求相距太远。

                                1   2   3   4   5

20. 我很少去想自己所做的事是否应该。

                                1   2   3   4   5

21. 我所遇到的很多问题都无法自己解决。

                                1   2   3   4   5

22. 我很清楚自己是什么样的人。

                                1   2   3   4   5

23. 我能很自如地表达我想表达的意思。

                                1   2   3   4   5

24. 如果有了足够的证据，我也可以改变自己的观点。

                                1   2   3   4   5

25. 我很少考虑自己是一个什么样的人。

                                1   2   3   4   5

26. 把心里话告诉别人不仅得不到帮助，还可能招致麻烦。

| | 1 | 2 | 3 | 4 | 5 |

27. 在遇到问题时，我总觉得别人都离我很远。

| | 1 | 2 | 3 | 4 | 5 |

28. 我觉得很难发挥出自己应有的水平。

| | 1 | 2 | 3 | 4 | 5 |

29. 我很担心自己的所作所为会引起别人的误解。

| | 1 | 2 | 3 | 4 | 5 |

30. 如果我发现自己在某些方面表现不佳，总希望尽快弥补。

| | 1 | 2 | 3 | 4 | 5 |

31. 每个人都在忙自己的事情，很难与他们沟通。

| | 1 | 2 | 3 | 4 | 5 |

32. 我认为能力再强的人也可能会遇上难题。

| | 1 | 2 | 3 | 4 | 5 |

33. 我经常感到自己是孤立无援的。

| | 1 | 2 | 3 | 4 | 5 |

34. 一旦遇到麻烦，无论怎样做都无济于事。

| | 1 | 2 | 3 | 4 | 5 |

35. 我总能清楚地了解自己的感受。

| | 1 | 2 | 3 | 4 | 5 |

附录 9 团体满意度问卷

说明：此表是用于每次团体活动结束后，针对团体的感受与意见的评量表。

极不符合   极符合

| 1 | 2 | 3 | 4 | 5 | 6 | 7 | 8 | 9 | 10 |

1. 我能在这次团体活动中向别人表达我的看法。

| 1 | 2 | 3 | 4 | 5 | 6 | 7 | 8 | 9 | 10 |

2. 我喜欢这次团体活动。

| 1 | 2 | 3 | 4 | 5 | 6 | 7 | 8 | 9 | 10 |

3. 我在这次团体活动中学会了更加关怀别人。

| 1 | 2 | 3 | 4 | 5 | 6 | 7 | 8 | 9 | 10 |

4. 我对自己越来越了解了。

| 1 | 2 | 3 | 4 | 5 | 6 | 7 | 8 | 9 | 10 |

5. 参加团体活动使我对自己越来越有自信。

| 1 | 2 | 3 | 4 | 5 | 6 | 7 | 8 | 9 | 10 |

6. 在这次团体活动中我乐意和其他人分享我的经验。

1　　　2　　　3　　　4　　　5　　　6　　　7　　　8　　　9　　　10

7. 我觉得这次的团体经验很有意义。

1　　　2　　　3　　　4　　　5　　　6　　　7　　　8　　　9　　　10

8. 我觉得这次聚会大家互相信任而且彼此坦诚。

1　　　2　　　3　　　4　　　5　　　6　　　7　　　8　　　9　　　10

9. 我喜欢领导者的带领方式。

1　　　2　　　3　　　4　　　5　　　6　　　7　　　8　　　9　　　10

10. 我认为下一次可以改进的是：＿＿＿＿＿＿＿＿＿＿＿＿

后记

　　本书是对残障大学生心理健康服务体系构建与实践的思考与探索，为作者2020年承担的吉林省社会科学基金项目（项目编号：2020B140）的成果，得到了吉林省社会科学基金项目的支持。

　　本书在写作过程中受到了长春大学特殊教育专业研究生赵娜、杨丹、张洪源、韩湘、刘子宁、赵英迪、李敬璟及绥化学院孙彪老师的帮助，得到了长春大学特殊教育学院从事残障大学生心理健康服务工作的领导和辅导员的支持，同时本研究得到了长春大学、天津理工大学、滨州医学院、绥化学院残障大学生的积极配合，在此一并表达衷心的感谢！

　　残障大学生心理健康服务是一项十分重要且任重道远的工作，甚至很多工作都具有开创性的特点，在本书写作过程中，作者对残障大学生心理健康服务体系相关问题有了一些新的认识与思考，有待进一步深入研究，尤其是在实践方面，很多理念有待进一步实施，很多方法有待进一步发掘，很多服务内容有待进一步尝试，真诚地欢迎学界前辈和同仁的批评和指导！